解读三国话诸葛

贺准城 著

苏州大学出版社

图书在版编目(CIP)数据

解读三国话诸葛/贺准城著. —苏州:苏州大学出版社,2004.2 (2012.4 重印)
ISBN 978-7-81090-212-0

Ⅰ.解… Ⅱ.贺… Ⅲ.诸葛亮(181～234)-人物研究 Ⅳ.K827＝36

中国版本图书馆 CIP 数据核字(2004)第 008883 号

解读三国话诸葛
贺准城 著
责任编辑 郑亚楠

苏州大学出版社出版发行
(地址:苏州市十梓街 1 号 邮编:215006)
南通印刷总厂有限公司印装
(地址:南通市通州经济开发区朝霞路180号 邮编:226300)

开本 700×1000 1/16 印张 18.25 字数 271 千
2004 年 2 月第 1 版 2012 年 4 月第 9 次印刷
ISBN 978-7-81090-212-0 定价:30.00 元

苏州大学版图书若有印装错误,本社负责调换
苏州大学出版社营销部 电话:0512-65225020
苏州大学出版社网址 http://www.sudapress.com

诸葛亮（181-234）
字孔明。琅琊阳都人。三
国蜀丞相。政治家、军事
家。"三顾频烦天下
两朝开济老臣心。
千古伟人风范

前言

一

中国地域辽阔，历史悠久，英豪贤哲层出不穷。但像诸葛亮这样为各阶层人民所崇敬、喜爱乃至热情讴歌者，却是不多见的。他的声望和影响从益州地区扩展到全国，到海外；从他在世时起，已延伸近一千八百年，而且还会继续延伸下去。

我们从历史教科书中学到，诸葛亮是一位伟大的政治家和军事家。在中国人民心目中，诸葛亮不仅会治国，而且会打仗，是智慧的化身、可预知未来的“神人”。这固然与几百年来《三国演义》这部伟大的历史小说的影响有关，与舞台上诸葛亮的先知者形象有关，也与武侯祠庙里诸葛亮的“神”像有关。但是，从根本原因上看，这位历史人物确实是道德高尚，智慧超人，功业彪炳千秋，是老百姓心目中企盼与崇拜的偶像。再加上演义里的渲染和舞台上的夸张，才形成了今日中国人民心目中的诸葛亮。

由于小说过分渲染了诸葛亮的智慧，描述他能“通晓阴阳，善观天象”，因此，鲁迅认为小说“状诸葛之多智而近妖”了。少数很有文化基础的知识分子，因小说的夸张描写，而以成败论英雄、评论诸葛亮。这一方面是没有深入了解历史，特别是没有认识到诸葛亮的伟大人格与高尚道德的结果；另一方面是没有体会到历代人民对诸葛亮由于崇仰而有神化的倾向，没有能从崇拜英雄与贬斥邪恶的角度，对演义故事给予分析与欣赏。

本书对历史上的诸葛亮,包括与他有关的三国历史,给予尽可能详细的叙述与评论。另外,对与诸葛亮有关的演义故事,有选择地加以赏析。目的在于通过对诸葛亮的业绩与品德的介绍、讨论和比较,说明他是一位伟大的贤哲、杰出的人物,而不是神仙。即使在民主和法制相对完善的当代社会,他的业绩和品德仍然具有重要的现实意义;他对后世的启迪和教益仍然是深刻的。通过简略分析与欣赏演义中一些与诸葛亮有关的故事,藉以提示演义作者所引申的"根据",以使我们在了解历史之外,对伟大的文学作品的艺术创作进行欣赏。

二

本书主要以讲故事的方式叙述历史、评论历史。

第一,我们碰到的是观点的问题。毫无疑问,我们评论历史应按照历史的观点,而不是按照当今后工业化或信息化社会的观点。这样,才不会苛求古人,才更能体现诸葛亮的伟大人格。对现今的人们来说,历史仍有许多应该继承、发扬和学习的地方,书中所涉随时会提出议论。

第二,既然叙述历史,就有选择时间坐标原点的问题,这就是所谓纪元问题。以历史的观点评论诸葛亮,当然,也就应客观反映他的主张;应用东汉皇帝和蜀汉皇帝的年号标志时间。但是,皇帝常换,而且一个皇帝还不断地改元,这样选择时间坐标并不合理。因此我们用公元纪年,加注在括号之内,以便与用皇帝年号记录的历史年代进行比较。

第三,本书基本上按时间顺序讲述历史。但为了对一个大事件能有从头到尾的完整叙述,时间顺序的原则会有所变通。例如,"汉吴同盟","平定南中与诸葛亮的民族政策",本书都放在诸葛亮北伐之前讲述,但内容叙述却延续到北伐之后。

第四，本书不时引用史书原文和诸葛亮的文章，这是我们了解历史、深入体会诸葛亮的人格与业绩所必需的。我们也希望所有喜欢诸葛亮的人和要更全面地了解诸葛亮历史的人，都能理解史书原文和诸葛亮文章的含意。书中对所引史籍文献，采取适当翻译的办法，即原文简单可直接读懂的，不予解释，也不翻译；一部分原文，以紧接着解释的方式，说明其意，而不逐句翻译；另一部分原文，如《出师表》，乃千古名文，人们从中受益匪浅，则加以适当的分析。此外，本书也给出了一些颂赞诸葛亮的诗词，从中可以了解诗词作者对诸葛亮的情感与评论。易懂的不作注释；有的则作适当赏析说明，兼作解释。

第五，古人活动的地方名称变化很大，三国时按州、郡、县，从大到小划分，大致与今天的省、市、县相当。那时的地名或不存在了，或改变地点了。如果我们知道当时的地点与今日地理的对应，那是十分有趣的。所以，书中尽可能注明古地名所对应的今日的省、市、县。而且，后面再出现该地方，仍同样加注，可使读者不必再向前翻找。

第六，古代的官职，现在大多不用了，而且，有的名称不是从字面上可一眼看出其职能的，如东曹掾、丞相司马等。我们尽可能注明其职能，说明大致相当今日的什么官职，这不可能十分准确，不过略表大概而已。

第七，对与诸葛亮有关的历史，也有极个别的异见，这往往是没有全面了解和深入分析所造成的误解。如“三顾草庐”是铁板钉钉的历史事实，仍有个别人提出“轰动”的意见。这样的事例虽然不多，但在本书中，仍予以较详细的剖析，希冀廓清事实，拨雾见日。

三

演义的赏析并没有占本书过多的篇幅，但这一部分却是重要的和有趣的。

《三国演义》是一部伟大的历史小说名著，它受到海内外读者的喜爱。如果按历史观点来评论这部名著，书中尊刘抑曹的立场、对诸葛亮智慧的夸张、不少涉及迷信的事例等等，都是可以理解的，毕竟它成书于几百年前的封建时代。

本书选择了与诸葛亮有关的事例加以赏析，既不是要批判《三国演义》里的故事，更不是要否定这部人人喜爱的名著。本着分析和欣赏的态度，对与历史一致之处，我们没有过多地评述；对不可能的事，历史上没有记载的事，我们本着历史归历史，演义归演义（以及戏剧归戏剧）的原则，给予区别对待。该书有一些虚构的涉及诸葛亮的情节，对这位伟大的贤哲并没有明显的损益，我们给以赏析，只是为了让读者多了解几则演义故事罢了。我们赏析的事例大致分为三种情况：

一、史书的简略记载给《三国演义》留下发挥与描写的空间。我们无法评论《三国演义》故事的具体情节的真实性，只能在欣赏故事的同时，体会到小说作者的写作技巧和丰富的想象力。如“刘玄德三顾草庐”（第三十七回），史书上“凡三往乃见”，或诸葛亮自己文章中“三顾臣于草庐之中”的一两句话，留给小说作者宽广的创作空间，演绎成“三顾茅庐”的生动有趣的故事。故事不仅让我们赞赏不已，而且将永远让人们得到欣赏的愉悦。

二、小说中有可信的推测与我们希望成真的故事。比如“诸葛亮舌战群儒”（第四十三回），历史上没有类似的记载，但诸葛亮与江东主降人士的辩论或争论是完全有可能的。据此形成江东谋士们纷纷发言，并一一被诸葛亮驳倒的故事，遂成千古名篇。再如“用奇谋孔明借箭”（第四十六回），虽然历史上没有其事，但人们多么希望确有其事，把这样的大勇奇谋加在诸葛亮的头上，是符合人们的审美情趣的。

三、小说中一些与史实不符而处理失当的例子，即使可以理解，也应提出辩驳。如“夜观天象”、“阴阳八卦”之类，史书上对此并无记载，当今的人也不信。此外，对魏延有反骨的故事亦然。我们将在对小说故事的赏析里，加以说明。当然，《三国演义》中诸葛亮的形象只是小说作者对人物推崇而加以神化后所取得的效果。

四

通过本书对诸葛亮的历史评述和有关诸葛亮的演义故事的赏析，笔者希望既真实又全面地介绍中华民族的历史伟人诸葛亮，也期望读者在崇仰和热爱他的同时，从这位贤哲身上获得教益和启迪。如果通过历史故事的评述和演义故事的赏析，读者感到有趣味，有收获，那就是笔者最大的满足了。

因为笔者学识肤浅，书中错误一定不少，恳请读者和专家给予批评和指教。

贺准城

2003 年 2 月于北京

四

[illegible]

目录

第一章

从耕读到三顾

从史书记载看，诸葛亮问学的老师中有庞德公和司马徽，他们都是襄阳的名士。庞德公是诸葛亮二姐的公公，是他上一辈的人。庞德公在荆州很有名望，在道德和学问上都闻名于时，但他无意于官场，以隐居山林为乐。刘表闻其名，几次请他出山，还亲自去请，他都直截了当地予以拒绝。诸葛亮敬佩他，常专程造府请教。

在隆中耕读期间，诸葛亮经常交往的同学和朋友中，有不少精于学业、有才能的人才。如庞德公的儿子庞山民、侄子庞统（士元），颍川徐庶（元直）、石韬（广元），汝南孟建（公威），博陵崔州平（博陵，今河北省蠡县之南，州平为字，其名不详），宜城马良（季常）等人。

刘备三顾草庐，向诸葛亮请教天下事，并诚请诸葛亮出山相佐……《三国志》、《后汉书》、《汉晋春秋》、《资治通鉴》等均清楚地记载着“先主遂诣亮，凡三往，乃见”，诸葛亮的《出师表》明确地说明：“先帝不以臣卑鄙，猥自枉屈，三顾臣于草庐之中，咨臣以当世之事，由是感激，遂许先帝以驱驰。”

一、诸葛亮出生前后的有关历史和地理

介绍任何一位伟大的人物，一般总要从他的家世渊源、出生地和活动的地区写起。这固然有其必要性，但也与历来不合理的观点有关。从必要性上看，知道了他的家世历史，可了解他从家族遗传和生活、文化等方面所受的影响；他的出生地以及与事业相关的地点也有着相当重要的作用，影响着他的事业进程。从不合理的观点上看，按封建社会的观点，一代伟人，应当光宗耀祖；介绍其家世，使其前辈借以扬名，得到荣耀。今日看来，这似乎没有什么重要的意义了。在此顺带指出，一位伟大人物的后代，自可以他们的大人物祖先而自豪，以激励自己做出不朽的事业。如果子孙后代继承封号，享受特权，甚至为非作歹，那是封建之孽作，应该革除与批判。

书归正传。我们也从诸葛亮出生前后的历史与地理写起。据可靠的历史资料可知，虽然他的祖父或曾祖父的情况尚不够明晰，但诸葛亮的身世是比较清楚的。黎东方在《细说三国》[①]里说，诸葛亮的远祖乃是商代葛国的国君，封邑在现今的河南省东部地区。

葛君的后代是什么时候迁居到现在山东省的诸城的，这已不易考证了，而葛氏迁到诸城的事确有历史记载。《三国志·吴书·诸葛瑾传》注引吴人韦曜的《吴书》里，有关于“其先葛氏，本琅琊诸县人，后徙阳都。阳都先有姓葛者，时人谓之诸葛，因以为氏”的记载。这说明葛氏原住在琅琊诸县（今山东省诸城县），后迁到琅琊阳都（今山东省沂南县），为区别原住在阳都的葛氏，乃以诸葛为姓了。至于原住在阳都的葛氏渊源，就不是我们感兴趣的事了。

诸葛亮在阳都的先人见诸史籍的是诸葛丰，生活在距诸葛亮出生

① 黎东方：《细说三国》，上海人民出版社2000年版。

前两百多年的汉元帝时代。《汉书》有诸葛丰的传记:“诸葛丰字少季,琅琊人也。以明经为郡文学,名特立刚直。禹贡为御史大夫,除丰为属,举侍御史。元帝擢为司隶校尉,刺举无所避……”①这记录了诸葛丰因擅长经学,在汉宣帝时出任郡文学一职,掌管教授儒学经典的工作。禹贡为御史大夫时,举荐诸葛丰为侍御史的官职。在汉元帝时,任命他为司隶校尉,这个官职的任务是督察京畿行政。诸葛丰为人刚直,不畏权贵。在纠察权臣的不法行为时,他多次得罪了特权人物,也引起了皇帝的不满。他又在上书言事上,忤逆了皇帝。后来被罢官回乡,为庶人(一般百姓),直到逝世。

诸葛丰去世后的约两百年时间,直到东汉末年,其后代未见名于史书,只知道诸葛亮的父亲名诸葛珪,曾做过泰山郡丞,是郡守的助手或副手。泰山郡在今山东省,辖区包括东岳泰山。诸葛亮有两位姐姐,她们的名字未见记载,另有哥哥诸葛瑾,弟弟诸葛均。后来诸葛瑾在吴国官居高位;诸葛均在蜀汉做过长水校尉。顺带指出,诸葛亮有一位远房同族叫诸葛诞,也是诸葛丰的后代,是魏国大将。《世说新语》记载了这样一段话语,以评论诸葛亮、诸葛瑾和诸葛诞的功绩与名望:蜀得其龙,吴得其虎,魏得其犬。本书后面,有机会提到诸葛瑾和诸葛诞的事,先在此插述,在于点明他们的家世关系而已。

诸葛亮生在阳都(今山东省临沂市沂南县),自然给当地增添了自豪与荣耀。在历史上,临沂地区曾有武侯祠、五贤祠、诸葛城和诸葛墓等古迹,现已无实物。对有关的遗址与传说,有兴趣的读者可参看《访古话孔明》②。这里顺带对临沂城内建有“五贤祠”的掌故,加以一叙。临沂地区曾出过五位著名的历史人物。他们是东汉时代的诸葛亮,晋代的王祥和王览,唐代的颜杲卿和颜真卿。王祥和王览也都生在东汉末年,不过在晋代做官,他们特别以孝悌名于后世。颜杲卿和颜真卿都是唐代的名人,后者是著名书法家,他们都为国捐躯,以忠良名于后世。明朝建景贤祠,供奉这五位历史贤哲,取景仰贤人之意。清乾隆皇帝爱新觉罗·弘历谒祠,改名“五贤祠”,并写诗一首:

---

① 班固:《汉书·诸葛丰传》卷七十七,中华书局1962年版,第3248页。

② 谭良啸:《访古话孔明》,文物出版社1987年版。

孝能竭力王祥览，忠以捐躯颜杲真。
所遇由来殊出处，端推诸葛是全人。

他推崇诸葛亮是全人或完人，即道德和事业各方面完满无缺的人。据说临沂市有关人士拟恢复过去的名胜古迹。这固然有旅游等经济上的意义，但在尊重历史，纪念贤哲，弘扬中华文化与传统的高尚道德上，其意义或许更大。

诸葛亮字孔明，于汉灵帝光和四年(181)，生于琅琊阳都。不久，他的母亲章氏病逝，他的父亲诸葛珪续娶。汉灵帝中平五年(188)，诸葛珪也突然去世了。诸葛亮的叔父诸葛玄承担其兄的家务，照顾诸葛珪的遗孀和子女。

诸葛亮出生以后的时代，随着黄巾起义的涨落，军阀混战成为社会的重要特征。军阀袁术在攻城略地的战争中，占领了扬州。当时的扬州不是现在的江苏省扬州市，当时扬州的治所在九江郡的寿春(今安徽省寿县)，辖地包括今日江苏、安徽、江西和浙江的各一部分。袁术与诸葛玄是世交，他请诸葛玄担任豫章郡的太守，豫章郡的治所在南昌(今江西省南昌市)，辖地大致在今江西省。汉献帝兴平元年(194)，诸葛玄带着诸葛亮和诸葛亮的两个姐姐、一个弟弟，从琅琊郡的阳都出发，长途跋涉，到豫章郡去做太守。诸葛亮的哥哥诸葛瑾侍奉其继母，在原籍阳都看守家业。一年以后，曹操攻下徐州，残酷地屠杀徐州人民。当时琅琊郡属徐州，也在劫难逃。于是诸葛瑾带着继母，背井离乡，到江东避难，后来在孙权手下做幕僚，此事暂且不表。诸葛亮一家从此离开了故乡，再未返回。

诸葛玄在太守任上不到一年，朝廷诏用刘繇为扬州刺史，刘繇为袁术所阻。此时，朝廷又委任朱皓为豫章太守，于是，刘繇命朱皓攻打到任不久的(袁术任命的)诸葛玄。这时为汉献帝兴平二年(195)。诸葛玄战败，他携带诸葛亮及其姐弟，西去投靠荆州刘表，因为诸葛玄与刘表有旧情，一直保持联系。当时刘表为荆州牧，他把荆州治所搬到了襄阳(今湖北省襄樊市)。

在下一节，我们将叙述诸葛亮在襄阳的生活、学习、婚姻和朋友等各方面的情况。在受顾出山之前，他一直居住在襄阳隆中，今湖北省襄樊市西二十余里处。诸葛亮在《出师表》中说："臣本布衣，躬耕于南阳,苟全性命于乱世,不求闻达于诸侯。”后来的小说和戏剧里,“南阳诸葛亮”一词常常出现,已经家喻户晓了。诸葛亮躬耕之地究竟是在湖北省还是在河南省呢?襄阳乃湖北省的重镇,南阳乃河南省重镇。据笔者记忆,过去两省间打过笔墨官司,毕竟大家都以有过这位历史伟人的躬耕经历而引以自豪。后来,南阳武侯祠有一副著名的楹联:

心在朝廷,原无论先主后主;
功高天下,何必辨襄阳南阳。

诸葛亮是中国人民智慧与道德的化身,毕竟他是中国人,至于究竟是山东人、河南人,还是湖北人,何必非弄个水落石出不可呢!

东汉时期没有河南、湖北等省份的划分。原来,南阳郡属荆州,荆州治所本在宛县(今河南省南阳市),后来刘表把治所移到襄阳。南阳郡的治所也在宛县,隆中属南阳郡的邓县(治所在今湖北省襄樊市北)。所以,诸葛亮躬耕在隆中,自己说躬耕于南阳,是一点也不错的。诸葛亮逝世以后,尤其是明清以来,在湖北襄阳(隆中)建有武侯祠,在河南的南阳卧龙岗也建有武侯祠,都闻名遐迩。今日,这两处均是著名的名胜古迹,是旅游的好去处。

二、 隐居南阳, 躬耕隆中

自汉献帝兴平二年(195),诸葛亮随叔父诸葛玄来到荆州,到建安十二年(207)受顾出山。在这十余年间,因他居住在南阳郡邓县的隆中,所以,我们以“隐居南阳,躬耕隆中”为题目,来叙述诸葛亮在躬耕期间生活和学习的经历,也作为本节评论后世小说、戏曲把他神道化的“依据”。

诸葛亮来到荆州之时,荆州境内没有大的战事,尚属太平安宁之地。诸葛玄让少年的诸葛亮进刘表办的“学业堂”,读书学习。为他的两位姐姐安排了婚姻大事。他的大姐嫁给了中庐蒯祺,中庐蒯氏为荆州大姓，在刘表主政荆州期间，蒯家也是荆州政界有名的人。他的二姐嫁给了襄阳名士庞德公的儿子庞山民。庞德公虽隐居不仕，但他的学问与人品对诸葛亮青少年时期的成长有相当大的影响，后面还要提到。

诸葛玄到荆州两年左右就去世了。叔父去世时，诸葛亮十七岁（虚岁），时为建安二年（197）。他携带弟弟诸葛均，搬到襄阳西郊的隆中，开始了耕读的生活。就是在这一年，他结婚了，娶妻黄氏。他的这桩婚事，不仅当时名传乡里，更是美传历史，应该稍稍详叙一下。

诸葛亮本人相貌堂堂，一表人才。陈寿在《三国志·蜀书·诸葛亮传》中说："亮少有逸群之才，英霸之器，身长八尺，容貌甚伟，时人异焉。"那时的尺与现代的尺相比，长度不同，现在八尺高就太高了。我们可以理解为，青少年的诸葛亮是身体健壮，身材伟岸且有容貌的帅小伙，而不是后世想象中的文弱书生。他亲自劳作于农事，对自己要求甚高，必然注意身体的磨炼。

襄阳名士黄承彦听说诸葛亮尚未婚娶，亲自找他，为自己的女儿求亲。《三国志·蜀书·诸葛亮传》注引《襄阳记》记载："黄承彦者，高爽开列，为沔南名士，谓诸葛孔明曰：'闻君择妇，身有丑女，黄头黑色，而才堪相配。'孔明许，即载送之。时人以为笑乐。乡里为之谚曰：'莫作孔明择妇，正得阿承丑女。'"诸葛亮娶了一位并不漂亮的妻子，不像孙策夫人大桥（也写为乔）、周瑜夫人小桥那样是闻名遐迩的美人。但是黎东方在《细说三国》中说，黄氏虽不十分漂亮，却不是所谓的丑女。这是因为周围的人妒忌黄氏姑娘找到一位容貌甚伟又有才华的帅小伙，而故意说的风凉话。后世人认为，像诸葛亮这样才貌双全的人，应该有一位才貌双全的女子为配。诸葛亮在我们周边的国家威望很高，也流传了不少关于他的传奇故事。朝鲜的一则故事这样叙述：黄氏姑娘形似很丑，但因诸葛亮重才不重貌，道德高尚，入洞房之时，黄氏姑娘突然变为一绝色佳人。这当然也是传奇。

笔者认为，中国文人自古以来就有过分谦虚的习俗。比如称女儿为犬女；明明很有才，却谦称不才；等等。黄承彦称女儿丑，也有谦虚之意，可能并非很美就是了。至于黄头黑色，如不是谦语，以现代观点论之，还是很美的呢！而才堪相配一语说明，黄家姑娘才学无与伦比。虽说诸葛亮之功德颇得夫人之助益，但十分遗憾，史书没有记载她远见卓识之例。不过,我们确信,在诸葛亮的不朽道德与业绩中,一定有夫人的功劳。

综上所述,我们可以认为,黄承彦的女儿不是丑女,也不很美丽,但才学甚好。而青少年的诸葛亮虽然自己容貌甚伟,也颇有才能和远大的志向,却乐意答应这门亲事,这说明他的过人之处,没有落入一般人的俗套,为后世广为传颂。"端推诸葛是全人",全人或完人,正包括了这种美德在内。

现在转向诸葛亮的耕读生活。襄阳隆中之地,早在西晋永兴年间(304—305),就有纪念诸葛亮的建筑。《三国志·蜀书·诸葛亮传》注引《蜀记》说,"晋永兴中,镇南将军刘弘至隆中,观亮故宅,立碣表闾,命太傅掾犍为李兴为文"。[①](对该文有兴趣的读者可参阅《三国志》所载原文。)这表明,西晋已有歌颂诸葛亮的石碑立在隆中的诸葛亮故宅。

东晋的著名学者习凿齿,对诸葛亮的研究很深入,对诸葛亮十分推崇。他在升平五年(361),专程到隆中,瞻仰诸葛亮的故居,并作《诸葛武侯宅铭》,刻石立碑,以表达崇敬之情。唐代封诸葛亮为武宁王,并于唐昭宗光化三年(900),也立碑以记其事。宋代大文豪苏东坡于宋仁宗嘉佑五年(1060),北上经过隆中,瞻仰诸葛亮故居,其时已有为诸葛亮建立的庙宇,他写下了《隆中》古诗一首:

武侯来西国,千年爱未衰。
今朝游故里,蜀客不胜悲。
谁言襄阳野,生此万乘师。
山中有遗庙,矫矫龙之姿。
龙蟠山水秀,龙去渊潭移。
空余蜿蜒迹,使我寒涕垂。

虽然诸葛亮生在琅琊阳都,而他在隆中耕读十余年,隆中为第二故乡,苏东坡说游故里,亦无不可。他在诗中表达了人们对诸葛亮经久不衰的爱戴与敬仰之情,然而,故居经过改朝换代,诗人瞻仰时不免产生

① 陈寿:《三国志》,中华书局 1982 年版,第 936 页。下文所引同此版本。

沧桑之感。

时至今日,隆中的地理环境依然清幽,山清水秀。一组纪念诸葛亮的建筑,错落有致地分布在林木葱郁的山麓,山水秀色未改,似乎说明诸葛亮的精神长存,鼓舞与激励着后世,散发着中华悠久的历史与灿烂文明的光辉。应该指出,大家现在见到的建筑古迹,除少数是明代遗留的之外,多数是清代和现代的建筑,与过去的建筑风格不同,已从庙宇式的殿堂改为纪念馆式的建筑了。纪念的人物,也由天上神祇恢复为人间贤哲了。这似乎反映了社会的发展与进步。

作为隆中的耕地,在乐山与旗山之间约有百亩,后人称为诸葛冲。冲即山间平地之意。在伏龙山与乐山之间约有二十亩,后人称为躬耕田,并在田边立碑修亭以为标志。时代变迁,难以精确描述陇亩,大致位置正确,已足够表达其历史意义了。

诸葛亮躬耕陇亩之事,既无他本人日记之类的遗物,也没其他任何资料,可以说明具体的耕作之事。这里只能提出两点揣测。其一,他本人会亲自参与耕种等具体劳动,但不会是全部时间。因为他毕竟还要读书钻研,还要与师友交往切磋。又因为诸葛玄虽非襄阳大姓,也是有地位的客卿高官,诸葛亮躬耕期间,自然还有劳力协助。其二,根据《三国志·蜀书·诸葛亮传》记载:“亮性长于巧思。”他在耕读期间,除思考当时形势与经济大事外,未尝不会抽出少量时间,考虑农田水利与农具的改良之事。在封建社会,这被认为是小技之事,即使有,也未必大作宣扬或留下记载。姑且把这揣测作为对这样一位具多方面才能的伟大人物的一点想象吧!

诸葛亮是一位学问、道德、功绩都卓越超群的人物,了解他青少年时期的学业是很有意义的。只因年代久远,史书很少记载人物的求学经历。加之受当时条件的限制,后人对他的少时学业难知其详。不比在近代,对于上什么学校,得什么学位,学了哪些功课,启蒙老师与专业老师都是什么样的学者,等等,都可以了解得一清二楚。《三国志·蜀书·先主传》记载,刘备年十五而从学于大学者卢植。刘备少孤,家贫,条件不太好,仍然于十五岁入学。曹植条件要好得多,他十余岁已读过很多书,能很快写出令人称道的文章,可见他十岁以前就入学了。藉此类推,诸葛亮的父叔都是士大夫,家庭条件比刘备小时好多了。可以肯定，诸葛亮很早（十岁以前或更早）就开始学习了。虽然没有历史资料给予佐证，但可以推测，他的父亲诸葛珪和叔父诸葛玄都会在他的学习上给予督促和指导的。诸葛玄携其侄辈投奔刘表，诸葛亮入刘表办的“学业堂”，这时，他年岁十五左右。至于“学业堂”的具体情况，如授业内容和授业老师的情况，恐怕就难以考证了。

从史书记载看，诸葛亮问学的老师中有庞德公和司马徽，他们都是襄阳的名士。庞德公是诸葛亮二姐的公公，是他上一辈的人。庞德公在荆州很有名望，在道德和学问上都闻名于时，但他无意官场，以隐居山林为乐。刘表闻其名，几次请他出山，还亲自去请，他都直截了当地予以拒绝。诸葛亮敬佩他，常专程造府请教。《三国志·蜀书·庞统传》注引《襄阳记》：孔明在南阳，同县庞德公素有重名，司马徽兄事之，“孔明每至其家，独拜床下，德公初不令止”。这只是说，诸葛亮向庞德公请教，行弟子礼，庞德公开始并不予以制止。这里没有说明诸葛亮向庞德公请教的具体内容。

司马徽是庞德公的朋友，他是颍川郡阳翟县（今河南省禹州市）人，是一位著名的经文学者，精通经学、史学和子学的博学人士。他曾开设学堂，讲学授徒，向他求学的不乏日后的知名人士，如《三国志》里有传的向朗和尹默等人。庞德公称司马徽为水镜。因他善知人，会冷静地观察。司马徽藐视官僚，是不入官场的清高隐士，刘琮请他，也遭到拒绝。

庞德公和司马徽虽有学识，也知人识事，但他们都是淡泊宁静、独善其身的人，这方面对诸葛亮有深刻的影响。他们自身不想参与治平（治国平天下）之事，但他们支持有治平志愿与有潜力的人出山。庞德公了解诸葛亮，称他为卧龙，知道伏龙腾飞，必将做出一番大事业。在经史百家的钻研上，这两位长者都会给予包括诸葛亮在内的学子们以指导和启迪。

在隆中耕读期间，诸葛亮经常交往的同学和朋友中，有不少精于学业、有才能的人才。如庞德公的儿子庞山民、侄子庞统（士元），颍川徐庶（元直）、石韬（广元），汝南孟建（公威），博陵崔州平（博陵，今河北省蠡县之南，州平为字，其名不详），宜城马良（季常）等人。司马徽对庞统也颇了解，庞德公称他为凤雏，凤雏就是雏凤，期许他长成后，会有一番作为。庞统、徐庶、马良诸人，在以后的章节里，还有机会介绍到。

诸葛亮与上述诸子在学习方法上有明显的不同。徐元直、石广元和孟公威三人“务于精熟，而亮独观其大略”。徐元直等人深追字句，背熟经文；而诸葛亮独观其大略，以抓住要点，掌握关键和精神。这两种方法，在学习不同的科目上，各有所长。从读书方法可见，诸葛亮志存高远，其目标在于治国平天下，而不是做专门的经文学者。

诸葛亮曾对徐庶、石韬、孟建三人说：“卿三人仕进可至刺史郡守（地方首长）也。”当三人问诸葛亮的发展时，他笑而不答。其实，徐庶等人知道平时诸葛亮以管仲、乐毅自许。在春秋时期，管仲作为齐桓公的相国，有大政治家的气度和经济学家的才能，他辅佐齐桓公励精图治，制定富国强兵之策，在尊王攘夷的号召下，齐桓公成为诸侯的霸主。乐毅是战国时期的名将，燕昭王拜他为上将军，他统帅燕、赵、楚、韩、魏五国军队伐齐，一举攻克齐国七十多个城池，而成就功业。管仲和乐毅是春秋战国时期的政治家和军事家，他们的功业是经邦济世。诸葛亮自比管、乐，这正体现了他的志向。如果从功业和影响上看，诸葛亮远超管仲和乐毅。不过在当时，以一耕读青年自比管、乐，未免可笑，“时人未之许也”。但徐庶等人了解诸葛亮的志向与潜力，对此深信不疑。当孟公威思念家乡，有意北返时，诸葛亮劝他要做成一番事业，“遨游何必故乡邪！”这也反映了诸葛亮的志向宏远。

在耕读期间，诸葛亮学了什么，他是如何学以致用的，虽然史籍上没有记载，但是，我们可以根据诸葛亮的言行，特别是他的著作，加以评述。这也会给我们以多方面的启迪。

汉武帝以后，罢黜百家，独尊儒学。诸葛珪和诸葛玄都是以学而仕的人，诸葛亮的启蒙教育当为孔孟之道。庞德公和司马徽都是古文经学家。诸葛亮在耕读期间，必然研究了经学、史学和诸子百家。仅从《诸葛亮文集》[①]中《论光武》一文，可知他熟读历史，深有见地。据说，司马徽见他有治平之志和经世之才，劝他“访名师，益加学问”，但我们无从考证他后来访了名师没有。像诸葛亮这样的资质和勤奋，在经过与师友的切磋和学习后，当以自学为主，而且，着力点集中在历史、地

---

① 见张澍辑，方家常译注：《诸葛亮文集全译》，贵州人民出版社 1997 年版。

理、兵书和诸子的治国方略上。刘备给后主刘禅的遗诏中说："可读《汉书》、《礼记》，闲暇历观诸子及《六韬》、《商君书》，益人意智。闻丞相为写《申》、《韩》、《管子》、《六韬》一通已毕，未送，道亡，可自更求闻达。"可推测，诸葛亮在年轻时通读过这一类的书，他是一位博学多能的人。

诸葛亮是一位身体力行、以身作则的伟大人物。他在治学上，不仅抓住精神，掌握要点与关键，而且能踏踏实实，静下心来，专心致志，绝不浮躁，深得先贤修身与教学之道。这在他后来教育子侄的文章中，表达得很清楚，可以认为，这是他自己身体力行的经历。

诸葛亮在《诫子书》中写道："夫君子之行，静以修身，俭以养德，非淡泊无以明志，非宁静无以致远。夫学须静也，才须学也，非学无以广才，非志无以成学。"①在《诫外甥书》中写道："夫志当存高远，慕先贤，绝情欲，弃凝滞，使庶几之志，揭然有所存，恻然有所感；忍屈伸，去细碎，广咨问，除嫌吝，虽有淹留，何损于美趣，何患于不济。若志不强毅，意不慷慨，徒碌碌滞于俗，默默束于情，永窜伏于凡庸，不免于下流矣！"②

诸葛亮要求在学习的同时修身养性。他反复强调淡泊与宁静，对现代的人来说，仍具有十分重要的意义。不宁静就不能专心致志，志存高远也就成了不能落实的遐想了。诸葛亮在学习上是联系实际和学以致用的。首先，这表现在其自身的道德修养和高尚情操上。后人评论，在淡泊明志和宁静致远上，他本人确实是做得最好的。尤其是他在做了丞相掌握大权之后，真正做到"使庶几之志，揭然有所存，恻然有所感"，亦即近于圣贤的高尚志向，在其身上明显地体现了出来，从内心上有深刻的感悟和领会。其次，他学习经史，联系历史的实际，对历史人物有分析、有评论，从他写的《论光武》、《论诸子》和《论让夺》③，可以看到他的议论深刻确当。虽然，这几篇短文很可能是全文的片段，由于历史的久远，未能保存全文。再次，诸葛亮的学以致用表现在与他所处的环境和形势相联系。这里仅举一例以窥一斑。他在《隆中对》（后

---

① 见梁玉文、李兆成、吴天畏：《诸葛亮文译注》，巴蜀书社 1988 年版，第 187 页。

② 同上，第 191 页。

③ 同上。

面还要仔细讨论)中提出:“曹操比于袁绍,则名微而众寡,然操遂能克绍,以弱为强者,非惟天时,抑亦人谋也。”“孙权据有江东,已历三世,国险而民附,贤能为之用。”他特别强调“人谋”与“贤能为之用”的作用,在历史上,类似的例子亦复不少。诸葛亮自比管、乐,管、乐之对齐、燕而言,何曾不是“人谋”和“贤能为之用”呢?诸葛亮居隆中而了解天下事,他的信息来源多而且及时,我们不知道具体的信息渠道与其运作,但可推测,他和刘表集团有间接的接触,他与朋友们也有各种信息的交流。

顺带提出,诸葛亮在修身养性、钻研经史之余,还喜欢抚琴吟唱,谱写词曲。《三国志·蜀书·诸葛亮传》裴松之引《魏略》中有:“(诸葛亮)每晨夜从容,常抱膝长啸。”在殷芸《小说》中有:“宅西有山临水,孔明常登之,鼓琴而为《梁父吟》,因名此山为乐山。”梁父又称梁甫,梁甫乃泰山旁的一座小山,《梁父吟》的词曲,是悲凉的葬歌或挽歌。诸葛亮年轻的时候,何以好吟唱这样的歌呢?有人认为,诸葛亮高卧隆中,伤时忧世,好为《梁父吟》。还有人认为,一首十二句五言古诗《梁父吟》为诸葛亮所作,该诗说了春秋齐国晏子(婴)二桃杀三士的故事。后人曾不断地论证它是不是诸葛亮之作。笔者认为,论证诸葛亮是否好为《梁父吟》一事,并没有太重要的意义。殷芸《小说》所记只说明诸葛亮通晓词曲,在这一点上,与周瑜有相似之处。诸葛亮不时抚琴吟唱,以抒发情感,反映了他兴趣的广泛。如果真的沉醉于苍凉哀痛的曲调之中,何以解释他一生的有为向上、经世济邦的乐观精神和积极的生活态度呢?在隆中乐山上,有抱膝石和梁父岩,并建抱膝亭以作纪念。这是人们对诸葛亮的崇敬热爱,附会一些建筑景点,也未尝不是好事,但游人不必刻舟求剑以求实证。

上面陈述了诸葛亮的耕读故事,都是有史书依据的。我们可以归纳为:诸葛亮有很高的天赋,换句话说,他是天才。更重要的是,他对道德修养有严格的要求,学习刻苦,方法得当。师友们的切磋和帮助也有一定的作用。他是历史上值得效法的伟大人物,而不是无从捉摸的神仙道士。

那么,为什么后人总把他神道化呢?

在诸葛亮的言论著作里,没有提到过神道一类的问题,更没有说过与他自身有关的神道的事。后人出于对他的崇拜，而且，神道的概念在不少人心目中，尚起一定的作用，就附会出一些神秘的传说，这似乎有着很长的历史了。

据一本叫《仙鉴》的书说，诸葛亮在青年时期，曾向汝南灵山酆玖学习兵法，并接受了武当山北极教主传授的道术。这显然是编造出来的神话。有的人相信了，他们出于对诸葛亮的崇拜，认为他是神，能掐会算，可以先知，而凡人则是"事后诸葛亮"。在《三国演义》这部大家都喜欢的小说中，不乏诸葛亮晓阴阳、算太乙之类的事。在戏曲里，索性让诸葛亮穿着有八卦符号的道袍，口称山人如何如何。"先天数，玄妙法，犹如反掌"（京剧《借东风》），"凭阴阳，如反掌，保定乾坤"（京剧《空城计》）。我们想，凭诸葛亮的道德修养，不可能说出这样狂妄荒诞的语句。如果我们到武侯祠庙中瞻仰一下，就会发现连诸葛亮的塑像也是"神"态十足的。

在随后的章节里，我们再结合具体的事例，给出历史与演义的区别，并加以评论。这里，我们先对此作一般性的说明。首先，我们理解神化诸葛亮的人们的心情。像上面所述，人们认为诸葛亮不是凡人，神化了他，便可以顶礼膜拜了。这里要强调的是，神化了的诸葛亮，不是历史上的诸葛亮，不是真实的诸葛亮。诸葛亮是人间的贤哲，是历史上的伟大人物。如黎东方在《细说三国》"诸葛亮的为人"一节中所说，如果定义这样的人为神，自亦无不可。但是，并没有人物之外的神物。其次，已经存在的历史遗存，或属于历史文物，已为广大人民所喜闻乐见。当我们在武侯祠宇中，见到其庄严肃穆而睿智的神态时，我们想到的是历史上的伟人，是值得后人崇敬、喜爱和引以为楷模的先贤。我们在听戏曲唱词时，欣赏它的韵味儿，知道这是对诸葛亮推崇而夸大或神化的语句。当然不必要求重塑雕像，或更改唱词。其实，现代的画像（如范曾画的诸葛亮像，现存成都武侯祠）或雕塑（如隆中卧龙深处的一组雕像），已不再是神坛上的诸葛亮了。

三、诸葛亮受顾前的社会背景

诸葛亮生于汉灵帝光和四年(181)。我们要介绍诸葛亮受顾前的社会背景,不得不从东汉末年谈起。诸葛亮在其《出师表》中说:"亲小人,远贤臣,此后汉所以倾颓也。先帝在时,每与臣论此事,未尝不叹息痛恨于桓、灵也。"东汉末年桓、灵之时,政治腐败,经济衰微,宦官外戚相争,此消彼长,社会已走向战乱。《三国演义》开篇云:"话说天下大势,分久必合,合久必分。"①必分是由治到乱。我们议论的封建社会,远在汉代,宦官与外戚之争,根本原因固然不能说是由治到乱引起的,也不是因为官制分工的改变。封建社会或带封建特点的社会,治久必乱乃是其不可改易的本性。封建社会之治主要在于君明臣良,皇帝开明(封建叫圣明),大臣贤良,他们都体恤老百姓,办事公平公正。他们能立法公平,执法严明,于是国得以治。历史实践表明,这种局面不可能经久不衰,君昏臣佞之世必然要出现,这是在君臣的主观劣根性之外,还有客观上的不可避免性(如皇帝接班人确立所受的各种制约,但又具有一定的随意性等等)。君昏与臣佞,咎在君昏。昏愦之君往往荒淫无道,他需要顺从的奸佞之臣,只有奸佞的小人才能迎合昏君而为非作歹。东汉桓、灵之世就是这样的君臣搅乱之世,必然酝酿着官逼民反的形势。

在政治上,从上到下黑暗腐败,从皇帝起,大官大贪,小官小贪。东汉之取士,在于地方官吏保举孝廉、茂才。多数地方官吏所保举的孝廉、茂才,与官宦或外戚不无关系,他们在贪污敛财和欺压百姓上,是相当一致的。又因为在东汉后期,接连对外动武(如征讨西羌和匈奴),加上皇宫的穷奢极侈,皇亲国戚、大小官员的花天酒地、荒淫糜烂,哪一

① 罗贯中:《三国演义》,长江文艺出版社1981年版,第1页。下文所引同此版本。

项最后不是由百姓负担的呢？经济上的大量开销，早已使国库入不敷出。于是朝廷便卖官鬻爵，政治上的腐败，已经让百姓喘不过气来了，偏偏再加上水旱、蝗灾和地震之祸，真是天怒人怨，百姓揭竿而起，实在是顺理成章的事了。史书上所谓"黄巾造反"，今日称之为"黄巾起义"，便在汉灵帝中平元年(184)轰轰烈烈地爆发了。

人祸和天灾逼得人民造反。造反的人认为刘汉朝廷所代表的苍天该更换了，要改换为黄天，这就是"黄巾造反"或"黄巾起义"。当初冀州的巨鹿郡人张角、张宝和张梁兄弟三人(他们的家乡在今河北省平乡)，以传授"太平道"，广收徒众；以画符念咒和泼水来治病，大众信而神化之。他们分头派人到冀州郡活动，发展徒众。十余年里，扩大了的徒众有三四十万，遍及当时的青、徐、幽、冀、荆、扬、兖、豫八州。这八州地盘大致相当于现在河北、山东、河南、江苏、安徽、湖北、湖南等省。"角遂置三十六方，方犹将军也。大方万余人，小方六七千，各立渠帅。"即他们把三四十万人，分成三十六个部分，相当于今之师旅之类；每部有其统帅。他们甚至把势力扩展到皇宫，中常侍(宦官职称)封谞和徐奉也加入其中，愿作内应。

张角自称天公将军，封其弟张宝和张梁分别任地公将军和人公将军。预定在中平元年(184)三月初五日，在各地同时起义，每个人头上包裹黄巾，统治者诬为"黄巾贼"。由于有叛徒告密，致使洛阳地区的统帅马元义和宫内外上千人遭到捕杀，张角决定提前在二月内举事，紧张而迅速地通知各地行动起来。与此同时，东汉朝廷也紧张地动员起来，派兵镇压。

黄巾起事后，声势浩大，参加黄巾军的人数如滚雪球，愈来愈多。他们所到之处，烧衙门，杀官吏。因为人多势众，也没有什么地方官吏能够或敢于抵抗，只有逃亡或者投降，短短的十多天，"天下响应，京师震动"。

东汉朝廷这一边，本来政治已十分腐朽，经济濒危，外戚宦官彼此争权，杀戮频仍，正直敢言之士遭到迫害。此时，在黄巾起义的巨大威胁下，统治者内部的诸多矛盾暂时缓和，他们联合起来，镇压黄巾起义。洛阳朝廷派北中郎将卢植前往冀州(今河北省)，派左中郎将皇甫嵩和右中郎将朱俊到豫州(今河南省)。毕竟农民军缺乏军事战略家，卢植先围困张角于广宗(今河北省威县),后来皇甫嵩又把张梁消灭了,张角此时已病故。张宝也被皇甫嵩派军消灭于下阳曲(今河北省晋县境内),官兵杀戮起义军十几万人。皇甫嵩和朱俊在豫州颍川郡(治所在阳翟,今河南省禹州市),把已发展壮大的另一部分黄巾军用火攻打败,也杀戮了数万人。

声势浩大的黄巾起义在不到一年的时间里,基本上被镇压了下去,虽然以后仍有其余部在活动,但已不起大的作用了。

黄巾起义虽然被镇压下去,但东汉王朝就此走向了衰亡。在封建社会时期,农民起义是在官逼民反的客观条件下必然出现的事,但其结果,不外乎被残酷地镇压下去;即使能成功者,首领做了皇帝,也是再度经历镇压人民,专制腐化,乃至再度激起农民起义,这已为历史实践所证实。黄巾、黄巢属于前者,刘邦、朱元璋属于后者。这是客观规律。我们评论他们的优劣,仍看他们是否贤德,对老百姓是否施仁政,办事是否公平、公正,依法而行,等等。在历史上少数仁君虽有善可陈,但确实不多。黄巾首领为农民,他们缺乏有头脑的政治家和军事家,不能解决当时政治上与经济上的种种弊端,也不能保证在战略上战胜敌人,并巩固成果,他们的失败也在情理之中。可是话说回来,如果他们胜利了,谁能保证,他们不是新一代的专制皇帝和残酷统治人民的专制暴君呢?

在黄巾起义过程中,地方官僚与豪强为了抵抗与镇压黄巾军,便招兵买马,修筑城坞,抢占郡县,割据一方。汉灵帝为了加强中央对地方的控制,任命亲信或宗室为州牧,掌管一州的军政大权。州牧有了名正言顺的大权,也就更方便地"跨州连郡",对中央阳奉阴违。这都为后来的军阀混战埋下了隐患。另外,在黄巾起义被镇压下去后,皇帝的外戚与宦官之争再起。之后,汉室也就名存实亡了。由于我们在下文中要经常提到州郡和其官职的概念,先在此解释一下。东汉时期全国分为十二个州和一个司隶校尉部。每个州包括若干个郡,每个郡有若干县。州原设刺史,监督郡以下的官员,并无实权。后来设州牧,州牧掌管一州的军政大权,就是个实权之位了。郡设太守,太守掌管全郡的军政,是实权官职。至于县,可设县令或知县,视其大小而定。

汉灵帝刘宏,本是个昏庸之君,他宠信宦官,被所谓十常侍(实际为十二人)所包围。而这十常侍也都非善类,除贪得无厌外,就是挑拨皇帝镇压敢言之士。灵帝死于中平六年(189),尚未立太子。皇子中刘辩和刘协非一母所生,灵帝死后,却是刘辩继位,年十四岁。其母何太后,临朝称制,相当于后来的垂帘听政。宦官蹇硕本来手握重兵,为灵帝亲信,此时则面临失势之虞。何太后之兄何进,则以大将军之职,与太傅何隗进宫参录尚书事,掌握了实权。何进办的第一件大事就是逮捕蹇硕,并予杀死。随后把皇子刘协改封为陈留王,并向何太后进言,除掉所有的宦官。为达到这个目的,何进召董卓带兵进京(洛阳)。董卓绝对是一个阴险残忍的恶魔,他一来,便成为天下大乱的一个祸根。

宦官们得知,何进要铲除所有宦官,"中常侍"张让、段珪等多人先下手为强,把何进杀死在宫内。何进部下吴匡、张璋与虎贲中郎将袁术(中郎将比校尉略高,比将军职位略低)知道何进为宦官所杀,便率兵杀进宫门。后来中军校尉袁绍、董卓的弟弟董旻也带兵入宫。袁绍最恨宦官,他们此时大杀宦官,大大小小的宦官几乎一个不留。漏网者张让等人带着刘辩(少帝)与刘协(陈留王)逃至黄河边上,被尚书卢植追上,所有逃走的大小宦官在此遭到杀戮或溺水身亡,均未能逃脱覆灭的命运。袁绍诛宦官后,董卓带兵进洛阳,从此开始胡作非为,迎来了下一轮的军阀混战。宦官们过去坏事干尽,此时遭此大难,也是罪有应得,即使其中有些不那么坏的小宦官被悉数灭绝,也算是在劫难逃吧!

中国的历史实践证明,在天下大乱或即将大乱之际,会出现一些英雄和能人,也会出现奸雄和残暴的恶魔。董卓属于后者,如果不能说他是中国历史上最残暴的恶魔,至少也能说他是历史上最残暴的恶魔之一。他军人出身,在镇压黄巾军、镇压凉州(今甘肃、宁夏、青海一带)地区羌人以及攻打凉州起事(或造反)的韩遂、马腾的战事中,董卓基本上无所作为,但一路升官,由中郎将升为将军,后来做了并州(今山西省)牧,就在此时,何进召他入京。在宦官被诛杀之后,董卓劫持少帝刘辩,时在中平六年(189)。这一年九月,董卓废少帝刘辩,立陈留王刘协为帝,为汉献帝,当时刘协九岁。他随后杀了少帝和何太后,自封为相国,大权在握,控制朝廷,动不动就杀人,朝官没有敢抗言的。

次年,汉献帝初平元年(190),勃海郡(治所在浮阳,今河北省沧州东南）太守袁绍等人成立同盟，传檄天下，讨伐董卓，参加者多人，如袁术、桥瑁、张邈等，皆太守刺史等封疆大吏。同时起事讨董者，还有曹操、孙坚、刘备等人。以袁绍为盟主的同盟军兵多将广，又有名望地位，但是他们缺乏救国的愿望，也没有政治军事的头脑和本事；而曹操、孙坚和刘备等人名望和地位不高，兵将也少，虽欲与董卓作战，尚缺乏客观的条件。在没有大战事的情况下，董卓却火烧洛阳，挟献帝西去长安。讨董的各路诸侯先后离散，纷纷割据城池，形成此后的军阀混战。

在随后的两年时间里，董卓坏事做尽，国人皆曰该杀，但是，靠刀兵相见的讨伐，仍难奏效。初平三年（192），司徒王允争取了董卓亲信大将吕布，矫诏杀了董卓，这就是三国演义“王司徒巧使连环计”一回，所演绎的美人计中，有吕布与貂蝉的故事。董卓该死，而且死有余辜。董卓一死，士兵、百姓歌舞相庆，因董卓肥胖，人们置捻子在他的肚脐内，以为烛芯，竟亮了一夜。

王允除掉了董卓，立了大功，在司徒之外，录尚书事，掌握实权。吕布封温侯，握有军权。此时，镇压黄巾的名将皇甫嵩和朱俊等尚在。但王允虽有治平之心，无经世之才。吕布乃一有勇无德的大将，皇甫嵩等人都缺兵少将，终于还是没有能够拨乱反正。董卓部将李傕、郭汜等人造反，杀向长安，吕布抵抗不了，逃出长安，去投奔南阳袁术，参加了随后的军阀混战。可怜王允一家俱被李、郭杀害。

李傕、郭汜等人都是残暴成性，属于董卓一类。他们除了杀害与王允有关的在消灭董卓事件上有功的人士外，相互之间为了独揽大权，也争战不已，完全不顾老百姓的死活。当然，他们也还要打着汉献帝这块招牌。李傕把献帝从宫中抢出来，安顿在自己的军营中，献帝希望逃离他们的钳制，多次要求释放，兴平元年（194），在一些老臣的护卫下，献帝艰苦东行，迁到弘农郡（今河南省灵宝县境内）。不久李傕、郭汜又后悔放走了汉献帝，决定武力劫回。护侍献帝的董承、杨奉等人打不过李、郭，找到了强人“白波”（黄巾一类）首领韩暹与李乐等人，打败了李傕和郭汜。献帝于建安元年（196），迁回洛阳。从此，汉献帝离开了李傕、郭汜的狼窝，又陷入了韩暹等人的熊洞了。就在这一年，已经崛起的曹操做了兖州牧，州辖地大致为今山东省的西南部，治所在昌邑（今山东省金乡县西北）。曹操打败了韩暹，迎献帝去了许县（今河南省许昌）。曹操有胆量，也有韬略，专制残暴，从此挟天子以令诸侯。汉献帝离开了熊洞，又入虎穴。顺带提及，建安二年（197）冬，韩暹在并州被杀，郭汜为部将所杀；次年夏，李傕为关中诸将所杀，被夷三族。

早在黄巾失败之际，很多太守、刺史等封疆大吏都扩大地盘，壮大势力，不受朝廷节制，但又和朝廷若即若离。反正皇帝已被挟持，不论短时间的董卓、李傕和郭汜或韩暹以及较长时间的曹操，皇帝只能是个傀儡，还需小心谨慎，以免杀身之祸。朝廷的命令（实即挟持者的意思），军阀们可以有选择地听从；而军阀们的意见，往往也上报朝廷，朝廷同意与否，可以“承制”名义，变为既成事实，尤其在任命大员上，更是如此。曹操胜过袁绍一筹，迎献帝于许县，而袁绍却错过了这样的机会。所以，在军阀的争战上，挟天子以令诸侯，曹操也就具有了更多的优势。

前面提到，吕布本是一有勇无谋之人，又无信义可言。他自从与李傕、郭汜作战失败后，率残部南下，投靠袁术。后不辞而别，北投袁绍，也不为所容。又经过一系列曲折，投奔刚接替陶谦任徐州牧的刘备。再与袁术勾结，背叛刘备，占领徐州。终于在建安四年（199），为曹操所败，被杀。这也是《三国演义》“白门楼吕布殒命”（第十九回）所描述的故事。

陶谦似乎没有野心，他兼俱文武之才，出身孝廉，立有军功，早在汉灵帝中平元年（184），就做了徐州刺史，后升为徐州牧。董卓废立专横之时，他虽然未参加以袁绍为盟主的讨董联军，却是站在董卓对立面的。在董卓被诛以后，支持朱俊，以期复兴。初平四年（193），曹操以其父曹嵩过徐州被害为由，率兵攻打陶谦，大开杀戒，“坑杀男女数十万口于泗水，水为不流”。曹操之行为太残忍、狠毒了，滥杀无辜，无丝毫怜悯心到如此地步，再“雄才大略”，也为世人所不齿，为历史所不能原谅。兴平元年（194），陶谦病危，表荐刘备为徐州牧，也是他看到曹操太残忍，而刘备则宽宏仁厚的缘故。虽然很快徐州又被吕布攻陷，曹操又杀吕布，占据了徐州，但陶谦不把徐州交给儿子或部将，而坚持让与刘备，这也是他仁德可贵之处吧！

袁术和袁绍为同父异母兄弟，世代公卿。袁术参加了以袁绍为盟主的讨董联军，当时他已是后将军了。此后，在孙坚的帮助下，占据了南阳郡（治所在今河南省南阳市），刘表为荆州牧，表奏袁术为南阳郡太守。袁术却鼓动孙坚攻刘表，孙坚被黄祖杀死，袁术离开南阳，北上兖州陈留，又被曹操打败，逃到扬州的九江郡（治所在今安徽省寿县）。他实际只控制了扬州（辖区包括今安徽、江西、浙江省与江苏省的各一部分）的一小部分。袁术无才无德，又有荒唐的野心，竟在建安二年（197）做起"皇帝"来了。几乎没有人支持他，两年以后，四面楚歌，呕血而死，成为历史上一个可笑又可卑的小人物。

公孙瓒，出生在幽州（今河北省迁安），也出身世家，曾从学卢植，举孝廉。后在幽州牧刘虞手下做事。幽州辖区包括今河北省中北部与辽宁省中南部，治所在蓟县（今北京市西南）。刘虞是皇族，为人正派，讲原则，拒绝袁绍拥立他做皇帝，承认献帝；对外族主张和抚。灵帝中平五年（188），刘虞和公孙瓒打败了造反的张纯，受到朝廷的表彰。这个公孙瓒不仅没有远见，而且糊涂，不分善恶，竟在初平四年（193）杀了刘虞，称霸幽州。但也免不了覆灭命运，在刘虞部将和袁绍军队的合攻下，于建安四年（199）被杀死。幽州也就成为袁绍的地盘了。

在诸多割据的军阀中，袁绍的势力最大。除其累世三公的家世条件外，他本人主盟讨董联军，又有大将军职衔，亲领冀州牧，实际占有冀、幽、并、青四州，相当于今河北、山西、山东和辽宁省的一部分。曹操占据豫、徐、兖三州，相当于今河南以及山东、江苏、安徽省的各一部分，兵力与地盘略逊于袁绍，但后来有了献帝的招牌，多了一些优势。在改元建安的随后几年里，双方均蓄势待发，各自扫荡自己辖区内的小股异己势力。曹操会用兵，多谋善断，且能抓住时机；袁绍多疑寡断，缺乏英雄气概，且多次错过时机。建安五年（200）初，曹操攻打徐州的刘备，袁绍失机，未南下攻操。等曹操打败刘备（刘备投奔袁绍），袁绍才准备攻打曹操。同年十月，官渡一战，袁绍大败。建安七年（202），袁绍病卒，地盘大部分归属曹操。

曹操打败袁绍以后，成为势力最大的军阀，统百万之众，挟天子以令诸侯。但仍有不少割据势力，盘踞在远离战事频发的中原地区。早在汉灵帝中平六年（189）黄巾起事之时，已经做了太守与九卿的皇族刘焉进入益州，领益州牧，成为独立王国。益州包括今四川、重庆、云南与贵州地区。兴平元年（194），刘焉病逝，其子刘璋继位，后领州牧。

除和汉中张鲁的矛盾外,益州地区没有大的战事。

刘表也是皇族,出身世家,汉献帝初平元年(190),为荆州刺史。董卓死后,李傕、郭汜把持的朝廷任命刘表为荆州牧、镇南将军。后来他收取了长沙、零陵、桂阳等地,北据汉川,利尽南海。虽然他能力平平,也居然有十几年的地区霸主地位。

西北地区的韩遂和马腾,早在灵帝末年就闹独立,占据凉州(今甘肃、宁夏、青海一带)。东北地区(即现今的辽东地区)也一直为公孙度祖孙所控制。在董卓掌权时,公孙度做了辽东郡太守,其子公孙康、康子公孙渊接着掌权,虽然其间与袁绍父子有不少恩怨,与曹操也有交往,但直到曹操死,一直未被征服。

在袁绍与曹操争战之时,孙坚父子控制并巩固了在江东的政权。早在联盟讨伐董卓时,孙坚率兵认真地与董卓部队打了几仗。联盟解散后,孙坚与袁术有合作,有斗争。初平三年(192),袁术鼓动孙坚攻打刘表,孙坚被刘表部将黄祖射死。坚子孙策脱离袁术,驰骋疆场,在周瑜等人辅佐下,横扫江东,做会稽太守、讨逆将军,封吴侯,势力扩展至今浙江、江苏省南部和江西省等地,统称江东地带。建安五年(200),孙策英年遇害,年仅二十六岁,他把创建的事业交给其弟孙权。

四、 三顾草庐前的刘备

刘备,字玄德,幽州涿郡涿县(今河北省涿州市)人,生于桓帝延熹四年(161),他比诸葛亮大了整整二十岁。刘备本是汉景帝之子中山靖王刘胜之后,这已是二三百年前的血缘关系了。

刘备的出身对他的名望与号召力起了一定的作用。但是,我们今天评论他,应该有一个新的原则。《三国演义》把刘备的蜀汉视为正统,根据就在于他是汉皇帝的后裔。在京剧《甘露寺》中有句唱词:“刘备本是中山靖王之后,汉帝玄孙一脉流。”在封建时代,可以这么论。

而在今天，我们读历史小说，听戏剧，就应想到，这是封建时代对刘备出身的颂扬与肯定，不是我们今天评论的标准。对以皇帝为首的统治者阶层，只能根据统治者的道德品质，是否执法公平，是否关心百姓、实施仁政以及实践效果，即老百姓是否满意，来加以判断。对刘备的评论也不例外。在这一节里，我们来看一下刘备的早期经历。

刘备的父亲刘弘曾做过县令，为政清廉，但去世早。留下刘备孤儿寡母，经济自然不宽裕。刘备曾以编织草鞋、草席，贩卖为生。《三国演义》的一些人物，如袁术、吕布之流，以此鄙视刘备的出身。刘备十五岁从学涿郡大儒卢植，公孙瓒是他的同学。他的一位本族长辈资助他上学，看出他日后会有出息。但是，刘备青少年时并不特别热爱学习，却胸有大志，不多说话，可以克制自己的喜怒，好结交侠义与豪迈之人，讲究信义。关羽和张飞就是他青少年时结交的莫逆之友。

关羽，字云长，河东解县（今山西省运城市的解州）人；张飞，字益德，乃刘备同乡涿县人。他们都高大魁梧，而且都有一定的文化水平。关羽年轻时在家乡犯事，据《三国演义》描写，是杀了地方恶势力，根据他傲上恤下的性格，这是有可能的，因此逃到涿县。他与刘备、张飞志同道合，情胜兄弟，同吃同住。《三国志·蜀书·关羽传》记载："先主与二人寝则同床，恩若兄弟。而稠人广坐，侍立终日，随先主周旋，不避艰险。"关羽和张飞常常侍立刘备之侧，遇事不避危险，鼎立相扶。《三国演义》叙述了他们在张飞家的桃园中，结拜为兄弟，这就无从考证了。凭他们的历史功绩，演绎为桃园结义，而且宣誓："同心协力，救困扶危；上报国家，下安黎庶。"这大概是上下各阶层人士都赞许的。

由于刘备待人宽厚，不少人投奔他，做他部下。在当地富豪的资助下，他以关、张为辅翼，组织起几百人的队伍。时值黄巾起义，刘备就参加到镇压黄巾军的官军之中。黄巾起义是农民在忍无可忍的情况下，对腐败透顶的王朝的反抗，自然也会做出不少过激的事，刘备因与黄巾军作战有功，当了安喜县尉，安喜在今河北省定州，县尉是县长级的官。当时巡察县政的官称督邮，巡察安喜的这位督邮与很多贪官一样，不仅对下级摆架子，而且还索要贿赂，招待不周，就难免丢官。刘备受不了这份气，一怒之下，把督邮捆绑在了柱子上，狠狠地打了他二百鞭棍。然后把县尉官印挂到他脖子上，官不做了，与关、张逃走。

《三国演义》描写"张翼德怒鞭督邮"(史书记载,张飞字益德;演义称其字翼德),刘备反来劝解,藉以突出张飞嫉恶如仇的勇猛性格和刘备的宽厚作风。实际上,可能是刘备作出决定,由张飞来执行,或由张飞监督,士兵来执行。《三国演义》描写的具体事件、情节,虽在史书上找不到证据,但有相当多的事还是合乎情理的。

刘备既然鞭打了督邮,安喜县尉就做不成了,他和关、张率部又在何进的部下立了军功,被保荐做了下密县丞。下密在今山东省昌邑县附近,县丞为副县长级别。后迁为高唐县尉,再升为县令,高唐在今山东省禹城。汉献帝初平二年(191),青州黄巾攻破高唐,刘备战败。这次他走得远,北上幽州投靠公孙瓒。公孙瓒是他的老同学,保荐他做了别部司马,让他统率一支非主力部队,抵抗冀州牧袁绍。

刘备在公孙瓒处结交了赵云。他们很谈得来,很快成了相知。赵云字子龙,常山郡真定(今河北省正定)人。他长得雄伟,武艺高强,且颇有见地,早年投奔公孙瓒,受到重视。常山郡属于冀州,当时袁绍为冀州牧。公孙瓒与袁绍不和,彼此猜忌。赵云来投,公孙瓒在高兴之余,问赵云:"听说冀州人士多向往袁绍,而将军你独来找我,是什么原因?"赵云说:"天下乱糟糟的,也不知道谁是谁非。本州人士向往能施仁政的州郡首脑,倒不是轻视袁公而亲近将军呀!"从这段话看出,赵云不仅有见识,而且有道德标准。他听到刘备的志愿和对形势的分析,很是钦佩;而刘备见到赵云的言谈举止,也十分喜爱。这一相遇成为他们日后共患难的契机。

刘备协助公孙瓒,参加了抵抗袁绍的战争,往青州,协助田楷攻略地盘多次建功,被任命为平原县令,又升为平原国相,这时田楷被公孙瓒任命为州刺史。平原国即平原郡(在今山东省平原县),因朝廷封皇室为王,改为国,国相相当于郡太守。

因为连年战乱,百姓生活困苦,不能温饱;盗贼成群结伙,到处抢掠。刘备任国相期间,一方面平定盗寇,一方面为百姓安排生产,解决温饱之事,且见到了效果,获得了人民的拥护。这不仅说明,刘备具有很高的行政能力,更反映他眼睛里还是有老百姓的。后来,小说反复宣扬他宽仁敦厚,反而令人难以尽信。不过,他并不是为争权夺利而表现出伪善,所以,才获得百姓与士人的信任。他能做到礼贤下士,士人们也就愿意投奔其下,为他服务。他在任平原国相期间,当地一位有势力者叫刘平的人,对他不满,可能刘备一些措施触犯了他的利益。他派一刺客去刺杀刘备。刘备不知底细,仍然热情地招待了这个刺客,经过交谈,刺客认为刘备乃仁义之人,不仅未行刺他,反而告诉了他行刺的计划。

做了平原国相的刘备,还没有袁绍、公孙瓒或曹操的地位与声势。但因他的仁德表现,却也名望在外。连徐州广陵郡(今江苏省扬州市)太守陈登都十分推崇他,称他"雄姿杰出,有王霸之器"。这位陈登不仅出身贵胄,而且清高之名为时人所膺服。北海相孔融亦当时名士,对刘备也有很高的评价。北海国为青州一郡,治所在营陵,今山东省昌乐县东南。北海国被黄巾围困之时,孔融派太史慈突围,往平原国求刘备相助,刘备解除了孔融的危难。

不久,袁绍攻打公孙瓒,攻占了平原国。田楷和刘备向东撤退,退守齐郡(青州一郡,辖地今山东省益都地区)。就在这时,初平三年(192),曹操父亲曹嵩携带妻妾家众和许多金银财宝,从洛阳去琅琊,途经徐州地界,当时的徐州牧陶谦派兵保护。无奈率兵的张闿看上了曹嵩的大宗财宝,杀死曹嵩,劫夺财宝而逃。虽然曹嵩的财宝也是不义之财,但这一来,就给陶谦和徐州百姓带来了大灾难。日后曹操要为父报仇,不仅要杀陶谦,还屠杀了大量徐州百姓。

汉献帝初平四年(193),曹操进攻徐州陶谦。就在这次进攻中,曹操一路屠杀,杀了包括从凉雍逃难来的几十万人民,使"睢水为之不流",真是鸡犬不留,惨不忍睹。曹操"宁我负天下人,不让天下人负我",过于残忍,为后人所不齿。不过,在刘备的协助下,陶谦竟然守住了郯城(今山东省南部偏东接近江苏)。其时,刘备也只有千余人属于自己的部队,还有几千乌桓骑兵。陶谦又给他补充了四千士兵。陶谦对刘备非常敬重,表荐刘备为豫州刺史,屯驻小沛(今江苏省沛县)。刘备和公孙瓒的关系就结束了。次年(194),陶谦病危,他上表推荐刘备为徐州牧。刘备再三辞谢,反而举荐袁术。陈登和孔融力陈不可,他们都认为袁术骄纵,不是治乱之主,也非忧国之人。孔融进一步说,袁术乃"冢中枯骨,何足介意"。在对袁术的评价上,刘备的理解显然不如陈登和孔融,也不如陶谦和曹操。徐州别驾(为州牧佐吏,随从外出巡行)糜竺已承陶谦遗嘱,坚请刘备继任徐州牧。

刘备做了徐州牧,虽实际管辖地盘不多,总也算跨州连郡了,兵力也有几万,大将有关羽、张飞,此时赵云已回到公孙瓒处。在诸多军阀豪强的包围之下,他纵有澄清寰宇之志,仍是力不从心。刘备做徐州牧不久,吕布在兖州被曹操打败,到徐州投靠刘备。刘备还不知吕布是朝三暮四、恩将仇报之人,不仅收留了他,还让他进驻小沛(今江苏省沛县)。建安元年(196),扬州军阀袁术进攻刘备。趁刘备后方空虚之际,吕布攻克了徐州(治所在今山东省郯城,魏以后移至今江苏省徐州)。刘备在袁、吕两路夹攻之下,进退失据,只得向吕布求和,把徐州牧让给吕布,他又被吕布派驻小沛,做了豫州刺史。此后,刘备重整兵力,逐渐变强。吕布既害怕又忌妒,再次攻打刘备。刘备战败,投降曹操,曹操表荐刘备为豫州牧。这一年曹操迎献帝于许(今河南省许昌),曹操的决定以献帝的名义下达。刘备常被称为刘豫州,其根据也在此。虽然,他也做过徐州牧,但很少有刘徐州之称谓,大概部分理由是因陶谦表荐,虽然可以做,但还没有“名正言顺”。建安三年(198),曹操攻吕布,他和刘备攻下了下邳城(今江苏省邳县),吕布最后固守的城楼被攻破,吕布被杀。这段历史,在《三国演义》里,以“白门楼吕布殒命”为回目,有生动的描述。吕布如果在一位德才兼备的上级手下,不失为一员勇猛的战将。如果他自为军阀,既无仁义原则,又听不进意见,失败乃是必然的结果。而刘备坚持建议曹操杀吕布,勿留后患,也是经历了吕布忘恩负义的教训后得出的结论。

打败吕布后,刘备随曹操回到了许县。曹操又以汉献帝的名义,拜刘备为左将军——一个有名位而无实权的官职,而自动免去了豫州牧的官职。曹操对待刘备确实很够意思,“出则同舆,坐则同席”。从曹操一方面讲,他也确实看得起刘备,他不仅要控制刘备,不能使其力量强盛起来;他还要利用刘备的名望和能力为自己服务。否则,他就不会拒绝其手下谋士劝他杀刘备以绝后患的建议了。如果不为利用他,只是限制他,凭曹操的残忍性格,恐怕也早就把刘备杀了。从刘备一方面讲,他对曹操也深知其人,他借曹操的力量消灭吕布,也深惧曹操置自己于死地。所以,他灌园鬻蔬,以显拙者之为政也,故意表白自己无野心,胸无大志,以免曹操猜疑。而曹操偏和他“煮酒论英雄”,对袁绍等当时有名望和地盘，又兵多将广的人不屑一顾，偏偏说“天下英雄乃使君与操耳”，吓得刘备失落手中筷子，急中生智地以害怕雷声为借口，掩饰过去。

刘备对曹操在名义上拥护汉献帝，而实际上全不把汉献帝放在眼里的事，看得一清二楚。他本来暗中和董承等人策划除曹，值曹操派他去徐州袭击袁术，他便顺便斩了曹操派去的徐州刺史车胄，决心脱离曹操的束缚，而与之对抗。这是建安四年(199)的事。曹操让刘备离开自己身边，这是他一时疏忽，也可能是，他认为刘备仍在其掌握之中。而刘备此时公然对抗曹操，虽然莽撞了一点，但由于董承事发，也不得不为了。曹操知刘备杀了车胄，急派刘岱、王忠率军攻打刘备，被刘备打败。此时曹操正率军在官渡一带，与袁绍对峙。他于建安五年(200)，挥师东进，在徐州把刘备的几万人打得溃不成军。刘备带领少数人去投奔袁绍。关羽则在下邳被围困投降，连同刘备的夫人，一起到许县，受到曹操的优厚待遇。张飞战败后逃往汝南郡(郡治所在平兴，今河南省驻马店周围地区)。

袁绍派大将颜良率军攻打曹操，关羽在白马坡为曹操立功杀了颜良。大将文丑也为曹军所杀。历史记载上没有明确提出是为谁所杀。《三国演义》记叙文丑为关羽所杀一事，没有充足的证据，疑为虚构。而颜良为关羽所斩，确有文字记载。《三国志·蜀书·关羽传》记载“羽望见良麾盖，策马刺良于万众之中，斩其首还”。这有点像在万军之中，取上将首级，如探囊取物。这种情形大概不多见，在小说《三国演义》中却常常出现。两军对峙，主将一来一往地刀枪对打，而士兵观战，若干回合后，一方主将被另一方主将杀死，大军便溃败云云。这虽不无可能，但更带有舞台戏剧性质。

刘备已投靠袁绍，而袁绍大将为关羽所杀，这种结果甚是尴尬。在军阀混战中，已谈不上什么原则。关羽以此作为对曹操优待他的报答。当他知道刘备在河北袁绍处，便义无反顾地挂印封金，辞别曹操，北上寻兄。而曹操不仅没有把他扣住不放，软禁起来，更没有杀之以绝后患，甚至还通令放行，不许中途拦阻，在这一点上，曹操确实十分仗义，与他“宁我负天下人，不让天下人负我”的凶残性格判若两人，说明一个人性格的复杂性。大概他真从心底嘉许其志，才有这么大的容量以成其义。

关羽不顾危险，这危险包括曹操后悔而追杀他，路途遇兵将加以阻拦，袁绍为了大将被杀而报复他……“关云长千里走单骑”。他不忘报效曹操的恩情，又把与刘备的友谊始终放在第一位，不怕危险，与之会合。这是后人认为他仁义的表现。“过五关斩六将”的故事情节十分有趣，历来为世人所津津乐道。虽然这可能是演义故事，然而关云长千里走单骑，确是事实。在成都武侯祠，刘备殿东侧关羽殿有匾曰“义薄云天”，也是符合事实的。

再说刘备投奔袁绍的事。袁绍出城二百里，迎刘备至邺县（今河北省临漳县内），说明刘备在袁绍心中有相当高的地位。刘备投靠袁绍之选择乃不得已，他对袁绍的为人并不佩服。再说赵云从徐州返回公孙瓒处，认为公孙瓒成事不足，败事有余，乃借口兄丧回到常山（今河北省正定）。此时，打听到刘备在邺县，乃以刘备的名义，召集几百兵士，到邺县和刘备会合，此后就未再分开。

刘备在投靠袁绍的一年多时间里，曾先后两次去汝南，分别与黄巾余部刘辟和龚都联络。刘、龚二人也都敬服刘备的为人，愿为他效劳。但毕竟刘备人马不多，刘辟、龚都的力量也微弱，未能起大的作用。刘备在第二次去汝南与龚都会合之际，也是刘备、赵云与关羽、张飞久别重逢之时，这一段的具体情节为史书所略，只叙述曹操派蔡阳攻刘备，蔡为刘备所杀。

在《三国演义》里，他们的重逢都颇有戏剧性，故事情节也跌宕起伏，读起来颇有趣味。这里具有几分可信性和更多的演义性质。比如，徐州战败后，只知道张飞逃奔汝南一带，具体地点和活动不得其详。小说叙述他占据了古城，也有几分可信。为了突出张飞的勇猛刚毅，疾恶如仇，多少带有鲁莽的性格，小说描写张飞以为关羽真的背叛与刘、张的友情，投降曹操，所以，一见面就准备拼命。其实，他未必如此莽撞。为了释疑，关羽斩了追来的蔡阳。读者因刘、关、张、赵的重逢而感到高兴，也就不一定深追历史的真实情节了。

确实，曹操为了打刘备派蔡阳去，并不是为了追杀关羽。很有可能是，蔡阳到达之前，刘、关、张已经会合了。而出战蔡阳，一举杀死蔡阳的是关羽，因为蔡阳既来，刘备不太可能是独率一支兵马迎敌。大将关、张、赵均在，无须他亲自出马，也不应由他出马。蔡阳既是来打刘备，为刘备部下所杀，所以，史书上往往以"为刘备所杀"来概括结果。

建安六年(201)，曹操打败袁绍不久，亲率大军到汝南攻打刘备和龚都。刘备未与之战，就南下荆州投奔刘表，龚都部也就溃败了。

五、三顾草庐

上一节提到曹操攻打刘备，刘备不战而退，南逃荆州，投奔刘表。刘表虽然没有出城二百里迎接，却也表示了不平常的欢迎，待之以上宾之礼，并给他补充一些士兵，让他驻守在南阳郡的新野县(今河南省新野)。从地理上看，新野是荆州的北大门，是抵御曹操的第一线。

刘表何许人也？我们已在本章第三节提到过了，他没有参加过以袁绍为盟主的讨董盟军，董卓死后，李傕、郭汜把持的朝廷任命刘表为荆州牧，占据荆州地盘，地跨今日湖北和湖南省的大部分地区。刘表不是军人出身的军阀，如果在太平盛世，他或许是一个有所作为的封疆大吏。但是，在王室衰微、军阀混战、英雄逐鹿的时代，刘表却是成事不足、庸碌无为的角色。

如果他志在澄清四宇、扶佐汉室，何以在占据荆襄的十几年里无所作为呢？如果他有志逐鹿，也应纵横捭阖，扩充疆界。他这些都不做，但又不服从朝廷（不管谁在操纵)约束，自己俨然是一方之主。曹操谋士荀攸评论他："天下方有事，而刘表坐保江汉之间，其无四方之志可知也。"刘备投靠他，他外表尊重，内实猜忌。如果刘表志匡汉室，就应真心与刘备合作，联袁伐曹；如果他志在逐鹿，也应利用刘备的力量，扩充疆界。而其表现还不如当年任徐州牧的陶谦。

刘备于建安六年(201)投靠刘表，常驻新野，在三顾草庐之前，有六七年时间。在战事频仍、遍地烽火的年代里，这是一段相当长的时间，荆襄地区相对平静。对刘备说来，也是一段暂保无虞的时期，应该总结经验教训，制定战略，采取行动。关羽、张飞、赵云都是一流战将；孙乾、糜竺也不失为忠志之士，但是，制定战略，朝建立功业路上前进，则尚待诸葛亮出山。

因为日子过得平静，很少有打仗奔波的军旅生活，所以，刘备在刘表衙中做客，有一次入厕，发现自己长胖了，顿感事业无成，不禁落泪。刘表惊问其故，刘备说："我过去经常作战，多在马上度过，肌肉结实，今长时间生活悠闲，大腿和臀部的肥肉多了。日月飞逝，而功业无成，因此自感悲伤。"这是刘备的心里话，说明他尚未消沉，在提醒自己，警告自己。而在胸无大志又心存疑忌的刘表面前，表达自己的远大志向，未免有失言之嫌，至少也是没有必要的。当年，他在曹操面前，谨小慎微，惟恐受害，尤其是听到曹操称自己为英雄，吓了一跳。他对刘表倒无此类的防范。无怪乎《三国演义》以此为铺垫，增加了刘表对刘备防范的细节，而出现"马跃檀溪"的故事。

《三国志》裴注引《世说》："备屯樊城，刘表礼焉，惮其为人，不甚信用。曾请备宴会。蒯越、蔡瑁欲因会取备，备觉之，伪如厕，潜遁出。所乘马名的卢，骑的卢走。堕襄阳城西的檀溪水中，溺不得出。备急曰：'的卢，今日厄矣，可努力！'的卢乃一跃三丈，遂得过，乘桴渡河，中流而追者至，以表意谢之，曰：'何去之速乎？'"孙盛认为《世说》这段记载不可靠。他认为刘备与刘表自始至终无大的芥蒂。如出现逃席一事，就不可理解了。如果刘表本无杀备之意，而其手下暗中所为，也不无可能，《三国演义》就是这么设想的。无论如何，无风不起浪，纵使小事夸大，添枝加叶，而成就演义中的马跃檀溪故事，亦自有趣可读。

刘备在依附刘表期间，也打过仗，而且打过很漂亮的仗。当时徐庶已在刘备营中，他出谋划策也是意中的事；当然也是与关、张、赵等亲信相谋的结果。很可能是在建安七至九年（202—204）之间，在曹操进攻袁谭、袁尚的时候，刘表让刘备从新野北进，以抵御夏侯惇。刘备率军经过宛县（今河南省南阳）、博望（今河南省博望），到达许县南的叶县（今河南省叶县）。刘备为了诱敌深入而退军，夏侯惇与于禁率大军追击，在博望附近，遭遇埋伏，被打败。这埋伏也可能靠火攻，《三国志·先主传》仅载："先主设伏兵，一旦自烧屯伪遁，惇等追之，为伏兵所破。”并未具体陈述。《三国演义》的作者把火烧博望坡的功劳，归于初出茅庐的诸葛亮，这是演义。《三国演义》突出刘备的宽宏仁厚，突出诸葛亮的足智多谋，而调整了历史事件的主人公，时间也向后推移。其实，没指挥博望之役，并不会减少诸葛亮的智慧与品德。

建安十二年(207)，曹操北征乌桓，刘备向刘表建议，乘虚进攻许县，刘表不接受这个建议。等曹操凯旋而归，刘表有悔意。“不用君言，故为失此大会。”[1]其实，再有机会，他仍会失去。此时离曹操南下收拾刘表之日就很近了。

从刘备依附刘表，到刘表去世的七年间，刘表错过了利用刘备的力量使功业再上一层楼的机会，这是刘表无能、更无韬略的自然结果，没有什么可惜的。而在这段不算短的时间里，刘备也失去了利用刘表的力量和条件，使自己的功业有所进展的机会。直到建安十二年(207)，刘备才造访诸葛于草庐之中，晚遇贤哲，这倒诚足可惜。宋诗人王柏有诗云：

隆中高卧匪无情，鼎峙规模岂素心。
自是将军三顾晚，坐看世变转移深。

一统天下，复兴汉室，而不是三国鼎峙，这是刘备和诸葛亮的共同心愿。不过，对刘备而言，也只有在三顾之后，才有后来鼎峙的可能。

荆襄是人杰地灵之处，刘备也考虑到应该就天下大事，请教杰出的人士，或请出王佐之才。他一定作了多方面的征询和访查工作。《三国志》裴注引《襄阳记》记载有：刘备曾专程拜访了水镜先生司马徽，请他分析时事。司马徽说：“儒生俗士，岂识时务？识时务者在乎俊杰。此间自有伏龙、凤雏。”看来刘备尚不知此二人，打听他们的情况。司马徽告诉刘备，他们就是诸葛亮和庞士元。《三国演义》的描写是，司马德操先生不立刻告诉刘备伏龙和凤雏是谁，故意启发和诱导刘备对二人的向往和追求。在《三国志·蜀书·诸葛亮传》中，只叙述了徐庶推荐诸葛亮的事。刘备驻兵新野，徐庶投奔刘备，很受刘备的器重。他告诉刘备说：“诸葛孔明者，卧龙也，将军岂愿见之乎？”刘备让徐庶把

---

① 《三国志·蜀书·先主传》裴注引《汉晋春秋》，第877页。

诸葛亮带来相见。徐庶告诉他："此人可就见，不可屈致也。将军宜枉驾顾之。""由是先主遂诣亮，凡三往，乃见。"但是，史书没有说明徐庶在什么时候推荐的，刘备是在什么时候去顾访诸葛亮的。我们推测，刘备求贤若渴，自然是不会拖很长时间，应该很快就去。这应该是建安十二年(207)的事。

《三国演义》的故事说，曹操冒充徐母给徐庶写信，迫使徐庶不得不离开刘备，在分别之际，徐庶向刘备推荐诸葛亮，这与历史记载有所不同。

刘备三顾草庐，向诸葛亮请教天下事，并诚请诸葛亮出山相佐，这是中国历史上十分著名的事件，不仅脍炙人口，而且给人以多方面的启迪与教益，后面还要专门讨论之。先就三顾的历史事实予以说明。历史上"三顾草庐"是确凿无疑的。因为所有历史书如《三国志》、《后汉书》、《汉晋春秋》、《资治通鉴》等均清楚地记载着"先主遂诣亮，凡三往，乃见"的事，更因为诸葛亮的《出师表》中，明确地说明："先帝不以臣卑鄙，猥自枉屈，三顾臣于草庐之中，咨臣以当世之事，由是感激，遂许先帝以驱驰。"诸葛亮给皇帝(后主刘禅)上书，回顾自己的经历，绝对是历史的事实。本来，对此若有任何的怀疑，均属对历史的无知。但是，为什么还有个别人说是诸葛亮找刘备以自荐的呢？原来鱼豢在《魏略》中曾叙述，当年刘备屯樊城，诸葛亮知道曹操要进攻樊城，亲自到刘备营中陈事。开始，刘备看诸葛亮年轻，不够重视，自顾自结编髦牛尾，云云。裴松之早已论证这段叙述不实，"虽闻见异辞，各生彼此，然乖背至此，亦良为可怪"。而现在还有个别人提出此异见，便是荒谬乖背之至了。

《魏略》把刘备和诸葛亮谁先见谁的历史弄颠倒了。其中的陈述符合诸葛亮的言论特点，所以，《三国演义》的作者把有关情节放到三顾以后不久，诸葛亮看到刘备还有闲情亲自以髦牛尾编结帽，而正色问曰："明公无复有远志，但事此而已耶？"玄德顿时掷帽于地而谢道："吾聊假此以忘忧耳。"这是合乎情理的。

如果从《出师表》的"三顾臣于草庐之中"来分析，刘备确实有可能三次造访，每次皆遇诸葛亮，而且两人谈得投机，这是黎东方在《细说三国》一书中的推测。然而，从《三国志·蜀书·诸葛亮传》所说"凡三

三顾草庐

往，乃见”可知，是前两往未见，第三往才见，这与“三顾臣于草庐之中”也不矛盾。为什么诸葛亮要第三次才与刘备见面呢？不排除或许他前两次不在家，而不是故意躲出去不见，更可能是他慎重考虑后，才决定第三次见面。为什么？诸葛亮自比管、乐，可见他不会老隐林中，而立志干一番经邦济世的大事。正如本章第二节所述，他不仅时刻了解世事的变化，也在分析和考察当时的豪杰人物。刘备在襄阳六七年的所作所为和对老百姓的态度，他是一清二楚的，刘备的实力他也应深知，对刘备会有肯定的评价。

从力量的比较上分析，刘备当时实力最弱。诸葛亮要想有所作为，完全可以北投曹操，或东投孙权，但他并没这样做，可见他出山治平是有原则的，这原则便是辅助仁义之主与汉室传统。那为什么要三顾乃见呢？或曰是为了摆架子，季羡林先生在一篇谈面子的杂文中，曾作为事例，说三顾乃是知识分子的面子问题，诸葛亮为了要面子，才摆架子。笔者认为，对一般知识分子（也不见得是全部）而言，有要面子的问题。但对真正做到宁静与淡泊的诸葛亮来说，不是面子问题。他在考验刘备是否能真正做到礼贤下士，虚心求教；更深层次的意义还在于，他要对刘备是否有复兴汉室的志向以及是否可以共患难进行判断。

“凡三往，乃见”为确凿的历史，但“三顾”的具体过程未载入史册，似乎也没有记载在野史和轶事的书里。《三国演义》描绘了有关的情节，虽无考证，却也是可能与可信的。刘备驻扎在新野，到襄阳西的隆中去一趟，旅途劳顿。《三国演义》描述了隆中的清幽景色，第一次路遇崔州平；第二次路遇孟公威和石广元，在茅庐遇见了诸葛亮弟弟诸葛均，离开时，又遇见了诸葛亮岳父黄承彦；第三次造访，得遇大贤，并成就了千古绝唱的《隆中对》，故事引人，读来兴趣盎然。小说顺带突出了关羽和张飞的各自性格，不过，这是小说作者赋予他们的性格，多年来，已为广大读者所接受了。

非历史题材的小说、戏剧，可以随意编造，只要具有真、善、美的品德，观者、听者乐意欣赏，任何人都无须指责。但对历史题材，不允许篡改、颠倒是非，否则造成厚诬古人、欺骗今人的恶劣后果，属于“文化犯罪”的性质。不过，像关羽、张飞的义勇精神，已是历史的定论，加上一些没有历史根据的具体情节，也无伤原则。《三国演义》中“三顾草庐”

一节，张飞看到刘备侍立，而诸葛亮高卧，气愤至极，欲纵火泄忿，而关羽急止之。故事编造了，没有颠倒是非，没有伤害人物的主要特征，读之有趣，也就无可厚非了。

刘备与诸葛亮第一次见面，刘备屏退旁人，把心里话告诉诸葛亮："现在汉室衰败，皇帝成了俘虏，奸臣当道，百姓遭殃。我虽然在道德和力量上都不足，但仍想尽力匡扶汉室，救民于水火。而智力短浅，屡屡挫折，所以请教你孔明先生，我应怎么办呢？"

诸葛亮回答了刘备提出的问题，他为刘备分析战略措施：首先，从袁绍与曹操的战争分析，说明人的因素的重要性。论名望、力量，袁绍都比曹操强，而最后却是曹操打败了袁绍，固然有天时的因素，而人的谋略是最重要的。随后，分析了周边形势，北边曹操拥百万之众，挟天子以令诸侯，虽是敌人，但暂时不可能直接与他相争锋；而东边孙权，也已奠定根基，有一帮贤能之士辅佐他，可以与之联合而不能攻打他。只有所处的荆襄（今湖北、湖南省的大部分）地区和益州（今四川、云南和贵州省的大部分）地区可以考虑。荆州四周的环境表明，这是一块兵家必争之地，刘表懦弱，是守不住这块地盘的；益州刘璋暗弱，治理不了这块天府之国。而西汉开国皇帝刘邦就是以益州为根据地，成功地统一了天下。现在，那里的人民都希望有一位贤明的人来领导。所以，将军可以利用自己的优势——皇族出身与宽宏品德，先打下荆、益两州。如何进一步复兴汉室，统一江山呢？对外，与东吴联合；对西南的少数民族，要采取和解与安抚的政策，以巩固后方；对内，要政治清明，获得百姓的支持。一旦形势有利，可命一上将，率领大军从荆州北进，直取南阳、洛阳，将军则亲率大军，从成都出发，北入秦川，攻打长安。那时，百姓都会帮助你，迎接你的到来。汉室可以复兴，王霸之业可以成功。

这一番极为精辟透彻的分析，就是历史上著名的《隆中对》。它是《诸葛亮文集》中的一篇重要文章。为了诵读和参考，把原文附在下面：

> 自董卓以来，豪杰并起，跨州连郡者不可胜数。曹操比于袁绍，则名微而众寡，然操遂能克绍，以弱为强者，非惟天时，抑亦人谋也。今操已拥百万之众，挟天子以令诸侯，此诚不可与争锋。孙权据有江东，已历三世，国险而民附，贤能为之用，

此可以为援而不可图也。荆州北据汉、沔，利尽南海，东连吴会，西通巴、蜀，此用武之国，而其主不能守，此殆天所以资将军，将军岂有意乎？益州险塞，沃野千里，天府之土，高祖因之以成帝业。刘璋暗弱，张鲁在北，民殷国富而不知存恤，智能之士思得明君。将军既帝室之胄，信义著于四海，总揽英雄，思贤如渴，若跨有荆、益，保其岩阻，西和诸戎，南抚夷越，外结好孙权，内修政理；天下有变，则命一上将将荆州之军以向宛、洛，将军身率益州之众出于秦川，百姓孰敢不箪食壶浆以迎将军者乎？诚如是，则霸业可成，汉室可兴矣。

形势变化快，或者说，刘备三顾草庐的事办晚了。很快曹操亲率大军南征，于是出现了不少变数。确实，在当时群雄割据的情况下，《隆中对》的形势分析精辟，给刘备的谋划是可行的，是最佳方案。但也给刘备出了一些难题。一方面，刘表和刘璋也都是汉室宗裔，要平白无故去攻打，刘备不是没有顾虑的。因为刘备不是袁术、吕布之属，袁术对同父异母的袁绍，还加以诬蔑，企图加害。另一方面，刘表虽不成大器，但外有重才之名，内非残暴之主；刘璋虽暗弱，对百姓尚称宽和。下决心攻打他们，也有师出无名之嫌。这确实也给刘备日后的行动带来矛盾与尴尬。此乃后话，暂且不表。

“三顾乃见”的隆中交心之谈，使刘备对诸葛亮的才智有了实际而深刻的认识；诸葛亮对刘备的抱负和志向很是尊重，对刘备的信任与衷心相邀表示感激，“遂许先帝以驱驰”，出山辅佐刘备。人物与时势的结合，造就了历史上“三顾草庐”的千古美谈。三顾草庐时，诸葛亮二十七岁，他于公元181年出生，207年受顾出山，实为二十六周岁。从现在的角度看，此时他不过是刚读硕士或博士的年轻人，或许谈不上有很高的学术水平和丰富的实践经验，但诸葛亮已是洞察世事和博古通今的奇才了。刘备此时已四十七岁（四十六周岁），过了大半的人生，经过二十多年的征战，虽然曾有过胜利，终究是屡遭挫折的英雄。说他是英雄，有充足的根据，不仅他已名震遐迩，老百姓对他信赖，连曹操也对他另眼看待，以英雄相许。刘备不以诸葛亮年轻尚无实际功绩而轻视他，既然相信他是有才德的人，便不辞辛苦，放下架子，亲自与关羽、张飞三顾草庐，这的确是刘备的高尚品德，是中华历史上爱才的典范。

刘备与诸葛亮由君臣而为知交，始终互相信任，是从三顾草庐开始的，实在也是值得赞颂的。

唐代诗人汪遵有诗咏三顾：

陆困泥蟠未适从，岂妨耕稼隐高踪。
若非先主垂三顾，谁识草庐一卧龙。

唐代诗人胡曾也有诗咏三顾：

世乱英雄百战余，孔明方此乐耕锄。
蜀王不自垂三顾，争得先生出草庐。

笔者在隆中瞻观“三顾堂”，深感伟人与美事相结合，情不自禁，也试为一诗：

隆中山水秀清幽，耕隐曾居第一流。
老将思贤寻俊彦，青年淡泊志神州。
虔诚全在三番顾，恩感凝于一对谋。
后世无须成败论，芬芳自会万年留。

只有那些淡泊有德、具有经济之才的人，才是第一流的人才，才谈得上是志在神州、志在四方、经理宇内者。

第二章

赤壁之战与诸葛亮

刘备既与孙权联合,自然会为战争作全力以赴的准备。从将士的数量上来看,刘备这一方比孙权一方少。刘备亲自与关羽、张飞、赵云和诸葛亮相谋划。在完成联吴的外交任务后,诸葛亮返回樊口,起着参谋长的作用。这时刘备的大本营在樊口,为了便于联军作战,刘军的前敌指挥部也应放在夏口和赤壁一带,以便与孙军联络。

曹操率领水陆大军有二十多万,号称八十万以威慑孙、刘阵营(《三国演义》描写为率领八十三万大军,号称一百万)。曹操占领南郡(江陵,今湖北省荆州市),水陆大军沿长江两岸都有分布。曹操大本营设在许县(今河南省许昌)。他的远征军的司令部设在乌林(在长江北岸,隔江与赤壁相望)。他的水军舰船在乌林附近的长江北岸,陆军和指挥部均在长江北岸的乌林地区。

一、受任于败军之际

从建安十二年(207)诸葛亮受顾出山，到次年赤壁之战开始，中间大约一年。而在这大约一年的时间内，曹操南征，刘备败退，这就是诸葛亮在《出师表》里所说，“受任于败军之际，奉命于危难之间”。这段历史和演义，我们将从头说起。

诸葛亮离开隆中草庐，随刘备来到新野。刘备在过去几年，处境虽平静，但在荆州没有实权，名义上也无朝廷的任命，仅有左将军和宜城亭侯的封赠，兵力也不充实。诸葛亮来到新野，也就不可能接受正式的军师之职，但事实上却起着军师的作用。由于他见识广，鉴古知今，对当时的形势与其走向，分析透彻，既有战略的高度，又有战术的建议，使刘备得到起兵以来从未有过的启发。两人不仅谈得投机，而且“情好日密”，用现代的语言，即同吃同住同工作。这自然引起义弟关羽和张飞的不悦。因为，刘备与诸葛亮相处时间长了，与关、张相处的时间相对短了，更主要的是关、张还没有从战斗实践中，深刻体会诸葛亮的智慧和才能。所以，他们向刘备提出了意见，刘备说：“孤之有孔明，如鱼之有水也，愿诸君勿复言。”关、张未继续提意见。他们对诸葛亮的认识与日俱增，这为日后的实践所证实。

但是，《三国演义》的作者认为，需要让诸葛亮指挥一两次大战役，藉以使关、张心服，于是把刘、关、张(也许还有徐庶)在几年前打败夏侯惇的博望之役移到后来，以“博望坡军师初用兵”为回目，以设伏、火攻的计谋，打得夏侯惇丢盔弃甲，大败而逃。给关、张等尚有怀疑的将士们，上了生动的一课，关、张二人相谓曰：“孔明真英杰也。”其实，我们在第一章已经提到，如果没有这次战役，也不会减损孔明的道德和智慧；即使小说把刘备的功绩算到了孔明的身上，也没降低刘备的能力和品德。

诸葛亮出山后，首先向刘备提的建议是如何增加财政收入和兵力来源。他以“论游户自实”为题，所撰写的这篇文稿，收入在晚近编的《诸葛亮文集》中。[①] 由于战事频仍，不少农民失掉土地，流离失所。而一些有势力的地主豪强，又藉以大规模兼并土地，把流离失所的农民招集到自己的势力范围内，作为荫户，保护并剥削他们，还可以逃避赋税与兵役。诸葛亮建议，“令国中凡有游户，皆使自实，因以益众可也”。这个建议一方面可以使“荫户”立起户籍，减少豪强地主的盘剥，另一方面可以增加“政府”的收入和有兵可征。

在诸葛亮离开隆中的建安十二年(207)，曹操已大体上平定了自己的后方，袁绍已死，这一年的早些时候，曹操北上突击平了乌桓。乌桓本是北方的少数民族的一种，属东胡，居住在今河北省北部与辽宁省的部分地区。曹操在北征乌桓时，就考虑到刘表、刘备可能会乘后方空虚，而攻打许昌，不过曹操早就看穿了刘表，知其无此能力，又不肯给刘备增兵，刘表错过了一次大好机会，这已在上章略有提及。所以，曹操征服了乌桓，从柳城(今辽宁省朝阳南)凯旋。而不久，袁绍之子袁尚与袁熙，也因愚蠢而被占据辽东的公孙氏所杀。这样，曹操北方平定，没有了后顾之忧，就准备南下收拾刘表了。

刘表有二子，长子刘琦和次子刘琮。二人相比，刘琮更机灵一些，主要的原因在于他娶了继母蔡夫人的侄女为妻，而蔡家在刘表统治集团中又占据重要的权力位置。蔡夫人偏爱刘琮，影响了刘表，要废长立幼，视刘琦为眼中钉。刘琦自感受到继母的威胁，惶惶不可终日，想不出办法以保安全，于是向诸葛亮请教如何避难。诸葛亮以“这是你的家务事”为理由，不提具体建议。刘琦请诸葛亮上楼，而撤去楼梯，两人在楼上，与外界隔离，于是再恳切求计。诸葛亮建议他离开荆州(时在襄阳)，可以避祸。他告诉刘琦春秋时代晋国的故事：重耳在外而安，申生在内遇害。于是，刘琦争取外放，驻守江夏(今湖北省安陆)，避免了蔡氏的陷害。这里有一个小小的人物间关系。《三国志·蜀书·先主传》裴松之注：“表夫妻素爱琮，舍谪立庶情计久定。”刘表与其妻蔡氏喜欢小儿子刘琮，《资治通鉴》明确刘琮娶继母蔡氏侄女为

---

① 见梁玉文、李兆成、吴天畏:《诸葛亮文译注》。

妻，这自然也是刘表与蔡氏喜欢刘琮的重要理由。《三国演义》则进一步说，刘琮为蔡氏所生，与刘琦为同父异母的兄弟，好在刘琮在历史上的地位微不足道，我们就不必作进一步的考证。

在南下攻刘表前后，曹操杀了孔融。孔融由于才气高，名声大，又出身贵胄，平日直言无忌，恃才傲物。孔融不仅是言行不够注意方式、方法，而且对曹操多有侮慢，言辞过激也是大家都知晓的，他多次提出令曹操不满的建议。曹操内心很厌烦他，甚至达到恨他的地步，只是基于他的名望，外表尊重他而已。曹操暗示一个叫郗虑的御史大夫（专管提意见，反映情报之职）："参他一本。"这个小人大夫便打了小报告，不仅说孔融诽谤朝廷，图谋不轨，而且说他和弥衡互相标榜……于是曹操下令，杀了孔融，并杀了他的全家，他的两个幼子正在下棋，亦未能免祸。这再一次显示曹操的残忍与伪善的一面。历史已无数次证明，统治者要除掉某人，往往由下属按其意旨来完成，而且株连许多人。不过，曹操此举却未能因下属所干而免杀害孔融之责。

孔融曾做过北海相，当年受黄巾起义军围困时，曾求助于刘备。他对刘备相当尊重。《三国演义》把曹操杀孔融的依据，另外设想一番：曹操要南下，攻打刘表、刘备，太中大夫孔融建议取消此举，认为"丞相兴此无义之师，恐失天下之望"，曹操自然不听，怒令："如有再谏者，必斩。"于是孔融在底下叹曰："以至不仁伐至仁，安得不败乎？"时御史大夫郗虑听到后，添油加醋地上报曹操，于是新账、老账一起算，杀了孔融，这便是演义吧！以孔融与刘备过去的交往和他对刘备的态度来推想，似乎这也不无道理。

建安十三年（208），曹操率大军南下，攻打荆州刘表和刘备，刘备与曹操已誓不两立，他准备抵抗，但得与刘表协调。刘表已到了他最怕的时候，本来身体有病，这一来吓得吐血，自知难保了，他和蔡氏立次子刘琮为荆州之主，并托付刘备照顾。刘琦来探父病，被蔡氏身边有兵权的人拒之门外。他只得返回江夏。刘表死后，刘琮已主荆州，刘琦得知自然怒不可遏，正值曹操大军南下，他只得留守江夏。刘琮在蒯越、傅巽等人劝说下，最后选择了投降的路线，在瞒着刘备的情况下，向曹操递了降书。在刘琮已领荆州进驻襄阳之时，曹兵南下，刘备从新野退到樊城（在襄阳以北），曹兵已到宛（今河南省南阳）。刘备得知刘琮已降的消息后，才派人去问刘琮。刘琮派一个叫宋忠的部下到刘备处说明情况，刘备震怒之极。《三国志·蜀书·先主传》注引孔衍《汉魏春秋》：“备乃大惊骇……引刀向忠曰：‘今断卿头，不足以解忿，亦耻大丈夫临别复杀卿辈！’遣忠去。”刘琮安排投降，刘备在大军压境之际忙着撤退。顺带指出，刘琮后被曹操任命为青州刺史，并封侯。《三国演义》写曹操派人追杀刘琮母子于半途，演义之目的在于突出曹操的残酷，说明刘琮投降下场之可悲而已，但这是演义并不是历史。

刘备在大军压境之际、撤退之时，与部属商量，多数人主张就势攻取荆州（即攻下襄阳城），擒拿刘琮。按说刘琮瞒着刘备投降曹操，伐之亦无不可，这也是诸葛亮隆中战略的第一步。当时是刘表主政，刘备当然顾虑重重，今日之势，奉辞伐罪，可无顾虑。但在当时的道德观中，刘琮为刘表所立，刘表刚死，刘琮幼弱，拿取刘琮非刘备这种品德的人所愿为。他说：“刘荆州临亡，托我以孤遗，背信自济，吾所不为，死何面目以见刘荆州乎？”[①]搞政治，背信弃义，乃家常便饭。而刘备不为，亦其可敬之处。于是撤退，路过襄阳，与刘琮告别。刘琮自知理亏，不敢见。刘琮左右一些将士，此时脱离刘琮，投靠刘备，跟随南撤。大批的老百姓，多达十几万人，也纷纷加入刘备的撤军队伍。愿随刘使君以求平安，这自然是他们对刘备的信任，对曹操的恐惧，而这也确实使撤军（实在是逃跑）变得更为困难。百姓拖儿带口，还得带着生活必需品，如锅、碗、被褥之类，每日走上十几里或二三十里已很不容易了。刘备部下建议说：老百姓又不披盔戴甲，且无兵器，曹兵追到，怎么拒敌呢？应该甩开他们，急行军向南。刘备不忍，他说：“夫济大事必以人为本，今人归吾，吾何忍弃去！”这从军事战略上讲，是挺愚蠢的，等于选择了大溃败，甚至被俘。而刘备与民共生死的态度和做法，却是使人感动的。历史学家习凿齿评论此事曰：“刘玄德虽颠沛险难，而信义愈明，势逼事危而言不失道。追景升之顾，则情感三军；恋赴义之士，则甘与同败。终济大事业，不亦宜乎！”[②]刘备决定从襄阳撤军时，与诸葛亮等部下决定的撤军方案是，关羽率部分士兵走水路，沿汉水到江夏郡的

---

① 《三国志·蜀书·先主传》，第878页。

② 同上。

夏口，与刘琦部队协调，然后从江夏到南郡（江陵）与主力部队会合。主力部队由刘备、张飞、赵云、诸葛亮、徐庶等人率领南下，目的地也是江陵。曹操怕刘备先到江陵，乃派五千兵，星夜南下追击，每日行军三百里，在当阳（今湖北省当阳县）的长坂坡，追上了刘备的军队。随刘备撤退的老百姓遭了殃，刘备的军队也没有办法作有效的抵抗，因此遭遇了大溃败，几乎全军覆没。

在这次大溃败中，徐庶的母亲被曹军俘虏，而徐庶是大孝之人，他向刘备诉说，老母被虏，他心情已乱，没有可能再出谋划策，准备离开刘备。刘备也不勉强，双方挥泪告别，徐庶北投曹操，也算来去光明吧！按封建时代的观点，忠孝不能两全，徐庶选择了孝。他不无心理矛盾，他内心服刘备而不敬曹操，此时，作出了离刘向曹的决定，好在诸葛亮已出山辅佐刘备，这一点他亦差堪自慰吧！《三国演义》的作者，让曹操在南下前，先假借徐母写信给徐庶，使徐庶在不得不离开刘备之际，"走马荐诸葛"，并决定终生不为曹操出一个主意。此事又以迫使徐母自尽的悲剧为结。这确实起到了描写曹操奸狠的目的。据此而改编的《徐母骂曹》的戏剧，也常演不衰。历史的记载是徐庶后来在曹魏阵营做了官，此后不再提徐庶的事，故在此作一了结。

此次溃败，不能不提张飞的表现。刘备与诸葛亮急撤，令张飞断后，这一位勇猛的大将表现不凡，率二十骑竟然与曹操大军对抗了一阵，张飞据水断桥，瞋目横矛曰："身是张益德也，可来共决死！"[①]大概那阵势让曹将一时不知所措，等缓过劲儿来，刘备和诸葛亮等部下已得以脱离危险。历史上这样一段插曲难道不值得添枝加叶，加以描述吗？所以，《三国演义》的作者重笔渲染此事，乃至吼声吓死了曹军一员战将夏侯杰。连曹操想起来都说："我向曾闻云长言：翼德于百万军中，取上将之首，如探囊取物。"[②]张将军的胆量和勇猛何等威风不凡。细想起来，喊声吓死一将，此将乃危弱之病体也，怎能为将呢？这似乎是不可能的。还有更不可能的事是戏剧的描写，京剧《甘露寺》中乔玄的唱段有"（张飞）当阳桥前一声吼，喝断了桥梁水倒流"。声音再大，也

① 《三国志·蜀书·张飞传》，第943页。

② 《三国演义》第四十二回，第344页。

震不垮一座桥，它绝没有炸弹的冲击波，更不可能让水克服重力而倒流呀！这不过是戏剧借以渲染这一位勇猛将军的威力罢了。

说起长坂坡的英雄，不能不提常山赵子龙。刘备在当阳溃败，虽然他和诸葛亮等部分文职人员，加上少量兵士，免于被俘虏的危险，但刘备的夫人和刚出生不久的儿子阿斗，都失散了。撤退时，刘备把保护家眷的任务交给了赵云。却有人告诉刘备说，赵云向北走了，这意味着他投靠曹操了。刘备不信，而且有把握地否定赵云会弃己而投曹。这说明刘备与关、张、赵之关系，已是生死与共的战友了，这是值得后人敬佩的。果然，赵云在败军的混乱阵势中，在曹操兵将的围堵中，保护阿斗与刘备会合了。历史上记载了此事，过于简略，不过确实可以称为"单骑救主"。《三国演义》把此事写得热闹非凡，煞是好看，他不但救了糜竺、甘夫人，而且掩藏了糜夫人的尸体，怀抱阿斗，突破重围，"砍倒大旗两面，夺槊三条；前后枪刺剑砍，杀死曹营名将五十余员"。小说的渲染，给人物形象增添了英雄的色彩。至于戏剧《甘露寺》，为了说明赵云英勇善战，孙权与乔玄在争论赵云屡进屡出曹操的兵阵，"三进三出"与"七进七出"，争了好几番，自是有趣可笑。

借此机会，我们对"关云长千里走单骑"、"张翼德大闹长坂坡"与"赵子龙单骑救主"加以总括地评论，在史书的记载上，虽然简略，只有一两行字，但记载实有其事。单骑不是他孤零零地一人一骑，只是说没有很多的兵就是了。关羽从许县北上，越过黄河，途经几百上千里地，说是千里走单骑，亦无不可。走的地方大部分为曹操领地，遇到一些阻力和困难，在所难免。过没过五关，斩没斩六将，就查无实据了，这也在上一章中讨论过了，不再叙述。同样，曹操大军南下，刘备兵败当阳，张翼德做了断后大将，勇敢地抗拒曹兵，并与曹操的兵将叫阵，至于大闹长坂坡的具体情节，同样查无实据。如何大闹，那就看读者的想象了，《三国演义》已给出了想象的余地。至于赵子龙单骑救主的评论，亦复如是。这三位三国时代的大将，勇冠三军，义薄云天，已为古今所传颂。他们单枪匹马，在危难之中，无所畏惧，都有历史的记载。《三国演义》给予的演义夸张，满足了读者的审美需求和乐见其为真的愿望。

再说刘备溃败后的行动。其原本的计划是从当阳南下到江陵（今湖北省荆州），因为在当阳溃败，乃改为收拾残兵（大概所余无几）向东走，奔汉水，再去汉津（今湖北省汉阳）。而曹操的五千先遣军急欲先占江陵，没向东追击刘备，这就为刘备后来的赤壁决战准备了条件，如果曹军在此时就彻底击垮刘备的全部实力，不用说没有赤壁大战，三国的历史也要全部改写了。

刘备避开了向南攻占江陵的曹操先遣大军，向东偏南直到汉水边。此时刘备损失很大，至于跟随他的十几万百姓，可以肯定，他们再也受不到刘使君的保护了，因为刘使君受十几万百姓的拖累，连自己也几乎难保了。他带的不少士兵，手下的几千人，还有不少不愿跟刘琮降曹的将士，损失了绝大部分。但总还有一部分将士幸免于难，身边的大将张飞、赵云，文官孙乾和简雍，刚受顾出山不久的诸葛亮，在汉水边等到了率船队而来的关羽，大家乘船，直抵夏口（今湖北省武汉市），与刘琦会合。不用说，徐庶不在其内，因为他在当阳时就与刘备告辞，北投曹操了。

刘备从新野一路向南的战略撤退，包括从当阳改变方向，目标由江陵改为斜趋汉津；战术上采取让张飞断后等一切措施，是刘备与诸葛亮共商的结果。关于诸葛亮谋划的内容史书上没有具体记述，但是，我们可以论证，上述情节都与诸葛亮的谋划有关。首先，诸葛亮的《出师表》"受任于败军之际，奉命于危难之间"之语可资证明，既然受任了，不会不起作用。另外，三顾草庐之时和出山之后，刘备与孔明谈得极为投机，刘备请出诸葛亮，不是为了清谈的，必然要委托他谋划军政大事，只是史书记载简略，没有明确的具体记述而已。此次战略撤退和当阳的溃败，是刘备在事业途中的重大挫折，但主要战将和文职人员并未损失，而且保存了相当一部分兵力，为以后赤壁之战的胜利，保存了基本力量，这不能不说是成功的。

二、 奉命于危难之间

刘备溃败当阳，曹操先遣军已占江陵，曹操大军之到迫在眉睫，刘备地位之危已十分明显。此时，争取东吴孙权之援，共抗曹操，几乎是惟一可以采取的方案。按照隆中对策，刘备应先占荆州，有了根据地，再西进巴蜀，同时与孙权结盟。而此刻荆州不保，进退失据，主动向孙权求援，便处于不利的地位。恰好鲁肃建议孙权与刘备联合抗曹，受命来到荆州。

鲁肃，字子敬，生于汉灵帝熹平元年（172），他比诸葛亮大九岁，比周瑜大两岁。他出身于富有的家庭，身体魁伟，性格慷慨，乐善好施，与周瑜结为相知，在周瑜的建议下，投奔孙权麾下。鲁肃颇有见地，曾密语孙权：当前天下形势大乱，汉室兴复不了，曹操也消灭不了。你孙权应该在江东扎下根，而后，除黄祖，灭刘表，以图大业……他与诸葛亮的观点有些相似，都要占领荆襄，只是在兴复汉室上有不同的观点。孙权内心看重鲁肃，自不待言。

刘表死后，鲁肃再度向孙权进言："夫荆楚与国邻接，水流顺北，外带江汉，内阻山陵，有金城之固……今表新亡，二子素不辑睦，军中诸将，各有彼此。加刘备天下枭雄，与操有隙，寄寓于表，表恶其能而不能用也……肃请得奉命吊表二子，并慰劳其军中用事者，及说备使抚表众，同心一意，共治曹操，备必喜而从命。如其克谐，天下可定也。今不速往，恐为操所先。"[①]看来鲁肃给孙权出的主意，是联刘抗曹，和诸葛亮给刘备出的联孙抗曹的主意不谋而合。两人都有战略的眼光。鲁肃亦智谋之士，在对付曹操这一点上，与诸葛亮的意见是一致的。《三国演义》把鲁肃描写成一个宽仁长者，缺乏眼光和谋略；而戏剧则进一

① 《三国志·吴书·鲁肃传》，第1269页。

步，把鲁肃刻画成一个憨厚迂腐的老生。以至在读者脑子里鲁肃的形象失去了他本来的面目。在以后的叙述中，我们还会随时提到有关的情节，并予以说明。

孙权接受了鲁肃的建议，派他前往刘表的属地，致吊唁之礼，主要是寻找抗曹之策。鲁肃到了夏口，听说曹操大军已南下，战局急转。鲁肃赶紧到南郡（今湖北省荆州市的原江陵），又得知刘琮已投降，刘备南撤，鲁肃北行到当阳，会见刘备。这是《三国志·吴书·鲁肃传》所说的事。笔者认为，此时曹操先遣大军已到当阳，正是刘备军事上溃败之际，鲁肃与刘备的会见，很可能是在刘备与部下向东"斜趋汉津"的途中，尚未登船之际。如果鲁肃不来，刘备、诸葛亮一行到了汉津或夏口，也会与孙权相联系，争取联合抗曹。而现在鲁肃代表孙权来了，刘备、诸葛亮变被动为主动了，自然内心高兴。我们还想重复说一句，诸葛亮虽然没有军师的正式头衔，但"受任于败军之际"可证，他已在为生死存亡而操心了。与鲁肃相见，刘备和诸葛亮故意说，要先投奔苍梧太守吴巨（《三国演义》写成吴臣，大概两字写法易混而误用。苍梧在今广西省境内）。鲁肃力劝刘备与孙权联合，他说："讨虏将军（孙权）英明仁德，礼贤下士，江南英杰都归附其下，而且拥有六郡，有精兵，有储粮，可以成大事，为今着想，可以为将军相结好，共同济世安邦。不必远投偏僻的吴巨，吴巨乃平庸之辈，偏在远郡，他自己尚且不保，怎么能保护你呢？"[①]鲁肃又对诸葛亮说："我和你的哥哥诸葛瑾是至交，你可以信任我。"诸葛亮与鲁肃的见解本来相近，话又投机，在此大难临头之际，结为患难朋友，这对赤壁之战的胜利，起着重要的作用。

刘备接受了鲁肃的建议，他们乃结伴而行，也可能是同船而行，与关羽的船队同去夏口。在夏口略事调整，包括与刘琦协调。刘备进驻樊口（今湖北省鄂州市），而诸葛亮则与鲁肃自夏口同行至柴桑（今江西省九江市西南），会见孙权。在此危难之际，刘备自不愿意诸葛亮离开自己。但"事急矣，请奉命求救于孙将军"（这句话可见各种史书），这也是二十一年以后，诸葛亮所说的"奉命于危难之间"的狭义诠释。诸葛亮开始了他重要的外交之旅。

① 此处为译文，原文参见《三国志·蜀书·先主传》注引《江表传》，第878～879页。

诸葛亮在柴桑与孙权会面。柴桑即今日的江西省九江市，当时在九江南偏西，有柴桑山。由于后来的大诗人陶渊明也是这里人，而益发出名。

我们先得叙述一下，在诸葛亮到达之前，孙权对曹操南下的态度。曹操大军席卷荆襄，给孙权写信："近者奉辞伐罪，旄麾南指，刘琮束手。今治水军八十万众，方与将军会猎于吴。"①这实在是威胁，曹操以兵多将广的优势为基础，又以挟天子令诸侯为其出兵的借口。所谓"奉辞伐罪"者，是承奉皇帝的命令，讨伐有罪之人。天下人都知道，即使皇帝刘协的意见与曹操完全相反，曹操的话皇帝只能听。曹操认为：要打谁，谁就是罪人。会猎于吴，为了要打刘备，而你孙权不投降，则你也是罪人，在打击之列。孙权对其用意自然十分清楚。

正如《隆中对》所说，"孙权据有江东，已历三世，国险而民附，贤能为之用"。经过孙坚、孙策到孙权三代政权，有一批文臣武将，他们也清楚当时的形势。因当时孙权尚未称帝，也未称王，所以没有丞相一类的官职，他的首位助手是长史张昭，长史相当于秘书长，以张昭为代表，有一批官员主张投降。主降派的理由是曹操是奉了天子的命令，拒之名不正言不顺；另外，曹操的力量远超过东吴，兵多将广，现在，又占领荆州，东吴赖以守御的天险——长江，曹操也控制了一部分，投降可保安全。

另一批官员主张抵抗，代表人物是周瑜和鲁肃。周瑜的"军衔"为中郎将，全称为建威中郎将，官阶比将军低，比校尉高，官居中护军，掌管军职官员任命与协调的任务。鲁肃时为赞军校尉，实际上相当于有一定权力的参谋长。这二人不怕曹操。周瑜年轻气盛，出语豪壮，他力排众议，对孙权说："操虽托名汉相，其实汉贼也。将军以神武雄才，兼仗父兄之烈，割据江东，地方数千里，兵精足用，英雄乐业，尚当横行天下，为汉家除残去秽。况操自送死，而可迎之邪？"②周瑜的长远谋略如何尚不清楚，但眼下是为朝廷除奸，保住江南的孙氏领地。他自认为可决一死战，而客观上的力量悬殊，似乎尚未考虑周到。鲁肃一直认为汉

① 《三国志·吴书·吴主传第二》注引《江表传》，第1118页。

② 《三国志·吴书·周瑜传》，第1261页。

已不可挽救,孙权应当为立大业而准备,决不能向曹操投降,是坚决的主战派。但他认为应联合刘备的力量,共同抗曹。所以,他早些时候就去面见刘备,议论联合之事,而且一直为维护孙、刘的联盟而努力不懈。

现在,鲁肃已把诸葛亮带到东吴的辖地柴桑,会见孙权,孙权当即和诸葛亮会面,聆听诸葛亮对天下形势的论述。诸葛亮对孙权说:“现今天下已经大乱了,你孙将军起兵,拥有江东之地;刘豫州(刘备做过豫州牧)也在汉南一带(今河南省与湖北省交界的一带)聚集兵将,都在与曹操争天下。现在,曹操克服了大难,巩固了后方,又攻下了荆州,威震四海。英雄们发挥不了作用,刘豫州已被迫退到夏口。至于你现在的处境和可以采取的办法,我提出两点建议:如果江东的人力、物力能与北方曹操相抗衡,那就早一点与他一刀两断;如果办不到,那就把盔甲收存起来,士兵解除戒备状态,向曹操投降吧!现在你表面服从曹操操纵的朝廷,实际又为保存实力而犹豫不定,事急而不断,可就要大难临头了。”①诸葛亮这段话先以客观的观点,指出可能的选择。

孙权随后问诸葛亮:“按照你的说法,刘豫州显然无力抵抗曹操了,他怎么不向曹操投降呢?”这正是诸葛亮希望他问的话。因为孙权并非懦弱苟且偷安之辈,为了激发他的斗志与勇气,诸葛亮回答他说:“田横是齐国的一个壮士,还讲究义气,不愿在新政权下屈辱,乃率众逃亡海岛。何况刘豫州是汉室之后裔,对汉贼曹操怎么能妥协投降呢?他英名盖世,天下百姓仰慕他,像百川入海一样。现在形势对他很不利,如果打不了曹操,就守义至死吧,投降是绝不可能的。”诸葛亮的这一番话,对像孙权这样的人说可以,对像袁术这类人说就不行。因为孙权虽易忿怒但能理智行事、行为谨慎。他没有因此勃然大怒而对诸葛亮加以拳脚,却毅然决然地说:“我已经作出决定,我不能以江南的广大地区,加上十万的兵将,受曹操的挟制。我决定了,愿意与刘豫州共同抗曹,可是刘豫州刚刚打了败仗,有能力抵抗曹操吗?”

诸葛亮已使孙权表明了联合的决心,还需要再进一步减少并打消他的顾虑,乃解释道:“豫州虽然刚打了败仗,而且是在与很多百姓共同撤退的不利条件下吃的败仗,显然并未失去信心。所汇集的败兵,再

---

① 参见《三国志·蜀书·诸葛亮传》,第915页。

加上关羽从水路上撤回没有损失的精兵，合起来不下万人，刘琦在江夏各地的部队也在万人以上。曹操的兵虽多，为了追击刘豫州撤退的部队，一昼夜行军三百余里，已是筋疲力竭，成为强弩之末，其战斗力是有限的。且曹军多为北方人，不善于水战；所降服的荆州将士，对曹操并不心服，起不了大的作用。当今之势，如果将军能命令猛将统兵数万，孙、刘两家同心协力，一定可以击败曹军，形成孙、刘两家与曹操鼎立的局面。这是不应失去的大好机会。”听了诸葛亮的分析，孙权决定抵抗曹操，而不是投降。于是作了战争的部署，召开了战时的动员会，指定周瑜为主将，老将程普为副将，鲁肃为参谋长，协调内外事宜。

在曹操大军的威胁下，孙权终于选择了战争，摒弃了投降。这固然经过了一系列的分析，听取了各方面的意见，但也有着其内在逻辑性，我们试作如下总结：周瑜从统帅的角度，给孙权以抵抗的勇气，但勇气不等于现实的决定。鲁肃功不可没，从内部而言，他向孙权说明不可投降的道理。他在众人都赞成投降的形势下，趁孙权更衣之际，在大厅外向孙权提出了不宜在大庭广众之下说出的话：“主张投降的人都在为自己着想，没为你着想，我们这些人投降，总还可以在县里甚至郡里当县令和郡守。将军如投降曹操，准备如何安置呢？”①鲁肃没有说，也可能说了史书上没记下来：眼前的处境让孙权胆寒。刘琮投降后，曹操并不让他呆在荆州，夺去了他原来的地盘和人马，派他到青州（今山东省中北部）当挂名的刺史去了。鲁肃为孙权出了联合刘备的主意，但他仍没有第一手的材料和证据，说服自己联刘的必要性与可能性。现在，鲁肃把诸葛亮请到了他的面前，经过诸葛亮的一番开导与分析，孙权终于决心联刘抗曹。可见，鲁肃在这方面起了重要的作用。

在孙、刘两家三位谋士周瑜、鲁肃和诸葛亮的言论中，都有联合抗曹、形成鼎立局势的判断，正可谓英雄所见略同，或明或暗地提出孙、刘与曹操并争天下的实际情况。此时，是否他们都想着为汉室复兴而奋斗呢？在鲁肃的言论中，没有这个目的，他干脆认为，汉室已没有复兴的希望，周瑜、诸葛亮都有为汉室除奸的思想，但“并争天下”四字，在各人的头脑里，其含义有所不同。站在汉室的角度，按过去封建的伦理，自然为

① 参见《三国志・吴书・鲁肃传》，第1270页。

汉室除奸更站得住脚。而在天下由合而分、由治而乱的局面下,笔者认为,在封建社会,不能以现代民主法制来要求,但是非的判断,也应有一定的原则,即应把谁更讲究信义,关心百姓,实行仁政,执法廉明,作为判断逐鹿中原豪杰们的是非标准。如已符合上述标准,再想着可怜的汉献帝刘协,也未尝不是件封建德范之举。因为献帝不同于桓、灵昏庸之君,他处处受着凶狠之相曹操的挟持,处境亦是令人可悯。

上述的孙权决策过程见诸史册,诸葛亮论述的《说孙权》一文,在梁玉文等所编的《诸葛亮文译注》里可见。在赤壁之战拉开序幕前,《三国演义》里还有一段精彩的文字,以《诸葛亮舌战群儒》为回目。笔者对《三国演义》故事进行分析,认为有些情节是可信的,不过,小说再加以渲染夸张而已。何以见得?在《三国志》或《资治通鉴》等史书中,对孙权决定是抗曹还是降曹,它们均有比较详细的叙述。只不过史书不可能详细记载事件过程的具体细节,但对东吴的文臣武将关于战与降的议论还是有所记载的,诸葛亮的议论亦复如是。史书记载他们的话都是对孙权说的,他们之间的论辩不仅是可能的,而且是必然的。根据之一是,他们不论主战还是主降,都充分地阐述了自己的见解。事后也没有因为某人的意见与"主上"的意见不同而受到迫害。孙权在决策之前,一再肯定周瑜和鲁肃的坚定立场和力排众议的无畏精神:"此天以卿二人赞孤也。"[①]看来张昭等人虽主降,顶多如鲁肃所说,考虑自己多了点,但没有通敌或叛变之意。而论述主降主张时,也不是全无是处。所以,事后张昭等主降派依然安居高位。

诸葛亮到了,他是主战派,坚决主张孙、刘联合,共御曹操。虽然在孙权面前,诸葛亮一开始并未要求联合,而是针对孙权的性格,采取说服的策略。而对孙权底下的诸多谋士、将校,完全可以直接了当阐明自己的观点。史书上说,诸葛亮到了柴桑,孙权立刻接见了他。而《三国演义》为了铺叙诸葛亮舌战群儒,让孙权安排诸葛亮先见"我江东英俊"。因此,诸葛亮与众谋臣们济济一堂,轮流发言论辩。历史是否这样呢?可能诸葛亮在见孙权之前,特别在见面之后,与孙权的谋士们就天下大势,分别有所讨论或辩论,也不排除多于两人的场合。至少,在

① 《三国志·吴书·周瑜传》注引《江表传》,第1262页。

见孙权之前，诸葛亮与鲁肃已多次讨论时势了，不过，他们在联合抗曹上是意见一致的。

在《三国演义》的舌战群儒一节，诸葛亮与以张昭为首的东吴文臣们进行了针锋相对的辩论。论题除了一些枝节问题外，主要围绕如何评价曹操与孙、刘两家的地位和实力，是应该降还是应该战的问题上。《三国演义》的作者煞费苦心，这节内容是字斟句酌的可读篇章。我们认为诸葛亮与东吴英俊的辩论是不无可能的，根据诸葛亮历来的观点主张，特别是他遗文的内容与风格，现对《三国演义》中的论点加以简略的评论：

第一，诸葛亮向张昭等人阐述的观点，与他向孙权分析和建议的内容一致的部分，当是可信的。例如，他强调刘豫州不忍弃数十万（由十数万演义为数十万）百姓的仁义品德，以及曹操军队的弱点，但没有提到孙、刘联合抗曹的可能性与重要性。

第二，在对曹操的地位上，诸葛亮从汉正统的观点多次强调曹操乃汉贼也。这一点很重要，也是辩论的重要出发点。只有明确了这一点，才使抵抗曹操的战争具有正义性，名正言顺。诸葛亮批评了东吴文臣们主张投降的错误。

第三，在对苏秦、张仪的评价上，演义的观点似乎与诸葛亮的观点不完全符合，步骘问曰："孔明欲效仪秦之舌游说东吴耶？"孔明答以苏秦、张仪亦豪杰也，皆有匡扶人国之谋，给予相当程度的肯定。在突出主降者不能匡扶人国上，确实是很有道理的。但孔明是有原则的人，不赞成无原则的花言巧语的唇舌之徒。这一点，在他以后的《正议》文章中，有明确的说明。[①]

另外，《三国演义》突出诸葛亮的智慧和本事的描写，往往使人感到不符合诸葛亮的谦虚、谨慎的本性。在回答张昭的问难时，提出博望烧屯、白河用水的胜利，未必逊于管、乐之用兵。因为小说已把该项战役之功算在了诸葛亮的头上，如果不考虑史实（《三国演义》毕竟是演义），似乎诸葛亮也不必如此自炫。而在激励孙权的故事中，诸葛亮竟与鲁肃曰："吾视曹操百万之众，如群蚁耳！但我一举手，则皆为齑粉

① 见梁玉文、李兆成、吴天畏：《诸葛亮文译注》。

矣!”这段话不像出自诸葛亮之口,倒像小说中两员敌对将领的对骂了。笔者没有批判《三国演义》的意思,小说刻画瑕不掩瑜,只是读者在了解诸葛亮时,应随时想到他是一个有智慧,但也是很谦虚、谨慎的人,他的发言必须符合他的性格和他的身份。

三、 赤壁破曹

孙权在周瑜、鲁肃和诸葛亮的开导与劝说下,毅然决然地摒弃了大多数谋士主降的意见。在一次与文武部下的会议上,他拔剑砍掉座前案桌的一角,厉声说:“我与曹操老贼誓不两立,诸将士、官吏有敢再说向曹操投降者,与此案同。”这就等于东吴已决定打仗。周瑜提出拨调五万兵,孙权认为五万兵一时难以凑齐集中,先拨三万,而且粮食战具都可准备齐全。他进一步表示决心:“你周瑜如果一切顺利,最好不过,万一有困难,我就亲自去指挥军队,与老贼决战。”于是任命周瑜和程普分别为左、右督都,鲁肃为赞军校尉,率兵与刘备的两万人联合作战。实际上,吴的大本营在柴桑(今江西省九江市),孙权为总统帅。周瑜和程普为前敌正、副总司令,鲁肃为参谋长。前敌指挥部应设在柴桑以西的长江边上。孙权决定与刘备联合,地点可能选在夏口与赤壁之间,船靠长江南岸,指挥部在南岸的陆地上。

刘备既与孙权联合,自然会为战争作全力以赴的准备。从将士的数量上来看,刘备这一方比孙权一方少。刘备亲自与关羽、张飞、赵云和诸葛亮相谋划。在完成联吴的外交任务后,诸葛亮返回樊口,起着参谋长的作用。这时刘备的大本营在樊口,为了便于联军作战,刘军的前敌指挥部也应放在夏口和赤壁一带,以便于与孙军联络。

曹操率领水陆大军有二十多万,号称八十万以威慑孙、刘阵营(《三国演义》描写为率领八十三万大军,号称一百万)。曹操占领南郡(江陵,今湖北省荆州市),水陆大军沿长江两岸都有分布。曹操大本营设在许县（今河南省许昌）。他的远征军的司令部设在乌林（在长江北岸，隔江与赤壁相望）。他的水军舰船在乌林附近的长江北岸，陆军和指挥部均在长江北岸的乌林地区。

孙、刘联合共同抗曹的共识达成之时，周瑜所率的吴军尚待溯江而上。诸葛亮诣吴未还，刘备因闻曹军已迫近，也十分紧张，当时他在樊口，派人沿江侦察孙权出兵实况。侦察官吏观察到周瑜船队，刘备派人即时前往慰劳。周瑜希望见到刘备，乃告诉慰劳官员说："我负责军事重任，离不开军营，不能亲自去看望刘豫州，如刘豫州能屈尊来我营中一见，实所祈望。"刘备和关羽、张飞说："周瑜要见我，我们已和东吴结盟，如果不去，恐非同盟之意。"于是只乘一艘小船去见周瑜。刘备对周瑜说："我们共同抗曹，实在做得很对。你们出了多少兵？"周瑜回答说三万人。刘备说，可惜还不够多。周瑜说："这已足够了，豫州但看我周瑜打败曹操吧！"①此时，周瑜豪气十足，真有英雄之概。这时他三十多岁，算是青年英雄吧！刘备欲见鲁肃，周瑜以军命在身，不能随便调遣人为由，以另行安排委婉地拒绝了刘备，这还真有点像当年周亚夫在细柳营整肃纪律迎接汉文帝时的神态。

另外，这次会面，周瑜是否要杀刘备，以绝后患呢？此时，他必无此意。孙、刘刚刚联合，眼下尚需一心一意地全力破敌呢！此时诸葛亮何在？尚未回到樊口。《三国志》裴注引《江表传》有明确的记载：在刘备请求会见鲁肃，遭到周瑜的婉拒后，周瑜还告诉刘备一件事："孔明已俱来，不过三两日到也。"

诸葛亮此次使吴大获成功之后，并未立即返回樊口，而是在孙权调遣兵力的过程中，去了一趟孙权的首府京口（今江苏省镇江市）。途经秣陵（今江苏省南京市），顺便观览了秣陵的山川形胜。秣陵的群山以钟山（今南京紫金山）为首，山势如龙，蜿蜒蟠伏在东南面；而西部诸山峦以石头山为尾，山势如虎，威武地雄踞在长江之滨。诸葛亮叹曰："钟山龙盘，石头虎踞，真乃帝王之宅也。"这就是龙盘虎踞的典故出处。后来，诸葛亮建议孙权迁都秣陵，孙权接受了诸葛亮的建议，迁都于秣陵，改称建业。这件事与赤壁之战没有直接关系，因这是一段有关

① 参见《三国志·蜀书·先主传》注引《江表传》，第879页。

诸葛亮的佳话，事出赤壁之战的前夕，故录于此。

孙、刘在争论战与降，并最后决定联合作战期间，敌方曹操在干什么呢？建安十三年(208)八月，曹操先遣军就已攻占了江陵。诸葛亮在十月出使东吴，说服孙权，决定联合抗曹。在这段时间里，曹操正做着两件事：一是刚刚接受刘琮投降，刘琮投降的兵力少说也有七八万，其部下和百姓未必心服，相当一部分将士和十几万百姓为了躲避曹操，随刘备撤退。虽然曹军控制着他们中的多数，但为了巩固后方，曹操是需要做一些工作的。此时，他面对的不再是当年为报父仇、在徐州滥杀无辜的情况，他要做安抚的工作。另一件事是部署兵力，包括他从基地豫州(今河南省许昌一带)派遣的主力部队，其中也有一小部分水军，这部分水军是曹操为了攻打刘备和孙权，从北方带来在人工水域训练过的军队。当他把这两件事做完时，孙、刘两家联合的事也商议成功了。

此时，曹操志得意满，确实也有骄傲的本钱。综观天下形势，三分之二的土地和人民已在掌握之中，汉中张鲁、益州刘璋，都可先留在原地，兵到即可收服，无须多虑。眼下，刘表已亡，刘琮投降，刘备溃败；而东吴孙权兵力也远远少于曹军，又算得了什么呢？几十万大军压境，降服孙权是弹指间的事啦。一天，他在军中宴请亲信部将，在饮酒兴奋之余，诗兴大发，即席赋下了他那流传千载的名作《短歌行·对酒当歌》。这首诗在《三国演义》等书中都可看到，也许它与曹操的失败多少有点关系，这里仍抄录于下：

对酒当歌，人生几何？譬如朝露，去日苦多。
慨当以慷，忧思难忘；何以解忧？惟有杜康。
青青子衿，悠悠我心；但为君故，沉吟至今。
呦呦鹿鸣，食野之苹；我有嘉宾，鼓瑟吹笙。
明明如月，何时可掇？忧从中来，不可断绝。
越陌度阡，枉用相存；契阔谈宴，心念旧恩。
月明星稀，乌鹊南飞；绕树三匝，何枝可依？
山不厌高，水不厌深；周公吐哺，天下归心。

曹操的诗作在历史上早有定论，我们没有必要在此再加颂扬。在有雄才大略的人中也不乏风骚之客、文采奕奕的人。曹操即兴赋的诗，固然言为心声，但也不都是他的心理反映。比如，“明明如月，何时可掇？忧从中来，不可断绝。”诗句未必说明他因无法上天揽月而心烦意乱，只是从明月之不可知，产生一种无名的失落感而已。乌鹊绕树三匝，无枝可依，当是见景生情，以引出下一联的心声。说它是失败的预兆，或许有些牵强。事有凑巧，他失败后，几乎无枝可依。最后一联乃其心声，他向往周公，可惜略具周公之才，而无周公之德，天下归心就谈不上了。

曹操水陆大军从江陵沿长江两岸，向东行进，根据地（即前敌总司令部）在北岸的乌林地带。沿南岸行进的水陆军队在赤壁一带与孙、刘联军相遇，被孙、刘联军击败。双方有多少人参加了这场战斗？双方的将领都是谁？这一仗是怎么打的？水陆军又是如何相互配合的？《三国志·吴书·周瑜传》记载：“权遂遣瑜及程普等与备并力逆曹公，遇于赤壁。时曹公军众已有疾病，初一交战，公军败退，引次江北。”孙、刘联军溯江而上，与曹军在赤壁相遇。孙、刘联军打了胜仗，为什么？曹军总数有几十万，以几十万大军为后盾，怎么这一路军会遭遇败绩呢？黎东方先生在《细说三国》里说，首先在于联军先到，曹军后到，这样，联军可以以逸待劳。第二，联军是以弱御强，不战则死，是哀军，“哀兵必胜”。笔者认为有可能联军先到，已列好阵势，占有优势。但两军相遇勇者胜，不论是否联军先到，但联军英勇作战，当无问题。另有原因是，史书明明记载“曹公军众已有疾病”。其实，周瑜和诸葛亮早在向孙权陈述敌我力量对比时，就提出曹军的弱点，包括北方士兵昼夜行军，已极疲劳，而且有不少人生病；北方士兵不长于水战，打水战不如江南士兵；投降曹操的兵将未必都心悦诚服，打起仗来不会都卖力气，这样的因素也起着作用。联军的前线指挥得当，也不容忽视。也许这功劳要归于前敌总指挥周瑜。

这一仗联军告捷，但只是一次战役的胜利。即使打了胜仗，联军也不敢深入追击，因为曹军毕竟有几十万，而且前敌根据地在乌林地区已经部署得差不多了。北军在赤壁战败，迅速撤退，向乌林地区集中，地面部队上船，与水军一起乘船向西北方向的北岸靠拢。

三国时期的长江与今日相比有所不同，估计江面比现在的江面宽，那时的湖泊也比现在的多，有的湖泊与长江相通。曹操的几十万水陆大军，分布在乌林地区的陆地和长江北侧。曹操是通兵法、懂布阵的，布阵得法自不在话下。但曹操是进攻的一方，没有必要作阵地防御的布置。为了布阵的需要和船上操作的方便，他命令大小船只连接在一起，不一定非用铁环，绳索亦可，也不一定所有船只均互相连接，只要若干只船连在一起，再形成若干艘大船。在船开行前，要抛锚固定，与岸上相连，也是自然的。这一部署是否确实中了庞统的连环计呢？下一节再讨论之。

为什么曹操大军没有立刻顺流大举进攻？而曹操也没有想到会遭火攻呢？我们认为此中原因不一定如《三国演义》所言，曹操因据常年规律判断：冬季总要刮西北风，很少有东南风，因此不曾设防。笔者分析，曹操的判断在于他的兵力远超过联军，是处在进攻的态势上，而联军的兵力少得多，处在防守的态势上。赤壁失利，使曹操的南路一部分军队前进（进攻）遇阻，交战受挫。曹操不认为联军有足够的力量向他的几十万军队展开大规模的进攻，现在是他决定什么时候、如何向联军进攻的问题。偏巧在这个时候他接到了黄盖的降书，受降的事他经历得太多了，他又是懂得兵法"不战而屈人之兵"的重要意义的人，他相信黄盖要降，他的细作未必不知道，孙权手下主张投降的大有人在。如果东吴降将多了，就可能不需费大力气而获得降服孙权的胜利。曹操太相信自己的力量和威望了，在轻敌之外，有了过分乐观的情绪。他不知道孙权不仅与袁绍不同，与刘表也不同，一场浩劫就要降临到他的头上了。

联军决定采取火攻的策略，同时，东吴老将黄盖向曹操递了诈降书，已获接受。火攻的主力由东吴军队承担，黄盖是先锋。孙、刘两家的军队均承担着追击败逃曹军与阻击其援军的任务。

到了约定"投降"的那一天，建安十三年（208）十一月初冬的一天，黄盖等人在早已准备好的十艘大船上，堆满了苇草、枯柴，浇了油，盖上帐幕用布，再插上旗帜。大船后尾系着若干只小船，以备火起后，孙军乘以逃生。黄盖站在第一艘大船的船头，其余鱼贯而列，自赤壁向西偏北的乌林方向前进，行至江心，各船挂起了帆。偏巧，这一天东南风大作，真是一帆风顺，快速行驶。等快到达曹操水军大营之处，只有二里许，黄盖一声令下，十艘大船上士兵同时点火，校正好前进方向，随即下小船，众将士从大船跳上小船，小船掉转船头，离开大火船。大船本是干柴加上油，遇火则燃，真是风助火势，火借风威，火船快速地驶向曹营。

曹操没想到黄盖之降乃诈也，更没想到联军采取的攻势是火攻，一时手足不知所措，很快曹阵的战船被烧起火，许多船只又都彼此连结，一时无法解脱。大火迅速蔓延，并且由船上殃及岸上的营寨，乌林的江边、岸上一片火海，火光冲天，烈焰遍地。大火燃烧油柴的噼啪声、人吼马叫声与联军的喊杀声，借助风势，响彻四野。

因为一切发生得太突然了，曹军既来不及救火，又来不及开走船只，只能四下逃生。众将士首先保护曹操脱离火险，而后收集残兵，决定向江陵方向撤退。由于这一把火，曹军被烧死以及战败被杀死，拥挤逃跑被挤死、踏死，本来病弱一折腾而死亡者陡增；此外，荆襄投降的士兵来得及逃生者，不再归队，投降联军者亦不乏其人。曹操所能集合的残兵败将仅为一小部分了。

孙、刘两家水陆联军，在火起之后，都按既定部署，分头追击、阻击逃兵，联军大胜，曹兵大败。以五万左右的孙、刘联军，大败几十万曹军，这就是历史上有名的“赤壁之战”。

“赤壁之战”即上述的乌林决战，曹军损失惨重。其结果犹如刘备在当阳长坂的溃败，不过曹操却是损失更为惨重和溃败规模更大。眼下摆在曹操面前的惟一出路是撤退。如何撤退？向哪个方向撤退？曹操乃军事家，自然清楚。舰船被烧毁，水军也被消灭，沿长江或汉水的水路撤退是不可能了。只能沿陆路撤退，沿向西的近乎直线的路线，经华容向江陵撤退，是曹操的最后决定。如果说豫州许昌是他的大后方，那么，荆州的江陵则是他的小后方，江陵尚有相当兵力，这一带，孙、刘联军大规模的阻击可能性不大。

汉时的华容在今湖北省潜江与监利间的一个地方，不是湖南省北部的华容县，湖南省的华容是于隋朝改南安县为华容县的。现在地图上的华容，就是湖南省的华容县，不是曹操赤壁之战后撤退经过的华容。不少人，包括今天华容县的人，常误认为湖南华容为曹操败退经过的地方，而且是被关羽义释之处，这是误解。至于关羽是否在华容等候曹操兵败后的到来，下一节再予讨论。

众将士保护曹操选择了华容小路撤退，沿途经过不少的湖泊和沼泽湿地，行军之路本来就不好走，偏巧又下了几天的大雨，人马极难行进，又不能等待，因为后有孙、刘的军队在追击。周瑜率领部下，刘备与关、张、赵和诸葛亮的部队，不仅事先已安排好作战部署，而且必须在追击败军的同时，尽可能收复或占领更多的地盘。这就苦了曹操了，他派将士到百姓家中抢要柴草，铺在泥泞的小路上，使人马得以行进。铺路的士兵尚未来得及躲闪，后面的人马已经冲过来，又有不少的士兵成为马蹄下的牺牲品。

曹操终于到了江陵，心情稍安。让大将曹仁与徐晃留守江陵，乐进去守襄阳，他则率其余谋士与将领们退回大本营许昌。在不到半年的时间里，曹操经过十分容易得到的胜利，耀武扬威，企图一举而定江南，几乎志在必得，不想遭遇了平生最大的挫败，回到了起点许昌，而绝大多数兵士则血洒疆场了。

在进一步讨论与分析赤壁之战的演义故事前，我们再叙述一下与赤壁之战有关的两则地理和历史故事。在湖北省长江段有两个赤壁：一个原本就叫赤壁；另一个本不是赤壁，后因宋代大文豪苏东坡泛舟作《前赤壁赋》而得名。前者称为周瑜赤壁，后者称为东坡赤壁。其实，孙、刘联军与曹操的决战并不在周瑜赤壁，而是在乌林，好在乌林与赤壁相距较近，而在历史上，“赤壁之战”已经叫开了，把乌林之战说成赤壁之战，已成了约定俗成。晚唐诗人杜牧一首《赤壁》诗，为大多数人所熟悉：

折戟沉沙铁未销，自将磨洗认前朝。
东风不与周郎便，铜雀春深锁二乔。

即使在唐朝，恐怕也难以在长江赤壁处找到沉沙的折戟，当然现在更找不到了。

明朝洪武十六年(1383)，在赤壁立有吴王庙。因为联刘抗曹的决策是孙权作出的，赤壁大捷也是孙权的功劳居多，当时的好事者立庙主要是为了祭祀孙权与其将士。而明末却改为武侯宫，改祀诸葛亮了，现有的建筑是1935年重建的。为什么改祀诸葛亮了呢？答案固然是，在联军抗曹上，诸葛亮功不可没；更主要的原因在于人们喜欢诸葛亮，所以乐于为“借东风”等附会故事，再建一东风阁。让后人在参观这武侯宫和东风阁时缅怀这位智者。

东坡赤壁在湖北省黄冈，今名黄州市赤鼻矶，在夏口（今武汉市）的东面，离乌林就远得多了。当年曹操顺流而东进时，刘备部队尚固守夏口，它与赤壁之战没有关系。不过大江汹涌，两岸山势峻险，黄冈与乌林也有相似之处。苏轼在黄冈赤壁，发思古之幽情，借以阐明自己的哲学观点，写下千古杰作《前赤壁赋》，也是一段佳话。苏东坡借文学之形式，抒发自己的见解，所涉地名并不是历史地理的真实，似乎无须认真计较。他那被后人传颂的名句："（曹操）酾酒临江，横槊赋诗，固一世之雄也，而今安在哉！"也可算是为曹操唱的挽歌吧！

还是这位苏夫子，也还是在黄州赤鼻矶处（权且当做周郎赤壁），写了下面这首千古名词《念奴娇·赤壁怀古》：

> 大江东去，浪淘尽，千古风流人物。故垒西边，人道是，三国周郎赤壁。乱石崩云，惊涛裂岸，卷起千堆雪。江山如画，一时多少豪杰。
>
> 遥想公瑾当年，小乔初嫁了，雄姿英发。羽扇纶巾，谈笑间，强虏灰飞烟灭。故国神游，多情应笑我，早生华发。人间如梦，一尊还酹江月。

这次他专讲周瑜，描绘他头戴纶巾，以显其儒雅，安排小乔在赤壁战前出嫁，以增加周瑜的潇洒和浪漫情调，其实此时周瑜已结婚八九年了！而且称周瑜谈笑间就烧得曹军人船俱灭。写诗不必拘泥，打仗可是极为严肃认真之事。谈笑间的随便挥洒，既不是周瑜的性格，更非诸葛亮的性格。关于苏夫子诗的弦外之音，就不在这里讨论了。

赤壁之战

四、 赤壁之战的演义故事分析

《三国演义》中赤壁之战的内容，从“刘玄德携民渡江，赵子龙单骑救主”到“诸葛亮智算华容，关云长义释曹操”，共十回，约五六万字，内容丰富多彩，故事曲折复杂，情节引人入胜，人物性格鲜明生动，描写战争双方斗智斗勇，十分精彩，真是伟大的文学作品。这是它几百年来脍炙人口、大受各阶层人士喜爱的原因。小说具有的深远影响，怎么估价也不为过。这里我们要选出赤壁之战中主要与诸葛亮有关的故事，加以分析，说明哪些是违背历史事实的，哪些是有一定根据，或有可信成分的。目的在于尽可能揭示历史人物的本来面目，而不是否定或批判《三国演义》这部伟大的经典小说。笔者十分喜欢这部小说，阅读过许多遍。在阅读中，也总会想到，人们都说它七分史实，三分虚构，到底有哪些是虚构的呢？本书不可能逐一加以考证分析，只是择其主要者予以讨论而已。而其中多数已为广大人民所深刻记忆和首肯。分析了，区别了，小说照样阅读，戏曲照样欣赏。历史与演义是不完全相同的。如果我们知道了哪些是基本的历史事实，哪些是虚构的故事，哪些是可信的推测，则我们学了历史，受到了启迪，而对虚构的故事，则作为文学描写而欣赏之，这就达到本书的一个目的了。

《三国演义》提出孙、刘联军内部，周瑜与诸葛亮之间有不小的矛盾。主要是周瑜妒忌诸葛亮的智慧和本事，还怕他以后对东吴不利，因此竟想法欲置诸葛亮于死地。诸葛亮身在危境，而心不惊慌，料事在先，处处转危为安。在史书上没有明确记载周与诸葛的矛盾。《三国志·吴书·周瑜传》记载“（周瑜）性度恢廓，大率为得人”，说他性格宽宏大度，与人关系和睦。怎么会与诸葛亮势不两立呢？《三国演义》成书于明代，在之前，还有平话《两军师隔江斗法》，也指出他们之间存在矛盾，似乎也不是空穴来风。我们分析双方在共同对敌之时，面临生死存亡之际，孙、刘两家联合是主客观的需要。一个阵营内部还不无矛盾，何况是联合呢。这可以从战后的一件事得到佐证。战后，刘备曾为地盘的事，诣京口见孙权。周瑜劝孙权把刘备软禁起来，以便吞并刘备这一股力量，孙权认为应与刘联合共对曹操，因此没有接受周瑜之言。日后，庞统投靠刘备，当着刘备的面证明，周瑜确有欲扣留刘备之念头。刘备说："天下智谋之士的见解都大致相同，当初孔明曾力谏我勿往，也怕的是这一手，这真是一着险棋，差一点没有逃脱周瑜的毒手。"

在当初联刘抗曹的决策中，周瑜与鲁肃的态度有微妙的不同。联刘抗曹是共同的，也是主要的。鲁肃的主张是两家平等联合，而周瑜的主张是把刘备力量并入东吴的联合，实际是合并。即使当时做不到，日后也要这么做，周、鲁二人都是从吴国利益着眼。我们可以推测，周瑜对小他七岁的诸葛亮有清楚的认识：诸葛亮是个人才。《三国志·蜀书·诸葛亮传》注引《袁子》记载："张子布荐亮于孙权，亮不肯留。"这点也可以作个佐证，周瑜是否对诸葛亮心存妒忌，无从考证，姑且存疑。

在《三国演义》的赤壁之战描述中，诸葛亮与周瑜第一次见面，周瑜佯说欲降曹操。诸葛亮用曹操欲抢掠大乔和小乔来激怒周瑜，迫使周瑜说出真话：与曹操势不两立。笔者认为，周瑜听取众谋士和将领有关降与战的意见，即可表达自己的主张，没有必要先说违心的话，对诸葛亮的谈话，也是如此；这段描述没有历史的真实性。小说还描写诸葛亮即时答应周瑜诵曹植《铜雀台赋》。《三国演义》的写作技巧也反映在这段叙述里，大乔乃孙策的夫人，小乔乃周瑜的夫人。① 小说虚构了诸葛亮的机智，借"揽二乔于东南兮，乐朝夕之与共"句中"乔"的同音字，使周瑜难辨真伪，把他激怒，说了实话。这一侧面突出了周瑜气量狭窄、一触即跳的性格，故周瑜很快就中了诸葛亮设下的圈套。这样的小说情节增强了事件的故事冲突。

《三国演义》中另一个虚构的故事是"聚铁山劫粮"。周瑜先是请诸葛瑾劝降诸葛亮未果。周瑜深恨之，设计派诸葛亮等人断曹操粮道，

---

① 《三国志·吴书·周瑜传》记载："时得桥公两女，皆国色也。策自纳大桥，瑜纳小桥。"见第1260页。

欲借曹操之手除掉诸葛亮。诸葛亮以周瑜和鲁肃在作战上各只有一种专长来激怒周瑜。果然,瑜怒曰:“何欺我不能陆战耶！不用他去,我自引一万军马,往聚铁山断操粮道。”由于鲁肃从中周旋,周瑜最后也没有去,这件事就不了了之了。小说作者再一次刻画了东吴大帅周公瑾量小而自负的弱点。从军事上讲,往聚铁山断操粮道,不仅不可行,而且会使战争转向不利于联军的势态。因为,那将使他们在陆地上与曹操的大军相遇,兵力悬殊是明摆在那儿的。从另一角度分析,东吴大将靠一两句话,就可以转变已定的主意,不管这个主意是否为馊主意,也未免太草率了。这与周瑜治军的严谨、纪律的严明,太不协调了。

在赤壁交战后,建安十四年(209),曹操知道周瑜年纪轻轻而风流英俊,以为可以说服他来归顺。曹操爱才是其优点。他秘密派人到扬州(治所在今安徽省寿县),让九江(九江郡,治所也在今安徽省寿县)人蒋干去说服周瑜。蒋干,字子翼,为曹操帐下幕宾,仪表不错,有才善辩。“独步江、淮之间,莫与为对。”他接受了任务,布衣葛巾,以私人的身份去见周瑜。周瑜出来迎接他,当时就说:“子翼,你辛苦了,长途跋涉江湖,为曹操当说客来了吧?”蒋干说:“吾与足下州里,中间别隔,遥闻芳烈,故来叙阔,并观雅规,而云说客,无乃逆诈乎?”周瑜说:“我虽然没有古代音乐家师旷的好耳朵,听话听音,也可猜出你的本意呀!”他请蒋干入帐,设酒宴招待。用完饭,跟他说:“你先去驿馆休息,我正好有军机大事,不能相陪。办完事再去请你。”三天后,周瑜请蒋干尽情地参观了军营、仓库和兵器,大概还有仪仗队。再请赴宴,并展示服装与珍玩之物。他跟蒋说:“大丈夫处在世上,遇到知己的主公,名份上是君臣,实则恩同骨肉,言听计从,同患难,共享乐,即使像苏秦、张仪或郦食其这样的著名说客再生,鼓其舌簧,也难动我一点的心志呀!”蒋一直不言语,只是笑笑。蒋干回去告诉曹操,周瑜雅量高志,不是言语可以打动的。[1] 可见蒋干是识时务者,不做办不了的事。

《三国演义》把蒋干见周瑜这件事,移到赤壁两军对垒之时,先让他中了周瑜的借刀杀人之计,除掉了蔡瑁和张允。让他第二次又来,与庞统相见,使曹操又中了把船都扣连起来,以准备挨火烧的连环计。蒋

① 参见《三国志·吴书·周瑜传》裴注引《江表传》,第1265页。

干在小说里成了个既自作聪明又十分愚蠢的可怜虫。而在戏剧里，蒋干抹上小白脸，是个替大奸臣曹操干些可笑而又不招两边喜欢的丑角。而史书记载，蒋干不仅不丑，而且有仪表，很识相，自知周瑜非言辞可动，也就笑笑而走。历史人物到戏剧里，连黑白颠倒的都有，为了剧情需要，虚构腾挪，像蒋干这样的一般士人，受点委曲，也就不足为怪了！

接下来我们要议论《三国演义》中的另一个故事“草船借箭”。由于诸葛亮事先识破了周瑜借刀杀人之计，并且向鲁肃祝贺，除掉了蔡瑁、张允。周瑜又妒性大发，要让诸葛亮造箭不成，以贻误军机之罪，杀害他。诸葛亮借漫天大雾的天时，勇敢地用草船深入曹寨，曹军不知大雾之下是否有埋伏，只得乱箭齐发，“送”给诸葛亮十余万枝箭。故事十分美妙，但史书没有记载。从常理分析也不太可能。因为周瑜造箭，无须大将或主将监造，更没有理由请盟邦的外交代表来监造，打造兵器是后勤部门的事。诸葛亮在三天前预知大雾，几乎不可能，即使现在，预报三天后的雾天也不是很准确的。不过，我们大家都喜爱诸葛亮，愿意相信他凭经验判断出将有大雾，出草船借箭的奇谋，宁可给他作锦上添花的设想，也不太愿作深入的分析了。中国自古以来占卜之风盛，现在还有人相信。人们总认为异人会晓阴阳，知未来，诸葛亮就是这种异人，希望把设想中的异人的言行算在诸葛亮的头上。我们从历史对诸葛亮的评价以及他的文集中，可知他是品行高尚、谦虚谨慎的人。在《三国演义》第四十六回中，他回答鲁肃的话，与诸葛亮之性格与为人相去甚远。诸葛亮曰：“为将而不通天文，不识地利，不知奇门，不晓阴阳，不看阵图，不明兵势，是庸才也。亮于三日前已算定今日有大雾，因此敢任三日之限。公瑾教我十日完办，工匠料物，都不应手，将这一件风流罪过，明白要杀我——我命系于天，公瑾焉能害我哉！”这段话掩盖了诸葛亮谦虚谨慎的美德，使较真的人对诸葛亮反而会产生疑问。

顺带指出，《三国演义》在这段故事中，把吴国大将鲁肃描写得有些迂腐。虽然突出其与诸葛亮的反差，但过分了就不可信了。更可笑的是戏剧中的鲁肃，简直是个有权的弱智了，哪里像周瑜在推荐鲁肃时所说“智略足任，乞以代瑜”[1]的吴国大将呢？《三国演义》成书几百年

---

① 《三国志·吴书·鲁肃传》，第1271页。

了，已家喻户晓，老百姓深深地喜欢它，三国戏也演了一二百年了，但历史归历史，小说和戏剧终归是小说和戏剧，历史与文学作品的区别就不言而喻了。

《三国演义》在描述赤壁之战的过程中，还有两出重头戏，是“苦肉计”与“连环计”。“苦肉计”连小孩都知道，形成了歇后语：“周瑜打黄盖——一个愿打，一个愿挨。”黎东方在《细说三国》里，论述了黄盖其实不需要受这个苦，历史上他也没受这个苦。因为黄盖老将和周瑜不在同一辈上，周瑜为统帅在黄盖之上，他们如有矛盾，可以理解；曹操大兵压境，优势明摆在那儿，有人投降为了保全，也是情理中的事；我们已经提到曹操攻战，胜算居多，招降纳叛，也是常事，没什么值得怀疑的。也就不需要阚泽冒生命危险，逞雄辩之才，与曹操当面周旋了。再说了，如果定下“苦肉计”，保密固然需要，但也不必瞒着参谋长鲁子敬呀！如果不瞒着鲁子敬，也就不会有他埋怨诸葛亮不给说情的事了，也就不会显得诸葛亮多智、鲁肃憨直了。小说固然多有虚构，而一层扣一层，《三国演义》作者刻画的人物性格鲜明、生动，互不相同，成就了人人爱读的小说故事。

同样，曹操把战船固定在一起是事实，是庞统前往北寨献的“连环计”呢，还是曹操与谋士们商量的结果，或是在备战中自然要彼此固定在一起的呢？史书上没有这么具体的记载，我们还不可能考证出结果来。庞统于赤壁之战后，在周瑜帐下工作，在战前和在战争进行之时，他有何作为？《三国志·蜀书·庞统传》中未见明叙。《三国演义》的作者安排他西山夜读，再让蒋干中计，领着庞统找曹操献“连环计”去了。

《三国演义》编写的许多故事中，有一些虽然在史书上查无实据，但也合乎情理，是可信的。但另外有一些故事，我们确信是不可能的，虽然小说作者想给像诸葛亮这样的伟大人物多加几个光环，即使我们乐于信其为真，但理智告诉我们，不可能是真的。典型的就是像“呼风唤雨，撒豆成兵”一类，以及“能掐会算，预知未来”一类。在赤壁之战过程的描写中，诸葛亮既呼风唤雨，又能掐会算，笔者认为应该在此为其力辩的。

“借东风”是读过《三国演义》或看过戏剧的人都知道的。联军决定火攻曹寨，一切俱备，只欠东风，东风是必要的，因为曹操营寨在长江北岸的乌林地带，孙、刘联军的营寨在乌林以东或赤壁以东地段，不是与长江垂直地隔江相望，联军处在乌林东面。黎东方在《细说三国》里说，也可能不需东风，凭水流即可，因从曹营西面进攻。我们认为，乌林曹营以西，基本上属曹军领地；赤壁以东，基本上为联军领地。说是基本，并不排除有犬牙交错的形势。联军不可能先沿江而上，穿过曹操营寨，再点火，令大船靠水流向东，这在军事上是不可能的。曹操大军怎么能容忍你的船队经过其阵前，而无动于衷呢？黄盖的船自东向西，逆水而行，如无强劲东风，是很困难的。所以小说写周瑜因无东风而一筹莫展。此时，诸葛亮说可借东风，要设坛祭祀，祈祷神灵改刮东风，这是妖异小说中呼风唤雨的情节，而鲁肃深信不疑。果然甲子日东风起，诸葛亮妙法呼风。这是神话而非事实。能否不是“借风”（即呼风），而是像预知三日后长江大雾一样，预知甲子日东风必降呢？也是不可能的。现在的天气预报有时还不够准确呢，何况三国时代，那时就根本没有气象科学。在电视连续剧《诸葛亮》里，剧作者的设想是：诸葛亮求教于有经验的老者，老者们凭经验判断，甲子日刮东风。在秋冬季，我国大部分地区以刮西北风为主，但在局部地区，有刮东风的个别时间。凭老者经验，没有了神鬼怪异，但可能性不大。历史记载，那天确是“东南风急”。是赶巧了呢，还是别的什么原因？我们不知道，只知道这东风不是诸葛亮呼唤来的。因为世界上没有风神，人要改变局部天气，那恐怕还是长久未来的事。

《三国演义》是怎样描写诸葛亮智算华容的呢？他从军事战术虚虚实实的道理出发，“虚则实之，实则虚之。”因此在小道上点烽火，逼曹操走华容小道，正中关羽的埋伏。对于兵法，曹操是很在行的，小道有烽火，他估计诸葛伏兵于大路，于是在虚虚实实的兵法教义上与诸葛亮较量，特选小道。撇开关羽是否在华容埋伏不谈，诸葛亮运用兵法的论述是在理的。刘备料定，关羽义气深重，一定会放走曹操，诸葛亮曰：“亮夜观乾象，操贼未合身亡。留这人情，教云长做了，亦是美事。”观乾象即观天象，说曹操不该死，谁去了也捉不住他，也杀不了他。让关羽去做个人情，使他义上加义，不是很好吗？过去的人，认为世事命里注定，而且都在天象星辰的表现上，并深信这一点。把识天象卜未来的本事,就算在诸葛亮的头上了。

诸葛亮观天象的事,在《三国演义》里出现好多次。在隆中,刘备第三次得见诸葛亮,诸葛亮提出隆中对策,劝刘备先取荆州为家,后取西川建基业,以成鼎足之势,“然后可图中原也”。刘备以荆州刘表和益州刘璋皆汉室宗亲,不忍夺之,感到为难。诸葛亮曰:“亮夜观天象,刘表不久人世;刘璋非立业之主,久后必归将军。”以夜观天象突出诸葛亮的智慧,是古人对客观世界认识的局限,从现在的观点分析,要使人相信,还不如说“刘表身体多病,不久人世”更令人心服呢,因为这不是“能掐会算”,而是科学的推测了。

在我国诸多剧种里,《三国演义》的故事,尤其是与赤壁之战有关系的剧目,如京剧的《借东风》、《群英会》、《华容道》等等,其影响远超过史书。我们见到的诸葛亮都是带髯口的老生,鲁肃也是老生,周瑜是小生,孙权是花脸。艺术形象与他们的真实年龄不相符合。诸葛亮与孙权同岁,周瑜比诸葛亮大七岁,鲁肃又比周瑜大两岁。赤壁之战时,鲁肃也不过三十多岁。如果一台戏,让诸葛亮、周瑜、鲁肃、孙权都以老生扮相出场,会令人感觉很滑稽,其实他们都还年轻。据黎东方《细说三国》里的叙述,张飞乃一介书生,有一定文化,书画都行,而且善画美人。如果因此将戏中的张飞像周瑜一样打扮,我们定会看不习惯了。

我们还回到诸葛亮的扮相上,在《空城计》、《战北原》的戏里,诸葛亮是手执羽扇、头戴纶巾、身穿道袍的老生,老生就老生吧!但何以在戏外的民间,他总是羽扇、纶巾、道袍的打扮呢?以至于在武侯祠庙里也是这种雕塑了。苏东坡在《念奴娇·赤壁怀古》词中咏道:“……羽扇纶巾、谈笑间,强虏灰飞烟灭。”咏叹的对象是指周瑜。周瑜是否用羽扇、纶巾,史书上没有记载,《三国演义》上也没让周瑜头戴纶巾、手执羽扇。我们不能以苏东坡的诗词为依据。诸葛亮头戴纶巾、手执羽扇,好像已为人们所认可。在《语林》(裴启著)这本古书里,有如下记载:武侯与司马懿在渭滨将战,懿戎服莅事,使人密觇武侯,乃乘素舆葛巾,持白羽扇,指挥三军,众军皆随其进止。懿闻而叹曰:“诸葛君可谓名士矣!”司马懿得到的侦察结果是,诸葛亮乘一辆普通的车,头戴葛巾,手持白色羽毛扇,指挥军队。羽扇,我们容易想象;葛巾,又称纶巾,又称诸葛巾,是一种丝带做的头巾,不知具体是什么样式。现在戏台上诸葛亮的帽子，好像是道士帽，不是我们想象的纶巾；他还身穿道袍，自称山人，能晓阴阳、观天象，这是笔者所难以接受的，因为我们一再强调诸葛亮是伟大的人，而不是神，更不是道士！

舞台如此，祠堂庙宇也如此。《三国演义》的演义故事，影响了戏剧作者和演员，也影响了民间的雕塑匠人，笔者希望见到真实可信的诸葛亮像，希望人们心目中的诸葛亮形象回到人间，而不是在神坛上，也不是在道坛上。

第三章

从荆州到益州

刘备由于力量的扩充，与孙权的关系便复杂起来，变化也频繁起来。双方都把北方的曹操视为主要敌人，而且是大敌，但双方在彼此眼中的地位却不同而微妙。从刘备一方看，主要是诸葛亮为刘备制定的战略，联吴抗曹。把孙权的吴国看做是盟国，“可以为援而不可以图也”。而在孙权和其谋士们的眼里，特别是在周瑜和吕范看来，荆州刘备并不是“可以为援而不可以图”的盟国，换言之，不是平等地位，刘备不被东吴看做是荆州之主。他们认为孙、刘双方在抗曹的赤壁之战中，是联合作战，这种联合是以孙权势力为主导条件的联合。他们希望刘备像寄寓在刘表帐下一样，寄寓在孙权的帐下，而听其左右。所以，孙权可以占有江夏郡，而把刘备的势力“请到”公安，甚至以荆州的主人自居，编造出“暂借”荆州给刘备的说法。而现在刘备据有四郡，在其力量大增而且颇有民望的情况下，孙权希望用软的办法，“收服”刘备，这就是孙、刘联姻，嫁妹给刘备的动机。

一、 赤壁之战后的荆州形势

赤壁之战在荆州地区，赤壁之战后，孙权、刘备和曹操瓜分了荆州地区；再后来，孙、刘两家失和争斗，也因荆州而起。荆州的地理与三国时代的历史紧密联系，《三国演义》的故事也与此紧密相关。在千百年的历史变迁中，地理的自然变化尚且不可避免，而其行政的划分、地名的更易之变化更大。汉置州郡，到三国时期，因战争等原因，已有不少调整，到了隋朝，几乎全部改变了。要了解赤壁之战后的荆州形势与诸葛亮的有关事迹，得先简略地说明一下荆州的建制与今日地理的对应。

东汉时期，荆州地域辽阔，分七郡，即南阳郡、南郡、江夏郡、武陵郡、长沙郡、桂阳郡和零陵郡。荆州的治所在南阳郡的宛县，宛县即今河南省南阳市，当时也是南阳郡的治所。南阳郡辖地包括今河南省西南部和湖北省西北一带。襄阳的隆中属南阳郡，又同属荆州，此所以诸葛亮说“臣本布衣，躬耕于南阳”的道理。他的户籍可算作今日河南与湖北两省的吧！南郡辖地大致包括长江以北的湖北省西部，北到襄阳，西到四川省巫山，治所在江陵（今湖北省荆州市）。江夏郡辖地包括今湖北省东部（赤壁之战地区在江夏郡）和今河南省信阳一带，治所在安陆（今湖北省安陆市以南的云梦县）。武陵郡辖地包括今湖北与湖南省交界一带，治所在临沅（今湖南省常德市西）。长沙郡辖地为今湖南省中部，治所为临湘，即今湖南省长沙市。桂阳郡辖地为今湖南省东南部和广东省北部一隅，治所在郴县，即今湖南省郴州市。零陵郡辖地为今湖南省西南与广西省一部分，治所在泉陵［今湖南省的永州市（原零陵县）］。

在刘表去世前，南阳郡非刘表所有，在袁术和张绣后，一直为曹操所占据。作为荆州地区最靠近曹操领地的新野，曾为刘备的驻军地。

正因为荆州治所的宛县(今河南省南阳市)不在刘表控制之下,所以,他作为荆州牧,把治所设在襄阳(今湖北省襄樊)。汉献帝建安十三年(208),曹操大军南下,刘琮投降,刘备溃败,撤军至夏口,曹操占领了南郡的诸县。在赤壁之战前,刘备和刘琦尚据有江夏郡,刘备驻军樊口(今湖北省鄂州市),孙权与周瑜军队在荆州的东部地区。这是战前的地理形势。

赤壁火攻,曹操溃退。他艰难地经过华容,到了南郡的治所江陵,仓促间作了军事部署,命曹仁和徐晃留守江陵;命乐进回守襄阳。他则退回大本营许县(今河南省许昌市)。

孙、刘联军获得大胜后,一方面仍在联合作战,攻城略地,追击曹军;另一方面,特别在打败曹操后,在荆州地盘的归属问题上,联军内部的矛盾也就愈来愈突出了。

曹操兵败,退回许县,但仍留兵将固守南郡(江陵)、襄阳与南郡属下的几个县。此时,孙、刘联军在收拾战后残局上,似乎没有经协商的统一行动,而是依据战争前和战争中各自占据的地盘与有利条件,各自作战,不过也有一定的默契。比如,荆州地域,本为刘表的领地,刘表以后,自然应为刘琦所接管,而实权掌握在刘备手中,曹操既败,荆州应先由刘备一方接管。但是,刘表在日,东吴尚且屡攻江夏,意在荆州,何况赤壁大战孙权一方出兵出力,有破釜沉舟之决心,此时攻打江陵,志在必得,刘备一方只得默认,而另作他图。

曹仁留守江陵,又在大军刚刚败退之际,他只能采取守势,因此高筑垒、深挖沟,避免出战,不作硬碰硬的战争部署。曹军当时在陆地作战的条件,有坚固的城墙,城内备足粮草、箭支和足够的兵力,孙军要一举攻进城去,还不是一件容易的事。周瑜久攻不下,甘宁出了调虎离山的计谋,由他率兵西取夷陵(今湖北省宜昌市)。他攻下了夷陵,曹仁果然坐不住了,派兵去收复夷陵,把甘宁围在城内,形势危急。周瑜接受吕蒙的建议,分兵一半,留凌统统率,守在江陵城外,监视曹仁的动作,周瑜带另一半孙军,西援甘宁,解了夷陵之围,给曹军以重创。

就这样,从建安十三年十月至次年年底,曹仁处于被动挨打的境地,防守也困难,曹操命其撤军。除襄阳尚在曹操手中外,南郡大部分就被孙军占领了。孙权任命周瑜为南郡太守。

本来在赤壁之战前，刘备尚驻军樊口（今湖北省鄂州市），刘琦的军队和关羽水军还在夏口一带，历史上没有明确记载说明江夏郡在战时和战后的变动细节。战后，孙权任命程普为江夏太守，把郡的治所移到了沙羡（今武汉市西南的金口），管四个县。是什么原因使江夏郡（或其大部分）从刘备一方转移到了孙权一方了呢？我们猜想不外有两种可能：其一，是孙、刘联军在抗曹的部署上作了调整，而就在此时，刘备的主力向西南转移了。这虽不无可能，但不合情理，因为孙军可以干的事，刘军也可以干。其二，是在战争的过程中，江夏郡被孙军攻占了，不过，如果是刘军固守，而孙军在大敌当前，进攻友军，似乎也不合情理。总之，赤壁之战后，孙权一方控制了江夏郡。

赤壁大捷，虽是孙、刘联军的共同战果，刘备的处境比起在当阳溃败时进退维谷的窘境，当然要好得多，诸葛亮自"受任于败军之际，奉命于危难之间"起，他已经进入刘备的决策核心。虽然不像《三国演义》所描写的，完全左右了刘备的行动，却已开始发挥作用。为了名正言顺，刘备首先表奏刘琦为荆州刺史，而后，试图恢复刘表在世时的辖区。当时皇帝（汉献帝刘协）被挟持控制，自身尚且不保，不过在名义上是国家元首。地方军阀要任命和保荐太守或太守以上的官吏，仍须上表朝廷，献帝可能完全见不到，曹操同意与否，不必考虑，表奏之前，实际已经行使职权了。

战后刘备阵营的根据地在江陵以南的油江口，后更名公安（今湖北省公安县城的东北部）。刘备所占地盘远小于当初刘表的辖地，如何巩固荆州的根据地并西定益州，是赤壁之战后的重中之重。此时的刘备，因为没有足够的力量当然不可能与孙权争短长，去攻占孙权已经占据的荆州属地；也不可能北攻曹操，夺下襄阳，甚至南阳。只可能南下，收复或攻取原刘表为荆州牧时所属的四郡，即武陵、长沙、零陵和桂阳。这四郡的太守和将领，率皆刘表的部下。刘琮降曹，他们也都可以投降，尤其是曹操大军南下之时，如果赤壁之战曹军胜，这更是顺理成章的事。曹军大败后，他们可以分析形势，作出抉择。如果独树旗帜，而不在刘、孙、曹间作出选择，几乎是不可能的。既然刘备已保荐刘琦为荆州刺史，率军南下，作出征询四郡的选择，他们很快就先后投降，于是刘备成功地占有荆州四郡。此时，他才任命诸葛亮为军师中郎将。

中郎将的官阶在将军之下，刘备本人也才是左将军。

正因为历史的记载过于简略，所以，《三国演义》才有空间编写曲折的故事。对于刘备平定江南四郡的描写虽也不无所本，但大多属于找不出根据的判断，以下我们将略加分析。平定四郡是刘备与诸葛亮作出的抉择，他们不会不征求关羽、张飞和赵云的意见；《三国演义》的作者在此让马良出场，可谓构思巧妙。根据诸葛亮虚心听取意见的作风，征求荆州名士马良的意见，也合情合理。后面几章，我们还将举出更多的事例，说明诸葛亮在作出自己的判断和决定之前，征询下属意见的事。

按照地理的位置分析，武陵郡最近，公安也在武陵郡的辖区内，所以首先取武陵郡，其次是长沙郡，而最后才是零陵郡和桂阳郡。《三国演义》安排诸葛亮率军攻下零陵，赵云取桂阳，张飞取武陵，最后由关羽攻下长沙，故事情节曲折有趣。刘备收降了江南四郡，也未必都是未动干戈的和平解放。在《三国志·蜀书·先主传》中，裴注引《三辅决录注》说："金旋字元机，京兆人，历位黄门郎，汉阳太守，征拜议郎，迁中郎将，领武陵太守，为(刘)备所攻劫死。"这说明，还是经过战争，把武陵太守金旋打死后，才平定了武陵郡的。《三国演义》的作者就把这份功劳算在张飞的头上了。

赵云确是和桂阳有关系。《三国志·蜀书·赵云传》记载，赤壁战后，赵云升为牙门将军，已是位在将军之列。桂阳太守赵范投降后，刘备、诸葛亮和赵云都认为，赵范投降不是真心，是不可靠的，这就是为什么让赵云出任桂阳太守，以代赵范的原因。《三国志·蜀书·赵云传》裴注引《云别传》中，记载了赵范欲把寡嫂嫁给赵云的事。赵范有寡嫂，长得十分美丽，"有国色"，赵范要把她配给赵将军。赵云以既和赵范同姓，赵范的哥哥也是我赵云的哥哥为由，拒绝了这件婚事。赵云在底下曾说过，赵范投降迫于形势，不是真心，"心未可测"，天下的好女子多了，不答应此事。后来赵范果然逃跑了，这就与赵云没关系了。这件事从侧面说明，赵云在勇武之外，还是十分谨慎，很有眼力和判断力的。有了这段记载，难怪《三国演义》的作者，在"赵子龙计取桂阳"的一回中，可以多作渲染，将这回情节描绘得有声有色。

零陵太守刘度归降刘备后，仍做零陵太守。《三国演义》中的其他人物，如刘度之子刘贤和“本州上将刘道荣”之流，本非历史人物，作为小说中的人物，为故事情节增添热闹，自无可厚非。而在“关云长义释黄汉升”一回中，涉及好几位历史人物：关羽、黄忠和魏延。虽然小说与戏剧、历史各有不同，但我们认为，对该小说还是有必要结合历史加以分析和比较的。

《三国志·蜀书·黄忠传》记载得很清楚，刘表为荆州牧时，任命黄忠为中郎将，与刘表的侄子刘磐一起，镇守长沙郡的攸县。曹操攻占荆州后，黄忠受长沙太守韩玄的管辖，当时为代行副将军的职衔。刘备平定江南诸郡后，黄忠就归顺了刘备，以后成为蜀汉的大将。《三国演义》中描写关羽在攻克长沙时，与黄忠大战，并经过相当曲折的过程，这就没有什么真凭实据了。

小说的描写带有戏剧性。一如舞台演戏，几个龙套代表千军万马，主将出阵，交手若干回合，主将被杀或战败，则全军皆溃；主将战胜，则全军大胜。《三国演义》在描写关羽战黄忠时，先让管军校尉杨龄出战，“不三合，云长手起刀落，砍杨龄于马下”。轮到黄忠出战，与关羽两马交锋，“斗一百余回合，不分胜负”。几行字的描写，充分说明关羽武艺高强，而黄忠的本事也不相上下。接着写黄忠马失前蹄，而关羽不忍杀害他。随后，黄忠也不忍射杀关羽，这又充分说明两将军之义气，小说的描写十分成功，达到了烘托人物的效果。

笔者认为历史上不会有关、黄两人交锋的一幕。不然凭关羽的为人，已知黄忠的武艺高强，又特讲义气，他就不会在刘备位升汉中王，封赠黄忠为后将军与关羽位在同列时而心有不平，看不起黄忠了。这件事在后面还要提到。

我们在此对大战多少回合的情节略加阐释。笔者认为，两将对打一来一往，或兵器一攻一守，即为一个回合。在两军对阵之下，双方列队观看主将比武对打，并不时地发出叫好声，一方战败，全军皆溃，这不是战争的实际。即使是古代的战争，也不是这样的打法，因为打仗靠的是双方的兵力与部署，是很复杂的事。诸葛亮在《兵要》中说：“有制之兵，无能之将，不可以败；无制之兵，有能之将，不可以胜。”说明有严明法纪与训练有素的兵，指挥官能力差些，也不会被打败；而指挥官的能力再强，一支无纪律、无组织的兵，也打不了胜仗。两军相遇，主将不得不会面交锋的情形,也不是不可能,如关羽斩颜良,那只是大军作战的偶然事件。

戏剧舞台上一出《战长沙》,把老将黄忠、红净关羽的义勇表演得淋漓尽致,大家欣赏了之后有一种满足感,这是戏剧艺术形式的魅力所在。在这个意义上,我们所举的事例只是给读者以历史的分析和艺术的欣赏而已。

在《三国演义》里,蜀汉大将魏延也是在"关云长义释黄汉升"一回中出场的。而且,他救了黄忠,杀了韩玄,义无反顾地归顺刘备。然而,他与诸葛亮一见面,便被认定"有反骨,久后必反",诸葛亮甚至欲斩之。幸亏经刘备百般讲情,而保全了性命。小说的这段编写,极不符合历史事实。本来,小说可以与历史有出入,可以编造,但这一段却是画蛇添足,把诸葛亮贬低了,也迷信化了。诸葛亮不是宗教人物,在他的著作里,找不到他能掐会算的任何迷信痕迹。对这样一位勇猛的大将魏延,不可能毫无道理(有反骨之说违背科学,也不合乎情理)地料其久后必反,且欲置之于死地。

再说说赤壁之战后的荆州分割形势和诸葛亮在战后的作用。赤壁之战一年后,荆州七郡,刘备控制了四郡,即武陵郡、长沙郡、零陵郡和桂阳郡。如果作为荆州的治所,则在武陵郡的公安县。孙权控制了一个江夏郡和半个南郡,南郡的治所在江陵(今湖北省荆州市),如果也作为荆州,则治所在江陵。曹操控制了一个南阳郡、半个南郡。南阳郡的首县在宛县(今河南省南阳市),它本来是荆州的治所,只是刘表任荆州牧时,南阳郡非他所能控制,才在襄阳设荆州治所的。

刘备控制了荆州四郡,任命诸葛亮为军师中郎将,这在前面已经叙述过了。刘备驻跸公安,直接控制武陵郡;让诸葛亮督统零陵、桂阳和长沙三郡,负责三郡的赋税和大军的后勤工作。诸葛亮虽然负责三郡的兵源与财源大事,而他实际上参与军事谋划,并具有调动与指挥军队的权力。诸葛亮的任务艰巨,直接关系到前方大军的兵力和给养,以及巩固和扩大赤壁胜利后的实力。诸葛亮并未将三郡的治所作为驻跸地点,而是把根据地放在了临烝(今湖南省衡阳市),因为烝水和来水两河在此汇入湘江,为南北交通的枢纽。

诸葛亮在临烝只工作了一年,由于他的功绩、人品和名望,临烝的人民怀念他，而建立武侯祠两座，到清朝仍时加修葺。另外，还有不少诸葛亮的遗迹，如侯憩山和诸葛岭等，在衡阳一带的地方志里都有记载。①

二、孙、刘联姻

刘备有了荆州四个郡的地盘，不仅有了根据地，而且有了兵力和财力来源，比他当年寄寓新野时强多了。恰在此时，庐江郡的曹军将领雷绪，率领好几万人马归降刘备，这又是一股不小的力量。当时庐江郡属扬州，郡的辖地在今安徽、湖北和河南三省交界一带。雷绪归顺刘备，固然反映了赤壁之战后，刘备一方已从溃败的阴影下走了出来，也说明刘备的品德和威望仍是重要的感染力量。

建安十四年(209)冬季，因刘琦去世，刘备部下推举刘备为荆州牧，把州的治所放在武陵郡孱陵县的公安城。在这段时间，刘备的荆州指的是州的首县，即公安，回荆州便是回到公安。顺便指出，此时的刘备并未有刘荆州的称谓，正像当年刘备虽然接替陶谦做徐州牧，却没有刘徐州的称谓一样；然而，因刘备曾为曹操控制下的献帝朝廷所任命，故这位豫州牧“名正言顺”地被称为刘豫州。

刘备由于力量的扩充，与孙权的关系便复杂起来，变化也频繁起来。双方都把北方的曹操视为主要敌人，而且是大敌，但双方在彼此眼中的地位却不同而微妙。从刘备一方看，主要是诸葛亮为刘备制定的战略，联吴抗曹。把孙权的吴国看做是盟国，“可以为援而不可以图也”。而在孙权和其谋士们的眼里，特别是在周瑜和吕范看来，荆州刘备并不是“可以为援而不可以图”的盟国，换言之，不是平等地位，刘备不被东吴看做是荆州之主。他们认为孙、刘双方在抗曹的赤壁之战中，

① 谭良啸：《访古话孔明》。

是联合作战，这种联合是以孙权势力为主导条件的联合。他们希望刘备像寄寓在刘表帐下一样，寄寓在孙权的帐下，而听其左右。所以，孙权可以占有江夏郡，而把刘备的势力“请到”公安，甚至以荆州的主人自居，编造出“暂借”荆州给刘备的说法。而现在刘备据有四郡，在其力量大增而且颇有民望的情况下，孙权希望用软的办法，“收服”刘备，这就是孙、刘联姻，嫁妹给刘备的动机。

赤壁之战后不久，刘备的妻子甘夫人去世，推算起来，也在建安十四年里。甘夫人是后主阿斗的生母，阿斗生于建安十二年。建安十三年，刘备兵败当阳，赵云救了甘夫人和阿斗，包括糜夫人在内，刘备不止一位嫡室先后失散并去世，甘夫人以妾的名义，起到嫡室的作用。甘夫人去世的时候，恰逢刘备领有荆州四郡，势力扩充，又颇得民心之际。孙权此时对刘备有所敬畏，希望刘备与自己更加协力齐心抗曹，决定把妹妹嫁给他。这是建安十四年年底的事了。

这一年，刘备已经四十八周岁，孙权二十八周岁（孙权与诸葛亮同岁）。孙权的妹妹二十周岁不到，正是妙龄之女。据史书记载，其母吴太夫人已于建安七年（202）过世，可见《三国演义》叙述吴国太甘露寺相亲的事是虚构的故事。嫁妹给刘备完全是孙权一手决定与操办的。以二十岁的妙龄少女，嫁给近半百的老将军，虽说英雄与美人的结合也在情理之中，但其政治意义是显而易见的。

建安十四年十二月，孙权的妹妹嫁给刘备。婚嫁礼仪不是在京口（今江苏省镇江市）的甘露寺举行，更不是由吴国太主婚，因吴国太已在七年前过世。据黎东方在《细说三国》一书中的考证，结婚的仪式在今湖北省石首县的绣林山举行。石首县今称石首市，在公安之南，正是当时刘备的荆州治所附近，应是东吴一方送佳人过境之处。

这位孙夫人尚武，有豪气，经常有许多带兵器的侍女陪伴左右，或站岗放哨。这就使得刘备深感不安。刘备虽常年带兵，出生入死，不会畏惧女兵。但是，他不能也带领一班武装侍卫出入闺房。即使身经百战的老将，在夫人的女兵间行动，也不无提心吊胆之感，何况这些女兵是从东吴带来的呀！所谓女兵只是孙夫人的侍女，携带武器或是摆弄、习练武器而已。作为夫人的保卫，还有陪嫁过来的正式东吴士兵，她的卫队住在荆州城内（荆州指公安）。他们骄横自大，与当地百姓相处也不协调，这又增加了刘备的额外负担。

这桩婚姻是政治婚姻，孙夫人本人应该十分清楚。她的哥哥孙权借以讨好刘备，这是表面的理由；他除了以军事、政治和经济实力为后盾外，还以舅子的身份，对刘备加以控制。当然，刘备也不是一个易为他人控制的人。孙夫人在内，温柔不足，而威严有余，大概也有其兄的因素。所以，历史上有这个判断，《三国志·蜀书·法正传》曾引用诸葛亮的话："主公之在公安也，北畏曹公之强，东惮孙权之逼，近则惧孙夫人生变于肘腋之下。"这段话说的是刘备在入川之前的处境。刘备（主公）为荆州牧，在公安摄行州事。曹操虽溃败于赤壁，但原来的地域未减，原来的兵将依然，随时准备南下报仇，刘备自然畏惧；同样，东吴孙权，本来已历三世，贤能为之用，赤壁战胜，占领了原来刘备的江夏郡和部分南郡，其吞并荆州之志，刘备是心知肚明的。再说身边的孙夫人，虽然不是孙权安置的定时炸弹，但她的性格刚强，作风凌厉，加上卫队和带刀的女侍们的阵势，确实也够让他担心害怕的。

与孙夫人成亲一年后，刘备于建安十五年（210）十二月，从荆州到京口与大舅子（虽然比他小二十岁）孙权会面。估计孙夫人与他同行，一来是行所谓新媳妇回门之礼，二来是新姑爷访亲致答谢之礼。但是，更主要的原因还在政治上，是由于双方对荆州地域的争端。刘备欲在此行说服孙权，让周瑜再让出一些占领的地盘。

周瑜早就把刘备视为孙权扩充地盘进而统一天下的障碍，久欲控制刘备，使之不能征战。于是他在刘备去京口的前后，上疏孙权："刘备以枭雄之姿，而有关羽、张飞熊虎之将，必非久屈为人用者。愚谓大计宜徙备置吴，盛为筑宫室，多其美女玩好，以娱其耳目，分此二人，各置一方，使如瑜者得挟与攻战，大事可定也。今猥割土地以资业之，聚此三人，俱在疆场，恐蛟龙得云雨，终非池中物也。"①

周瑜的主张十分明显，他一直没有把刘备与孙权平等看待，取刘备地盘毫无顾虑，当然更不愿分地给他。他建议孙权把刘备软禁在吴，用声色犬马消磨其天下之志，把关、张二人也分开，听他周瑜的布置和安排。这样，就可以消除刘备对吴的威胁，而又利用了刘备的力量。周瑜

① 《三国志·吴书·周瑜传》，第1264页。

在为其主孙权出主意这一点上，固无可厚非。但他也太低估了刘、关、张的意志和力量，也太低估了诸葛亮的智慧和忠诚了。与周瑜同一见解的，还有吕范，他也向孙权提出类似的建议。孙权并没有接受周瑜的建议，不然会有一番战争，历史便要重写了。孙权以大敌曹操在北，还需要与刘备协力抗敌，拒绝了周瑜的建议。我们估计对这件大事，他还要多听一些亲信的意见，他知道刘备既为枭雄，便不会为声色犬马所诱惑，事有不协，反而不美。何况他刚刚把妹妹嫁给刘备，不必急于挑起事端。再说了，孙夫人之个性刚强，她能配合周瑜，软禁自己刚刚嫁与的丈夫吗？刘备一回荆州，"蛟龙得云雨，终非池中物"。几年以后，刘备从庞统口中，证实了周瑜建议软禁刘备的事。

上面我们评述了孙、刘联姻的大致历史背景，现在我们来分析一下《三国演义》有关孙、刘联姻的演义故事。从"吴国太佛寺看新郎，刘皇叔洞房续佳偶"到"玄德智激孙夫人，孔明二气周公瑾"，《三国演义》里有两回叙述了此事。

《三国演义》把孙权先嫁妹到荆州，一年后新郎与新娘回到京口，合而为一。先请吴太夫人作主，在甘露寺内相亲，从而定下这桩婚事。而后刘备再从馆驿搬入国太的书院居住，不久正式举行结婚典礼，完成刘皇叔洞房续佳偶的美事。此外，有三个重大情节是与历史不符或是过分夸大的，那是依照演义作者的观点，为了符合读者的审美趣味而虚构的。

其一，关于孙权。历史上孙权嫁妹给刘备，不论他的目的何在，他确是把妹妹孙夫人送到了荆州。《三国演义》的作者安排孙权和周瑜串通一气，他们设下了美人计，以招亲为诱饵，把刘备骗到江东，扣押起来，准备杀掉刘备后，夺取荆州地盘。这样一来，要使这桩"龙凤呈祥"的美事得以圆满成功，只能看吴国太的态度，靠吴国太作主了。这一编写，情节不仅颇富戏剧性，而且引人入胜，结果圆满。有《三国演义》在先，各剧种相继把它搬上舞台，不论是以《甘露寺》还是以《龙凤呈祥》为剧目，舞台上的孙权都是大白脸，一如曹操。这固然是因为受《三国演义》的影响，奉刘备为正统，老百姓已接受了这个观点，正统以外的竞争者，自然就被列入反面人物行列了。但是，从客观上分析，后来，孙权也确实因为背信弃义，毁盟投敌，攻击了刘备派出北击曹操的关羽后

孙、刘联姻

方，出现了人们最不愿意看到的结局。这一点后面还将仔细论述。在三国鼎立、竞逐中原的局面下，惟有德者、仁义者、诚信者才使人敬服，让老百姓喜欢。孙权不符合这一条件，在舞台上他被列入“大白脸”一类，在孙、刘联姻的事上，让他充当了反面人物，确实是可以理解的。

其二，关于孙夫人。以政治目的为主的孙、刘联姻，由于孙夫人的立场倾向哥哥孙权，并未自始至终忠于丈夫刘备，最后两人以分离为结局。这不太符合读者的想法，也不符合传统的伦理观点。英雄配美女、夫唱妇随是封建时代理想的事。所以，《三国演义》刻画孙夫人既有刚毅好武的一面，也有温柔体贴的一面。小说描写她毅然和丈夫返回荆州，而且在关键时刻，站在丈夫一边，说出“吾兄既不以我为亲骨肉，我有何面目重相见乎？今日之危，我当自解”①的话。孙夫人嫁给了刘备，他们在荆州生活了近两年时间，孙夫人不一定那么温柔体贴，刘玄德也不一定那么意满志得，但也算“龙凤呈祥”了吧！《龙凤呈祥》这出戏，许多名角参与演出，演唱脍炙人口，虽然唱了那么多年，我们还是愿意欣赏它，如果完全按历史考据据实写来，据实演来，恐怕就没有那么有趣了。

其三，关于诸葛亮。诸葛亮既参与刘备的决策，成为核心层的人物，在孙、刘联姻的大事上，不可能不参与意见，分析利弊。他始终主张与吴国结盟，这是战略决策，不是一时权术。孙权主动把妹妹嫁给刘备当夫人，这有助于加深两国的感情，有助于两国的联合，诸葛亮自会支持。但刘备与夫人回门探亲京口，他是反对的，而且“其意甚笃”。说明他深知周瑜的态度和主张，东去要冒一定风险。孙权没有采纳周瑜和吕范的建议，刘备平安地回到荆州。至于别的具体策划，从史书里已找不到了。《三国演义》赋予孔明的任务不仅很多，还很重要，但多有悖于常理。首先，对刘备去京口入赘一事，诸葛亮先“适间卜易，得一大吉大利之兆，主公便可应允”。我们已一再说明，类似这种迷信之举，并非历史上的诸葛亮所为，至今日科学深入人心之际，越发令人感到这是唯心的描写了。而后的事情发展过程，都是按照诸葛亮的算计（锦囊妙计）而行，直至“孔明二气周公瑾”，不仅把周瑜引入包围圈，还

① 《三国演义》第五十五回，第447页。

要让士兵大喊:“周郎妙计安天下,赔了夫人又折兵。”这也不应是历史上的诸葛亮的举止。自从孙、刘商议联合抗曹起,诸葛亮就了解周瑜的内心主张,警惕和防范是有的,他为什么不主张刘备回礼京口,道理也就在此。但是,为了联合的大计,他绝不会引诱周瑜上圈套,再羞辱他。所以,成心去气周瑜的事是不会有的。

在对待刘备的态度上,孙权与周瑜略有不同。据孙权的判断,不必把刘备软禁起来,也不必把关、张各分一方,让周瑜“挟与攻战”。他嫁妹与刘备,认为这样可以笼络刘备与自己一心防守曹操。实际上,他的这种做法也有一个前提,就是刘备控制的地盘有限,不至于威胁到他,也不影响他进一步扩充地域。到建安十五年末,周瑜病逝,第二年刘备应益州刘璋之邀入川,孙权就坐不住了。他想对刘备的荆州有所行动,先派船接回其妹。

刘备入川的具体情节,下面还要叙述。他入川之前,对荆州之事作了周密的部署,让诸葛亮、关羽、张飞和赵云等亲信与领导集体的核心人物留守荆州,孙夫人没有同行;任命牙门将军赵云兼领留营司马,照顾与管理孙夫人和儿子阿斗的事。这时孙夫人与她的一批卫队人马,已经居住在为她营造的“夫人城”,夫人城在公安(荆州)之西。

刘备为什么不带孙夫人入川?当然这自有他的考虑:入川之后,部队不可能永远在一处安营,而且,随时可能有作战任务,若孙夫人跟行,就要带着她的一批人马,在精神和物质上都是负担,势必会影响随机应变的行动;再加上孙夫人个性刚强,不会总听丈夫的摆布,如果是当年的甘夫人,轻装简从,大概就会随行了。总之,孙夫人和阿斗没有随行入川。

如果刘备占有西川,孙权认为这对他威胁太大。因为假如孙权占有西川,则刘备左右都是东吴地盘,就不可能有什么大的作为,不仅可以使他甘心与孙权一条心抵抗曹操,实际上还可以成为孙权的一个藩属,甚至地方大吏。所以,他对刘备入川耿耿于怀,极不冷静,派船去接回孙夫人。如果孙夫人领会了诸葛亮隆中对策的思想,接受三国鼎立的局面,也许她会说服哥哥,巩固联盟的关系,也就不必回到东吴了。也许她不知道刘备的战略思想,不太明了当时的形势;另有一个原因在于,她对刘备未必具有夫妻恩爱的感情。所以,她没有与刘备打招呼,就毅然决然地登船回吴了。

赵云是极仔细慎重的人,知道孙夫人收拾行装,带着阿斗与众多侍从人员登船东去,认为事关重大,应当劝阻。但他自己力量单薄,于是赶紧通知张飞,一起处理此事。张飞率军先沿江急行,在下游处等候吴船。张、赵二将向孙夫人施礼后,劝说夫人勿行,至少应通知主公(刘备)后再动身。孙夫人哪里听得进与自己不同的意见,坚持回吴。张、赵二人不敢力阻,请她把阿斗留下,不然武力解决。孙夫人只得留下阿斗,顺流而东,回东吴去了。

《三国演义》的作者为了使刘备与孙夫人英雄配美女的故事圆满无缺,乃编造孙夫人母亲生病,怀念女儿,孝道为先,不可耽误,孙夫人急于回归省亲等情节。

孙夫人既未在《三国志》的《蜀书》里有传,也未在《吴书》里有传,孙夫人回到吴国后的行止就不得而知了。其结局不外有三种可能:其一,她本来年轻,二十余岁,孙、刘闹翻大打出手后,回路断绝,孙权可以再给妹妹找个对象,再嫁的事在三国时期并不少见。其二,孙夫人虽然与刘备断绝了关系,但习性好武,未必儿女情长,在自己的侍女伺候下,过着单身生活。其三,时间一长,思念夫君刘备,知道刘备在白帝城去世,勾起情感,立志守节,甚至殉情投江。历史上没有记载,《三国演义》告诉我们,孙夫人在知道刘备兵败猇亭之后,以为刘备身亡,乃投江以殉。

后人接着《三国演义》的观点和叙事的逻辑,选定了上述三种可能的第三种。本来演义的故事在于回吴探母,而不是奉兄长之命与刘备断绝关系。所以,孙夫人当得知夫君病逝的事,悲痛欲绝,既思念夫君之情,又痛恨兄长之狠,乃告别母亲,至长江边上,遥祭夫君,最后投江以殉。这就是戏剧《祭江》或《孙尚香》的故事情节,孙夫人大段的悲怨唱段,凄婉哀怨,令人感动。如果你去镇江游甘露寺,可以看到附会的景点,如孙夫人的梳妆楼、投江处等。

孙、刘联姻的事,我们就说到此为止了。

三、刘备入川

当年诸葛亮提出隆中对策时,天下形势处于大变的前夕。如果刘备取得刘表占据的荆州地盘,东与孙权友好或结盟,西取巴蜀,以荆、益为根据地,实行下一步战略,这是较为理想的。但现实的形势变化迅速,在诸葛亮受任于败军之际、奉命于危难之间的时候,只能走一步是一步,尽量争取最好的结果。

孙、刘联合,在赤壁打败了曹操,可以说,形势几乎争取到了最好的进展结果。但现实是,孙权占据了荆州的一部分,而且还对刘备形成了逼迫的局面,刘备在与孙权周旋的同时,进军巴蜀,确实有很大的困难,因为北有曹操,时刻想雪赤壁大败之耻,而且,刘备的几万人马也不够攻守的分配。恰巧在这时,益州刘璋主动邀请刘备入川相助,这真是意想不到的收川契机。

这里不拟陈述刘璋怎样从其父刘焉手中接管了益州。兴平元年(194),刘焉去世,刘璋被刘焉部下推举为益州刺史。刘璋是汉景帝的后代,排起辈来,他算是刘备远房的兄弟。不久,长安李傕、郭汜控制着的朝廷,升任刘璋为益州牧,刘璋控制益州就名正言顺了。益州辖地除现今四川、重庆外,还包括云南和贵州两省的相当一部分,地理面积在当时算大州之一。按当时的建制,益州辖区有九个郡:蜀郡、广汉郡、犍为郡和越巂郡在今四川省,巴郡主要在今重庆市,牂牁郡在今贵州省,益州郡与永昌郡在今云南省,还有一个汉中郡在今陕西省南部。

刘焉和刘璋父子懦弱,虽然没有治理国家和管理百姓的办法,却也不乏割据甚至自立为王的野心。如果中央(指汉皇帝)有道,全国统一,刘璋之属也可能成为一般的地方大吏。但处在东汉末年,皇室统治名存实亡,军阀彼此靠实力讲话,互相攻占,刘璋的地位被取代,也是早晚的事了。

刘璋统治益州的地位之所以起了变化，是因为他邀请刘备入川。为什么他要请刘备入川呢？缘由在于汉中的张鲁与他作对，闹翻了脸。张鲁何许人也？张鲁是道教的创始人张陵的后代，张陵即张道陵，本是沛国丰县（今江苏省丰县）人，在益州的鹤鸣山（今四川省崇庆县境内），悟修得道，成为道教的第一代天师。张陵之后，其子张衡成为第二代天师，这个张衡，不是东汉的大科学家张衡。张衡之后为张鲁，称为第三代天师。这第三代的道教传人，不仅搞宗教活动，还搞军政，成了军阀，实行政教合一的统治。

张鲁原在益州的巴郡西部（今四川省阆中一带）开展传教活动，有一批信徒。他在汉中立住了脚，仍对巴郡部分地区有影响。张鲁与刘璋闹翻，占据了益州的汉中郡不说，还威胁了相邻地区。刘璋曾派庞羲在阆中分设巴西郡，镇压那里的“米贼”。张陵的道教又称“五斗米道”，入道的人要交五斗米，刘璋蔑称他们为“米贼”。庞羲的任务，除镇压辖地的“米贼”之外，还要与张鲁作战，力量上并不占优势，张鲁的威胁增大，迫使刘璋要利用外部的力量压制张鲁。

刘璋自己逐鹿中原的主客观条件都不具备，他得找一个靠山，于是把眼睛盯在曹操身上。曹操占领了“天下”三分之二的领土，而且挟天子以令诸侯。他如果真的向曹操投降，大概可保住益州牧的官职，至少暂时不必背井离乡离开益州。他作为汉宗室，未必不知道汉献帝已处在随时被赶下台或被杀头的危险的境地。刘璋顾不上“勤王”大业，而只为保住自己的既得利益了。他曾两次派人到许县，向曹操致归顺之礼，曾获得曹操以献帝名义授予的振威将军衔。第二次使者张肃得到了广汉郡太守的职务。

建安十三年（208），曹操率大军南下，刘璋派了张肃的弟弟张松，沿江而下，赶到曹操大军前线，向曹操表示敬意，支持曹操攻取荆州。张松时任益州别驾，别驾为州刺史或州牧的辅佐官员，地位很高，刺史巡查，别驾乘驿车随伴。“松为人短小放荡，然识达精果。”可见，张松外貌不扬，缺乏风度，然而有学识和能力，办事果断。他此番奉命出使，是否决心出卖益州给曹操，不得而知。但是，他在完成使命之余，想为自己捞些名利，不无可能。此时，曹操克荆州，占领了江陵，认为孙、刘指日可灭，正意满志得。曹操见到张松的第一面，感觉其相貌猥琐，他不拒绝益州牧的致敬，但对张松则不予录用。曹操的主簿（管理文书一类的秘书）杨修知道张松有才，建议曹操封其官职，给予重用。曹操不接受杨修的意见，只给予县令的官衔，地位远低于别驾，张松自然十分生气。事有凑巧，曹操被孙、刘联军大败于乌林（即赤壁之战），这更促使张松萌生放弃投曹之念。在赤壁大战的前后，张松是否与刘备和他的亲信们有过接触，史无记载。《三国演义》描写刘备派大将赵云、关羽先后迎接张松驾到，刘备与诸葛亮又热情款待，亲切而恭敬……这也是根据史书而作的想象和铺叙。至少，张松在返回益州之前，对刘备和他的阵营作过深入的了解，很可能也见到过刘备或诸葛亮。《三国志·蜀书·先主传》裴注引《吴书》："备前见张松，后得法正，皆厚以恩意接纳，尽其殷勤之欢。因问蜀中阔狭，兵器府库人马众寡，及诸要害道里远近，松等具言之，又画地图山川处所，由是尽知益州虚实也。"从这段叙述来看，张松欲投靠刘备，献出益州，是比较明显的事。

建安十四年（209），张松返回益州，"劝刘璋绝操，与刘备相结"。因张松从心里憎恨曹操，又值曹操溃败于赤壁，所以，他在向刘璋汇报时，极力诋毁曹操，说曹操已经溃不成军，而且还说操不可恃，甚至有图川之意。刘璋本无主见，听张松说得有理，结交刘备也需派人去致意，因而接受张松的建议，派法正前往。法正，扶风人，本不为刘璋所重用，只做了军议校尉的官，比中郎将官阶低。法正本来自负不凡，感到怀才不遇，闷闷不乐。法正和张松交情不错，所以张松建议法正前往。法正故作推辞后，前往荆州。回到益州复命后，与张松密谈，称赞刘备雄才大略，宽宏敦厚，两人决意迎接刘备以代刘璋为益州之主。说得白一点，两人要出卖刘璋了。虽说，在封建时代，讲究良臣择主而事，但刘璋并非昏庸无道、残暴肆虐之属，张松、法正二人此举实在不够光明磊落，有卖主求荣之嫌。对于这种现象，只因绝大多数的读者喜欢刘备，他们现在投向刘备，而不是投向曹操，似乎多少给予"理解"了。

建安十六年（211），刘璋听说曹操要派兵攻打张鲁，深为恐惧。张鲁在北，他派出的兵将还常吃败仗，曹操再来，更非他所能抵御。何况张松告诉刘璋，曹操有图川之意。张松此时又向刘璋进言："曹操打仗，天下无敌，如果他打下张鲁，再取益州，就不能抵挡他了。而刘备刘豫州是你的同宗兄弟，又是曹操的仇敌，刘豫州善用兵，能打仗。如请他来助你打张鲁，打败了张鲁，则益州强大，曹操即使再来，也无能为力了。”[1]他进一步说：“现在庞羲等人，恃功骄纵，居心不良，如果不请刘豫州相助，到时敌人在外攻打，再有内应捣乱，那就一定要失败了。”

刘璋相信张松的分析，并接受他的建议，派法正带领四千兵，送给刘备指挥，这大概也是请刘备助他攻打张鲁的礼物。在刘璋决定请刘备率军入川之时，刘璋帐下的有识与忠诚之士，相继提出反对意见。如主簿黄权、从事（地方大吏，刺史聘用的幕僚，相当于顾问一类的官）王累等人。他们不仅分析透彻，点明后果的严重性，而且以各种置生死于度外的举动，如“王累自倒悬于州门以谏”，试图让刘璋取消邀刘备入川之举，都没能使刘璋收回成命。刘璋的此举说明，他太缺乏逐鹿的韬略和权谋，过于相信张松和法正的说辞，做了一件自掘坟墓的事。诚如巴郡太守严颜所说：“此所谓‘独坐穷山，放虎自卫’者也。”刘璋也不是谦谦君子，并不是想让贤，如果他自认为自己愚弱，不能为汉室效“勤王”之力，又不能使百姓过富足之生活，知刘备的贤能，仿陶谦让徐州，而让益州与刘备，也许对他个人来说，结果要比历史的实际强得多。

法正到了荆州，就秘密地向刘备献取益州之策。“以明将军之英才，乘刘牧之懦弱；张松，州之股肱，以响应于内；然后资益州之殷富，冯（凭）天府之险阻，以此成业，犹反掌也。”[2]此时庞统已被刘备任命为军师中郎将，刘备对他信任的程度仅次于对诸葛亮。庞统也向刘备进言，大意是说：荆州财力、物力几乎耗尽，东有孙权，北有曹操，难以立足，更不能发展。而益州有上百万的户口，土地肥沃，又富财力，如果据有益州，可成大业。其实此亦诸葛亮隆中对策的要点，这也说明，英雄所见略同。刘备认为，自己和曹操势同水火，“曹操性急躁，我性宽和；曹操残暴，我则仁厚；曹操诡诈，我以诚信。我总反其道而行事，事业才可成功。今要为利益而失信义于天下，我实在不愿意干”。庞统劝他说：“天下混乱之际，往往不能以常理行事，进取愚弱的邦主，取之有所不安，而按贤明来治理，古人认为是难能可贵的。事成之后，对刘璋封赠大国，也不算失于信义。如果错过今日的机会，最后也要被别人所攻

---

① 参见《三国志 · 蜀书 · 先主传》，第 881 页。

② 《三国志 · 蜀书 · 法正传》，第 957 页。

占。”[1]庞统的这段话和孔明的主张相近。确实,孙权一直要攻占益州,只是隔着刘备的荆州,有所顾虑;曹操要取益州是铁定的事。所以庞统的分析也不无道理,刘璋失益州只是时间的早晚和失给谁的事了。

刘备决定入川。他的安排是让诸葛亮和关羽、张飞留守荆州。这荆州的东、北两面,表面上分别是友、敌,而其实都在虎视耽耽地盯着这块土地,但它毕竟又是刘备的后方根据地。留守的任务是十分重要和艰巨的。刘备知道赵云仔细可靠,命他以牙门将军,领留营司马,负责夫人城的安全和管理。刘备本人带领军师庞统、大将黄忠等并率几万人马,西进入川。

建安十六年(211),刘备率部下几万人从荆州(今湖北省公安附近)入川,经江州(今重庆市)到了涪县(今四川省绵阳市)。刘璋亲率三万人马,彩旗招展,仪仗耀目,前去拜会刘备。张松、法正与军师庞统都向刘备建议,与刘璋相会之日,立即逮捕他。如果这样做了,大概夺取益州更迅速些。这确像《鸿门宴》的阴谋诡计,施与刘璋这样的懦弱之人,不是刘备平常仁义宽厚的表现。然而,刘备进入益州真的只是为刘璋攻打张鲁,而没有夺取益州之心吗?当然也不是,他是要缓步而行,等待时机,或等瓜熟蒂落,而不予人以巧取豪夺之讥。所以,刘备不同意法正和庞统的建议。他说:“此大事也,不可仓促。”“初入他国,恩信未著,此不可为也。”二刘相会,极为兴奋,欢宴多日。刘璋上书推荐刘备行大司马,领司隶校尉。司隶校尉应当掌管纠察京师百官及所辖附近诸郡事,现在,只能是个名义上的职务。京师应是汉献帝所在的地方,那是曹操的势力范围。刘备也表荐刘璋为行镇西大将军,领益州牧。两人所给予对方的官职大致相当,有互相标榜之意。

刘璋又给刘备补充了兵力,达到了三万人,还让他统领刘璋在白水(今四川省广元市西北白水镇一带)的重兵,请刘备北击张鲁,刘璋返回成都,刘备北上到葭萌(今四川省广元市昭化南剑门关一带)。

刘备驻军葭萌一年,并没有急于北上征讨张鲁。而是广树恩德,收聚民心,为日后征服益州做基础性的工作。

刘备被邀请入川是攻打张鲁的,他驻军葭萌也是进军汉中地区的

---

① 参见《三国志·蜀书·庞统传》注引《九州春秋》,第955页。

前沿阵地。当时张鲁在南郑(今陕西省南郑一带)。刘备为什么养精蓄锐历一年的时间,而不与张鲁过招呢?除了刘备要与他的谋士、将领们从长计议之外,最主要的原因在于保存实力,他不愿北上交战损耗兵力,其意图在于先控制益州核心的几个郡。这一点随着时间的推移,刘璋不会看不到,刘璋的谋臣们不可能不随时提醒他,这都为后来双方的翻脸积累了因素。如果刘备率大军攻下汉中,消灭了张鲁,刘备的势力未必消损,还可能有所增强。在短时期内,对刘璋就有了交待;从长期看,对收川未必没有好处。

建安十七年(212)十月,曹操要攻打孙权。大军集中在长江北岸的濡须口(今安徽省无为县东)。孙权向刘备求援。刘备是否真的准备挥师东去呢?他遣使告诉刘璋说:他与孙权有唇齿关系,不能不救,何况曹将乐进在青泥(今湖北省襄阳的西北),欲犯关羽,如果不前往增援关羽,乐进必定得胜,转而侵犯荆州,益州也立即遭到威胁,这就比张鲁的威胁大多了。张鲁只是保持汉中地盘,并无犯川之意,还不足以顾虑。请刘璋拨一万名士兵和相应的兵器与粮草,以东援孙权,兼保卫荆州。刘璋对刘备的请求很不热情,只同意拨四千人与一半的后勤供应。[①] 刘璋此举是可以理解的,刚刚已提过,刘备在川北驻军一年,并不去攻打张鲁,而是广收民心,至少也不够仗义,何况其潜在的危险,即使刘璋这样并不精明的人,也不能不注意、不能不起疑心了,他的部下能不汇报刘备在葭萌的举止吗?

刘备与刘璋的决裂是在张松"通敌"的事被揭露之后。刘备要返回荆州,虽然还没有动身,但张松认为,刘备取西川已如探囊取物,突然返回,未免太可惜,他把这个意思写信告诉刘备。偏巧这封信让他的哥哥广汉太守张肃看见了,张肃害怕祸起连累自己,于是他向刘璋告了密。刘璋见到张松的信,十分生气,他没想到张松把自己出卖了,于是杀了张松。刘备知道刘璋已对他不仅怀疑而且开始防范,由朋友变成了敌人;他对刘璋也由表面的朋友变为名正言顺的敌人了。其实,这只是早晚的事,刘备既然标榜仁义,不入川就掠人之国,又不助人破敌,只顾收买民心,等候时机;加上张松被杀,翻脸是不可避免了。

---

① 参见《三国志·蜀书·先主传》,第881页。

本来刘备驻葭萌一年了，也不能这样拖下去。庞统提出三条出路供刘备选择：其一，秘密地派精兵强将，昼夜兼程，奔袭益州（今成都）。刘璋本来不能打仗，又没有准备，可一举而定，此上策也。白水守军杨怀和高沛乃益州名将，拥有精兵，据守着关隘。他们根本不欢迎刘备入川，听说他们多次给刘璋写信，请送刘备回荆州。现以回荆州为名，他们必然轻骑来送行，乘机擒之，收降他们的兵士，而后南攻益州，此中策也。经过白帝，赶回荆州，取益州的事以后慢慢设想，此下策也。[①] 张松被杀，刘璋又命令守关将领勿与刘备联系，加紧戒备。刘备大怒，取庞统的中策，召见白水军督杨怀和高沛，责骂他们无礼，杀了他们，兼并了他们的军队，大军占领了涪城（今四川省绵阳），刘备与刘璋的战争开始，这是建安十七年年底的事。

建安十八年（213），益州从事郑度向刘璋建议：刘备万人孤军攻击我方，人心不服，他们辎重没有来源，就只能吃野谷。现在，把巴西、梓潼的老百姓，都迁移到内江和涪水以西，把仓库野谷都烧毁，深沟高垒，不与之战，静待其退，而后击之可擒也。刘备听了这则消息深以为畏，请法正出主意。法正对刘璋深有了解，说此建议刘璋一定不会接受。果然，刘璋说："我听说抵抗敌人，是为了安定人民，没有听说惊扰人民，以避开敌人。"不用郑度的主意。[②] 这件事，再一次说明，刘璋没有韬略，缺乏严明果断的决心，终究办不成大事。但是，他不是一位暴戾的统治者，只是懦弱而心软，故在历史上无功绩可言。

刘璋不接受郑度的深沟高垒建议，派将领刘璝、冷苞、张任、邓贤、吴懿等北上抵抗，都打了败仗，他们又退保绵竹（今四川省绵竹县）。刘璋又派李严增援绵竹，不久绵竹也被攻克了，李严和费观也向刘备投降了，刘备军势益强，刘璝、张任与刘璋的儿子刘循退守雒城（今四川省广汉市）。

刘备围攻雒城有一年之久，守城的是大将张任，其部下在战斗中，流矢射杀了庞统。庞统为刘备的军师中郎将，诸葛亮和庞统为刘备的左右臂，一位留守荆州大本营，一位随军取益州。庞统之死，对刘备是

---

① 参见《三国志·蜀书·庞统传》，第955页。

② 参见《三国志·蜀书·法正传》，第958页。

个重大打击。庞统确实是个人才，过早逝去，对刘备以后的事业是很大的损失。

刘备失去了庞统，就派人到荆州让诸葛亮入川。张飞为征虏将军，赵云为牙门将军，他们的军阶都在中郎将之上，而诸葛亮为军师中郎将。所以，黎东方在《细说三国》一书中，强调他们一起溯江入川，而不是诸葛亮率领他们。历史上没有具体的记载，《资治通鉴》只记载："诸葛亮留关羽守荆州，与张飞、赵云将兵溯流克巴东。"[①]《三国志・蜀书・先主传》中的记载也大致如此。这样大的人事调动必然要刘备首肯。诸葛亮既为军师，主意还得他出，而他也不能不征询关、张、赵诸大将的意见。

诸葛亮与张飞、赵云攻克了巴东（今四川省奉节东部），直抵江州（今重庆市），江州守将是严颜。当初刘璋请刘备率兵入川，路过江州时，严颜就慨叹："此所谓'独坐穷山，放虎自卫'者也。"这位严老将军抵挡了一阵，没打过张飞，被张飞所擒。张飞责问他："大军已到，为什么不早点投降，还敢抵抗？"严颜回答道："你们不讲道理，侵夺益州，这里只有断头将军，没有降将军。"张飞怒，令左右推出砍头。严颜容颜举止不变，从容地说："砍头就砍头吧，你何必发怒呢？"张飞听了很佩服他的壮烈表现，免其一死，还请他当了参谋。[②]

严颜不怕死，宁愿做断头将军，在历史上颇有名气。宋代爱国诗人文天祥在那篇壮烈的《正气歌》里，还有"为严将军头"的诗句。严颜被俘不降而宁愿断头，不失忠诚之节；后来又归降刘备，是因为知道刘备的仁厚之德，又感张飞的敬贤之情，所以，最后严颜的投降不失为义勇之举。

攻克江州，收降严颜之后，诸葛亮兵分两路形成钳形攻势，直向成都。"分遣赵云从外水定江阳、犍为；飞定巴西、德阳。"诸葛亮让赵云溯长江到江阳（今四川省泸州市）、犍为（今四川省彭山以东）。我们分析他不会绕远路僰道（今四川省宜宾），再溯岷江而上，而是从江阳溯沱江而上，经过今日的内江、资中和简阳而到成都。诸葛亮与张飞走北

① 司马光：《资治通鉴》卷六十七，中华书局 1956 年版，第 2127 页。

② 参见同上。

线，自江州沿涪江而上，经过今日的合川、遂宁而西向成都。两路兵几乎都很顺利地深入益州之地，之所以如此顺利，主要是因为刘璋为了保卫成都，抽调了外地一些兵力，加上刘璋不会治军，没有精兵强将，大军一到，归顺者居多。

再说刘备围攻雒城已有一年，终于在建安十九年(214)夏，攻克了雒城。刘备和黄忠等先入川的军队，与诸葛亮、张飞、赵云刚刚抵达的增援大军，就把成都围困起来了。法正此时已在刘备军中，给刘璋写信劝降，他说："左将军刘备举兵以来，和你的兄弟情谊依旧未变，不会亏待你，你应改变主意，以保全家。"刘璋并未理会。

就在刘备与诸葛亮大军围困成都时，马超来投刘备。马超是马腾的儿子，马超曾在建安十六年(211)攻打曹操，推进到潼关，后来被曹操打败，曹操屠杀了马腾及在许城(今河南省许昌)的马家所有的人。马超回师凉州(今甘肃、青海、宁夏和陕西的一部分，治所在陇县，今甘肃省张家川县)，再往汉中投张鲁。在汉中遭到张鲁左右的排挤，他看出张鲁不是成气候的人，心中向往刘备。刘备使李恢前往劝说，马超密书刘备请降，带来一部分人马。刘备又给他补充了不少人，让马超的兵都穿上胡人(凉州的少数民族)衣服，表示马超大军从凉州来，参加刘备大军围攻成都，给成都的守军又增添一层心理压力。

刘备派老部下简雍进入成都，劝刘璋投降。刘璋部下劝他死守，认为城中有三万兵，粮草可支持一年，吏民都愿意保卫成都。刘璋决意开城投降，他说："先父和我统治益州二十多年，没有施与老百姓多少恩德，近三年来，又因战争，给老百姓带来很多痛苦，我不忍心再让成都人民受难了。"于是他和简雍一起乘车出城投降，他的部下都难过得流下了眼泪。刘备让刘璋全家携带上他的全部财物，仍佩带振威将军印绶，护送他到荆州居住，这也算是礼遇了。刘备则成为益州之主，领益州牧，这是建安十九年(214)夏天的事。

陈寿在《三国志·蜀书》里，特为刘璋父子立传。他评论刘璋说："璋才非人雄，而据土乱世，负乘致寇，自然之理，其见夺取，非不幸也。"[1]意思是说刘璋才智一般，在混乱之世，割据一方，就像携带大批

① 《三国志·蜀书·刘二牧传》，第870页。

财宝的路人招来强盗，被强盗抢去财宝，也并非是不幸的事。从刘璋的行事看，他虽平庸，而不残暴，在乱世不可能保住疆土，能最后保住全家性命，得以平静地在荆州生活，算是不幸中之幸事了。

从隆中对策，经过长坂的战败，再联吴成功，赤壁大捷，平定荆州四郡，到入川收取益州，诸葛亮的功劳在先，史书记载简略。其实，从刘备领益州牧的封赠群臣上，就可见诸葛亮的作用。此时诸葛亮由军师中郎将升为军师将军，署左将军府事，从军阶上说，与关、张、马、黄、赵大致在同一水平上；任益州太守董和为掌军中郎将，并署左将军府事，这相当于左将军府的办公室主任。益州郡辖地为今云南省中东部，不是以成都为治所的益州，刘备自领益州牧。任军议校尉法正为蜀郡太守，领扬武将军衔。对法正来说，官升得大了，虽然我们后人对法正有看法，但他有本事，为刘备立了大功，这种升迁是自然的事。任偏将军马超为平西将军、裨将军黄忠为讨虏将军，其余各项任命，这里不再一一列举。[①] 刘备与诸葛亮的主张一样，认为各地域、各派别的有志、有识之士都应得到任命，这是治理好益州的关键因素。

除封赠有功的军吏外，刘备取“蜀城中金银分赐将士，还其谷帛”。[②] 据常璩在《华阳国志》里载，功劳最大的几位，诸葛亮、关羽、张飞和法正都各被赏赠了黄金五百斤，白银一千斤，锦缎一万匹，其余多少不等。笔者怀疑这种数量的真实性。刘备和诸葛亮等人物，一向以宽仁敦厚为当时和后世的人所称道。打了胜仗，取得了益州的“天府之国”，赏赐有功之臣，是可以理解的，而数量这么巨大的赏赐是令人难以想象的。

当时还有人建议，把成都的大田宅分赐诸将。赵云以为不妥，他讲了一番令人心悦诚服的道理：“当年霍去病曾说：‘匈奴未灭，无用家为。’今日的国贼，也不只是匈奴，不能就此求取平安。需要天下安定后，才可各归家乡。今日益州人民经历了战争的浩劫，田地房屋都应归还给他们，让他们安居乐业，恢复生产，然后调赋税，征兵役，才能得其欢心！”刘备接受了赵云的意见。[③] 赵子龙真不愧是智、仁、勇兼备的大

---

① 参见《资治通鉴》卷六十七，第 2128 ~ 2129 页。

② 《三国志 · 蜀书 · 先主传》，第 882 页。

③ 参见《三国志 · 蜀书 · 赵云传》注引《云别传》，第 950 页。

将。在《三国演义》里，作者让他仅次于张飞，而成为刘备的四弟，排在马超、黄忠之前，确实不无道理。而陈寿在《三国志》里总以关、张、马、黄、赵为序，把这位人人喜爱的常山赵子龙列在“五虎上将”之后，连封赠的将军等级也要略逊于其余四人，其因不明。

四、孙、刘荆州之争

现在论述孙、刘两家在荆州归属上的矛盾。在史书的记载上，似乎荆州是孙权一方借给刘备一方的。小说里也是描写借出荆州、索还荆州的故事。有关的议论，在本章前几节也不时地提到过，此时可以作比较系统的陈述了。

在赤壁之战前，刘表为荆州牧；孙坚领有江东，占据荆州以东的沿江地区。孙坚和孙策父子都想吞并荆州，与刘表也不和睦。他们父子都是因为争夺黄祖据守的荆州江夏郡时遇难身亡的。孙权继父兄之业，也承传了父兄之志，争夺荆州是孙权和其部下理所当然的目标。

前面已经说过，赤壁之战的前后，孙权的军队已经占领了原来刘备和刘琦控制的江夏郡，并任命程普为江夏太守。而且，又攻占了南郡的江陵与周围的几个县，任命周瑜为南郡太守。刘备的人马向西南撤至油江口（今湖北省公安一带）。不过刘备已靠实力收复了武陵等荆州南部四郡。说是收复，也不无道理，因刘琦尚在，为荆州刺史，那四郡本为刘表地盘，按封建惯例，子承父业，可谓之收复。

荆州领土之争从孙、刘联合之日起，就明里暗里开始了。他们没有在战前订立联盟条约，规定战时的兵力部署和战后的地盘分配。所以，在赤壁之战后，周瑜率军攻占了南郡的部分地区。并不是《三国演义》“曹仁大战东吴兵，孔明一气周公瑾”所说的，在周瑜耗尽九牛二虎之力后，诸葛亮坐收入城接收之利，使刘备占领了南郡和襄阳。[1] 周瑜占领了南郡，还对油江口的刘备进行挤压，不给刘备以生存空间。

不过，这时刘备已经对荆州的南四郡行使了权力，诸葛亮奉命驻跸在临烝（今湖南省衡阳）。刘备已与孙夫人成亲，在周瑜挤压之际，刘备一举两得，亲赴京口（今江苏省镇江）面见孙权，一来为了致婚后的答谢之礼，二来为了协商地盘的分配。周瑜上书建议孙权软禁刘备，分开他与诸葛亮和关、张的联系，以便周瑜加以控制，并利用他们的力量。孙权没有接受周瑜的建议，大概还达成了刘备在油江口建立新城公安，成为刘备的荆州首府的口头协议。

这是否就是“借荆州”的事？在《三国志·吴书·鲁肃传》里有这样的记载：“后备诣京见权，求都督荆州，惟肃劝权借之，共拒曹公。”随后，裴松之注引《汉晋春秋》曰：“吕范劝留备，肃曰：‘不可，将军虽神武命世，然曹公威力实重，初临荆州，恩信未洽，宜以借备，使抚安之。多操之敌，而自为树党，计之上也。’权即从之。”鲁肃的意思十分明确，与刘备结盟，共拒曹操，因此借荆州给刘备。

在史书里，我们没见过孙权把荆州借给刘备的文字协议。从理论上讲，当时孙权并没有占领荆州全部，赤壁之战前，他更无荆州的寸土，为什么荆州就是孙权的呢？黎东方在《细说三国》里议论得好：按现代观点，荆州乃全中国人民的荆州，非任何个人所有，更无权出借。按封建时代的“王土”观点，当时汉朝尚存，荆州乃汉帝之土，别人也无权出借。但是，《三国志·吴书·鲁肃传》记载：“肃因责数羽曰：‘国家区区本以土地借卿家者，卿家军败远来，无以为资故也。今已得益州，既无奉还之意，但求三郡，又不从命。’”可见，在三国时期，军阀混战，靠实力说话。孙权认为他应领有荆州，由于曹操在北，与刘备的力量共同防御，乃权宜之计，让刘备在荆州立脚，亦不得已而为之，他认为荆州是借给他的。而刘备并不认为是借孙权之地，是自己凭实力占有，况汉室后裔占国家土地是理直气壮的。但鉴于其共同的敌人仍在虎视荆、襄，而且自己为了生存，也不能不与孙权合力抗敌。当时，孙权力量超过刘备，况且，两家的兵力与地盘也犬牙交错。或许刘备说过，领土的分配，

① 《三国演义》第五十一回，第418页。

可在日后形势允许时（即他攻下益州，但不能明说）再议。这是笔者的猜测。就这样，刘备借荆州就好像真的是历史事件了。

建安十五年（210），刘备西入益州之前，周瑜曾从驻地专往京口，向孙权建议攻打益州刘璋。他建议：自己和孙权的侄子奋威将军孙瑜入川，攻打刘璋，接着消灭汉中张鲁；事成之后，留孙瑜守住益州，北和马超为援，他再回师荆州，和孙权北伐曹操。周瑜的这个计策，东吴大将甘宁也支持。孙权认为可行，就向刘备征询，这在当时是必须做的，因为刘、孙已结盟，而且刘备的力量横在西进的路上。刘备当然不同意，因为隆中对策早就启示他"据有荆、益"乃他霸业的基础，但他表面上不能这么说。他告诉孙权：曹操随时想报赤壁大败之仇，欲"饮马于沧海，观兵于吴会"；刘璋虽暗弱，未有大错，乃我刘备的宗亲，如有得罪，还请看我的面子，给予原谅。刘备同时让关羽屯兵江陵，张飞驻扎秭归，又把诸葛亮从临烝调回到南郡，刘备自己坚守在孱陵。当时这些地方也是周瑜控制之处，惟因孙、刘力量布局犬牙交错，只要刘备沿江部署力量，孙权西进，就得先和刘备交手。

孙权的计划最终未能实现，因为就在这时周瑜病故，他在巴丘（今湖南省岳阳）因箭疮复发而死。我们在前面已经陈述过，孙、刘两家在赤壁战后的矛盾是存在的，但在孙权偷袭关羽之前，联盟一直维持着。孙权和周瑜谋攻益州的事，因周瑜之死而作罢。我们可以想象到他们当年又联合又争斗的情景。周瑜病故这段不是十分清晰的历史记载，被《三国演义》描述为周瑜定下的"假途灭虢"之计，被诸葛亮识破，遭到失败，这是《三国演义》第五十六回"孔明三气周公谨"的内容。在第五十七回开头，周瑜还仰天长叹曰："既生瑜，何生亮！"《三国演义》编造出孔明连气周公瑾的故事。气周瑜的事不是历史，但在周瑜去世之后，孔明前往吊丧的事是有可能的。这是因为孙、刘当时的联盟尚正常运转，何况两家刚刚打败了共同的敌人，也就两三年的时间。对方主将之逝，刘备派诸葛亮这样有地位和背景的人物作为代表去吊丧，是完全合乎情理的。周瑜的继任者鲁肃于建安二十二年（217）逝世，"诸葛亮亦为发哀"。[①] 由此可推论周瑜之逝，或有过"卧龙吊孝"之事。而且这

---

① 《三国志·吴书·鲁肃传》，第1272页。

种吊孝，是对盟邦主将之逝的诚挚悼念，是对过去曾联合抗敌的战友的情感表达。过去的暗中矛盾，各为其主的彼此谋算、互相防备的事，在吊唁仪式上，都被搁置起来了。所以，“卧龙吊孝”不是“猫哭老鼠”，而是诚与情的表达，只是这种感情和自己的亲人或朋友（例如诸葛亮对庞统）之逝，还是有着微妙差异的。《卧龙吊孝》的京剧也常演不衰，而且观众对它的欣赏也见仁见智。但从历史的角度分析，如果当年诸葛亮确实亲去吊孝的话（笔者相信有其事），那么，我们应本着上述的观点来欣赏现在演出的戏剧《卧龙吊孝》。

建安十六年（211）以前，刘备驻跸荆州（今湖北省公安附近），孙夫人也在荆州。孙、刘两家关于荆州的争执暂时止于各自控制的郡县局面，都没有什么大的举动。待到刘备西入益州后，孙权接回其妹孙夫人，就有与刘备因荆州的争执而乘机动武的打算。一方面，因当时周瑜去世不久，鲁肃持重，不愿破坏孙、刘同盟；另一方面，也因刘备在益州尚处在客卿地位，刘璋地位尚未改变，而荆州留守有诸葛亮和关羽、张飞、赵云等股肱栋梁之材。因此，孙权在接回孙夫人后没有立即动手。

建安十九年（214），诸葛亮与张飞、赵云入川，留关羽守荆州。这一年刘璋放弃抵抗，孙权看到刘备已得益州，这本是他想攻取的，所以孙权怒不可遏，大骂：“猾虏，乃敢挟诈如此！”①这件事促使孙权决定夺取荆州。另外，诸葛亮也入川了，荆州只有大将关羽留守，这也是孙权要有所动作的动机。这是建安二十年（215）上半年的事。

关羽留守荆州之初，鲁肃驻军江陵，他们的军队近在咫尺，关羽不能不怀疑孙权的动机和举止，双方的军队也难免在行动中产生误会，甚至小动干戈。鲁肃倒常常为了维护盟好关系，而抚慰关羽，以求谅解。在孙、刘联合上，鲁肃的主张和行事与诸葛亮相近，在曹操未灭之时，孙、刘不宜先行火并。孙权在忍耐上不如鲁肃，特别是在刘备已定益州时，他便让中司马诸葛瑾为使，要刘备让荆州诸郡。《三国志·吴书·周瑜传》：“备既定益州，权求长沙、零、桂，备不承旨，权遣吕蒙率众进取。”这在《三国志》上，用词不十分明确，孙权“求”荆州诸郡，求可以解释为请求出让荆州诸郡，你刘备既已占有益州，应让出荆州地盘。也可

① 《资治通鉴》卷六十七，第2136页。

以解释为，要索回荆州诸郡。平白无故，为什么要求刘备让荆州诸郡呢？这仍和“借荆州”不无关系。在荆州问题上，双方或许有过什么可以互相推诿的讨价还价的妥协。刘备没有理直气壮地说“凭什么让给你荆州”，而是在不同意的前提下，提出“我正准备攻取凉州（今甘肃、宁夏、青海部分），取了凉州，当把荆州全部让给你”。孙权说：“这是借而不还，作无限期的拖延。”可见孙权认为这荆州是他孙权借给刘备的。他干脆先派东吴官吏去长沙、桂阳和零陵三郡郡所上任，关羽把他们都赶跑了。关羽在对东吴的策略上，虽然不够灵活，但这次却做得果断。

孙权此时决定动兵，派吕蒙统领两万人马，准备攻打长沙、桂阳和零陵三郡。东吴大军压境，吕蒙先给这三郡送去“和平解决”的书信。长沙和桂阳的太守望风而降，而零陵太守郝普坚守城池。此时事态发展突变，刘备“遣羽争三郡”，并派关羽率兵夺取孙权已接管的郡县，并亲自从益州来到荆州（公安）。关羽进兵益阳（今湖南省益阳，在洞庭湖南）；孙权也亲自督师陆口（今湖北省的陆溪口，在洪湖市东北，赤壁一带），并派鲁肃率一万人马进驻益阳，与关羽对峙。大战一触即发。因古代通信不便，这样的形势郝普尚未掌握。吕蒙乃施骗术，告诉郝普马上攻城，他的百岁老母亦不可能幸免于难，于是郝普也投降了。后来知道了刘备正坐镇公安，关羽大军已驻扎益阳，他后悔至极。吕蒙取得了三郡，移师益阳为鲁肃的后盾。

鲁肃邀请关羽会谈、协商荆州之事，这一点说明鲁肃不愿兵革相见，刘备、关羽这一方也尚未决定是否立即出兵，收复三郡。这是一次阵前谈判。《三国志·吴书·鲁肃传》中记载：“肃邀羽相见，各驻兵马百步上，但诸将军单刀俱会。”在大军对峙的情况下，主将带着兵器，坐在一起谈判，这气氛也够紧张的。鲁肃讲了一番道理，主要意思在于：当年刘豫州兵败当阳，我主孙权不仅出大力量打败了曹操，又借荆州的地盘，让他安身以为根据，今他已得到益州，我们只要求让出三郡，为什么还不同意呢？这不仅不够友好，而且有违道德了吧！关羽说：当年乌林大战，左将军刘备亲临战场，与敌人拼刀拼枪，不遗余力地打败了曹操，还不能保持一块土地吗？你是来硬要荆州吗？双方一来一往，各讲许多根据与道理，气氛不仅严肃，而且十分紧张。这时，关羽部下一位将军插话了："夫土地者，惟德所在耳，何常之有！"这意思是："占有土地，不是永恒不变的，只有有道德的人才有资格占有土地！"其潜台词是我们刘豫州德高望重，领有荆州是应该的，你们孙权有什么理由来争夺？鲁肃听了，声色俱厉地斥责他。关羽持刀而起，示以眼色，让他离席，终止谈判。①

这段历史，《三国演义》以"关云长单刀赴会"为回目，描写得有声有色。虽不无渲染，但突出了关羽的智勇绝伦，故事本身大体与历史相符。在《三国志·吴书·鲁肃传》中，插话的将军是谁？并未点名。《三国演义》说是周仓。在史书上未见周仓的名字；在小说里，周仓是关羽的忠实护卫，总是手持关羽的青龙偃月刀，侍立其旁，就是"关帝庙"里的塑像，也总是让周仓和关平站立在关羽的两侧。建庙的人更愿意相信《三国演义》的描写。各种戏剧，几乎都有《单刀会》一折，这是著名的红净戏，也是久演不衰的。因为史书上没有周仓其人，所以，关、鲁谈判中的插话将军是不是周仓，就无从考证了。黎东方在《细说三国》里认为，按《三国演义》的编写，周仓出身黄巾，文化水平低，讲不出那句颇有水平的话。其实，小说的描写有其逻辑，周仓跟关羽多年，关羽的主张和作风，对周仓的熏陶影响定然深刻，讲出那样的话完全是有可能的。

上述的历史故事均发生在建安二十年（215）上半年，恰在此时，曹操要攻打汉中张鲁。张鲁不堪一击，曹操顺手解决即可。此时，他未必没有收到情报，孙权和刘备为荆州之事就要打起来了，这是他攻打刘备或孙权的好机会。先打张鲁，则是为攻打益州做准备，最后再打孙权。刘备也心知肚明，何况他已从诸葛亮那里接受了联吴抗曹的战略思想。诸葛亮在侧，战略大计这回定得很及时：与孙权妥协，主动向孙权让步，派使臣去东吴分土议和。孙权命诸葛瑾去益州报答，以求巩固盟好。《资治通鉴》卷六十七记载："刘备惧失益州，使使求和于权。权令诸葛瑾报命，更寻盟好。遂分荆州，以湘水为界：长沙、江夏、桂阳以东属权，南郡、零陵、武陵以西属备。"议定以湘水为界，长沙、江夏、桂阳以东归孙权；南郡、零陵和武陵以西归刘备。从土地面积来论，孙权占了

① 参见《三国志·吴书·鲁肃传》，第1272页。

便宜，但他交出了南郡，这样江陵附近的诸县划归了刘备。孙、刘荆州领土之争暂告一段落。

在这个协议里，没有提到借荆州与还荆州的事。在历史记载里，或在孙、刘谈判的吴方代表嘴里，常有"我们借了荆州给你们，你们应还荆州"之类的话。而在孙、刘谈判的汉方代表嘴里，则未见"借荆州"或"什么时候还荆州"之类的话。因此，黎东方在《细说三国》里认为，"借荆州"的事是吴人编造出来的，是为了掩饰后来孙权背弃同盟、袭击关羽的丑行。

第四章

托孤前的诸葛亮

历史上记载，诸葛亮“推演兵法，作八阵图”。在《水经注》里，有记载诸葛亮所造八阵图的片段：“东跨故垒，皆累细石为之。自垒西去聚，石八行，行间相去二丈，因曰八阵既成，自今行师，庶不复败，皆图兵势行藏之权，自后深识者，所不能了。”什么是八阵图或八阵图法，诸葛亮并没有详细的文字记载。似乎后人也没有把它流传下来，估计早已失传了。晋朝名将桓温和唐代名将李靖，都对八阵图作过一些解释，莫衷一是。其后文人墨客多有对八阵图的吟咏和议论，除怀古外，也不无神秘之感。后世所说的八阵图的遗迹有三处：一处在陕西省勉县定军山；一处在重庆市奉节县的长江；一处在四川省新都县弥牟镇。历代吟咏，多指奉节长江边的八阵图。作为古迹，乃是排列成一定阵势的石堆，大概经江水的不断冲刷，今日即使有其痕迹，恐怕和唐宋诗人们见到的已经不一样了。

一、诸葛亮在益州

建安十九年(214),刘备平定了益州,领益州牧。以诸葛亮为军师将军,署左将军府事。任命益州太守董和为掌军中郎将,并署左将军府事。益州为益州郡,是益州所辖的诸郡之一,名字相重了。诸葛亮平定南中后,益州郡划分并改名,就不再混淆了,此是后话。当时刘备任益州牧,并领左将军衔,任命一批郡县官吏和州牧的助手,以处理地方事务,左将军府的事还应涉及荆、益两州和开国的战略战术事务。诸葛亮和董和同署左将军府事,从当时两人的地位与名望上看,诸葛亮的职务相当于左将军刘备的秘书长,董和的职务相当于办公室主任。他们不仅相处很好,而且友谊敦厚。

赤壁之战后,刘备一方的任务是扩充地盘,巩固后方,保障根据地的安全,并源源不断地提供前方需要的兵力与粮草。为此,需要让后方的百姓能安居乐业,行为有矩,生产发展。刘备在世期间,这留守后方的重任,往往落在诸葛亮的身上。因为这项任务艰巨,要使前方主帅无后顾之忧,留守的主将应具备各方面的能力,还要得到主帅的信任。刘备初入西川,留诸葛亮等人守荆州,及至庞统阵亡,调诸葛亮等入蜀增援,留关羽守荆州。关羽名望、地位很高,颇得刘备信任,但他威望有余,而智虑欠缺,终致孙权背义,而荆州失落之后果。

刘备初治益州时,先任命了一大批各方面的官吏,既包括一直追随刘备转战各地的人士,如关羽、张飞、赵云、孙乾等人,也包括刘备在荆州结交的或投奔他的人士,如黄忠、马良等人;还包括益州的大批人士,其中有刘璋的部下甚至亲属,如董和、李严、黄权、吴懿、费观等人,另有为刘璋所抛弃或反对过刘备的人,如彭羕、刘巴等人……他们全都一心一意为刘备服务,如何把他们团结起来,就显得十分重要。

除了团结各层官吏,使他们精诚合作,为刘备服务外,还应有效地管理益州的各阶层人民，让人民安居乐业，有所遵循，并支持统治集团。刘焉父子二十多年的统治期间，虽然统治者并不残暴，但正如刘璋自己说的："父子在州二十余年，无恩德以加百姓。"主要在于刘璋暗弱，法纪松弛，既没有严谨的法律条文，也没有严格地依法行事，因此，赏罚失禁，过于宽松。根据当时的形势，伊籍"与诸葛亮、法正、刘巴、李严共造《蜀科》;《蜀科》之制，由此五人焉"。[①] 看来益州法律条文的制定，是由诸葛亮牵头完成的。从参与的五人来看，原来就在益州的人士占了三位，即法正、刘巴和李严。他们也确实是益州的智能之士，应该了解益州形势。《蜀科》的特点在于严明赏罚。《蜀科》的制定，在于革除刘焉父子法纪松弛、不能激励善者、不能惩治恶者的弊端。法律的实施更是关键，严格按照法律执行，那就要赏罚分明，做到公平、公正，这样才可以起到有效的作用。诸葛亮恰恰做到了这难能可贵的一点。诸葛亮严明法纪，赏罚分明，必然对某些既得利益者加以限制，无功不能受赏与晋升，对贪得无厌的人给予抑制，使之不能为所欲为，因而引起了这些人强烈的不满。他们通过法正，劝说诸葛亮"缓刑弛禁"。诸葛亮作《答法正书》一文，阐明严明法纪的重要性。他说："君知其一，未知其二。秦以无道，政苛民怨，匹夫大呼，天下土崩，高祖因之，可以弘济。刘璋暗弱，自焉以来已有累世之恩，文法羁縻，互相承奉，德政不举，威刑不肃。蜀土人士，专权自恣，君臣之道，渐以陵替;宠之以位，位极则贱，顺之以恩，恩竭则慢。所以致弊，实由于此。吾今威之以法，法行则知恩，限之以爵，爵加则知荣;荣恩并济，上下有节。为治之要，于斯而著。"[②]

法的宽严要根据形势而制定。秦朝残暴无道，政法苛酷，百姓处在水深火热之中，所以秦王朝很快灭亡了。汉高祖刘邦宽刑缓政，让民休息，才得到百姓的拥护。与此不同，刘璋昏庸，既谈不上德政，又没有严明的法纪。所以，蜀之上层人士可以专横地随意行动，没有上下之分。自刘焉以来，数世对下属用职位加以恩宠，等到没法再提升时，他们则不满而骄慢;用施给恩惠的办法来争取支持，等恩惠用完了，他们就怠

① 《三国志·蜀书·伊籍传》,第971页。

② 《三国志·蜀书·诸葛亮传》裴注所录郭冲之言，第917页。

惰了，所以造成了大弊病。现在规定了严格的法纪律条，严明地执法，赏罚分明，他们才知道恩德；严格按功论赏，升了官才知道光荣；这样恩荣并举，上下有序，才可以治理好国家。不过，裴松之认为郭冲所述亮言，“专自有其能，有违人臣自处之宜。以亮谦顺之体，殆必不然”。

诸葛亮强调严格法制，尽可能做到公平、公正。但是，军师将军署左将军府事的诸葛亮，尚受两方面的约束。首先，他的地位并不像《三国演义》所描写的那样：他说什么，刘备就听什么；刘备完全按诸葛亮的意见办。这种情况要到刘备托孤以后。刘备在世，虽“雅重亮”，十分尊敬和重视诸葛亮，包括他的建议和意见，但诸葛亮只能服从刘备。其次，封建时代的法制，对个别人总要网开一面。何况益州初定，统治集团来自四面八方，功劳影响还各有千秋呢，所以出现了对法正违法行事的姑息。

法正，字孝直，在刘备收取益州上立了大功，此人极聪明敏捷，主意也多，也会判断，是刘备的得力助手。他的缺点是不以品德为重，故不为世人所称道。益州既定，他做了蜀郡太守，没有宽容大度的作风，稍有不满，就打击报复，做得过分。《三国志·蜀书·法正传》中记载，有人建议诸葛亮：“法正于蜀郡太纵横，将军宜启主公，抑其威福。”诸葛亮回答：“当初主公在荆州时，北边畏惧曹操的强大，东边受孙权的挤压，内部还怕孙夫人平生变故，真是内外交困。因法正的辅助，才有今日的局面，摆脱了别人的压制。怎么能约束法正，让他别扭呢？”从这件事可见，诸葛亮不愿建议刘备约束法正，既是基于刘备未必因这等“小事”（实际也不是小事了）而处分对自己有大功的人；也是因为要团结刘备的一批主要谋臣勇将。《三国志》裴注引孙盛的批评，认为这样做是不够公正严明的，“诸葛氏之言，于是乎失刑政矣”。不少人认为诸葛亮通过这种方式是希望法正自己收敛，改正错误。可惜，有关“法孝直会自行更正”的话，没有写明。根据诸葛亮一生的所言所行，如果不是出于对各方面的利害分析，是不会姑息毁政乱理者的。

除此个别事例外，益州的治理确因严明法纪，而纠正了当初刘璋两代统治下的弊端，形势可喜，三国之鼎立，至此时可以说真正出现了。

在治理国家上，除公平地严明法纪外，以举荐贤良最为重要，这也是区别贤良与奸佞的重要标志。这种判断，在今日仍具有十分重要的现实意义。诸葛亮为后世所推崇的重要原因之一是，他大公无私地举荐贤良，并且知人善用。早在刚出茅庐不久，他就不遗余力地为刘备搜集人才，曾对孙权称赞“庞统、廖立，蜀之良才，当赞兴世业者也”[1]，虽然，当时诸葛亮之意在于向孙权表明，荆襄才俊共同赞兴汉室大业，但也表明他对德才人士引荐的重视。在诸葛亮的极力推荐下，庞统被任命为治中从事、军师中郎将。这还是刘备入川之前的事，庞统之死，不能不说是刘备在兴汉大业上的一个重大损失。

争取与推荐刘巴，是诸葛亮举贤的另一个例子。刘巴字子初，人挺聪明，善于谋划，在赤壁之战前，就享有一定的声誉。他经历了曲折的道路，建安十三年(208)，曹操南征刘表，刘巴投靠曹操。赤壁战后，他进退失据，当时诸葛亮在临烝(今湖南省衡阳)，曾写信劝他归顺刘备，弃暗投明：“刘公雄才盖世，据有荆土，莫不归德，天人去就，已可知矣。足下欲何之？”[2]当时，刘巴并没有接受诸葛亮的劝告，后来辗转进入益州刘璋的阵营。刘备攻取益州，诸葛亮又多次向刘备推荐他。诸葛亮说：“运筹策于帷幄之中，吾不如子初远矣！若提枹鼓，会军门，使百姓喜勇，当与人议之耳。”[3]诸葛亮突出刘巴在出谋划策方面的长处。从举荐刘巴这件事，也可以看出诸葛亮的知人善任和任人惟贤的品德。

刘巴被任命为西曹掾(相当于刘备秘书长一类的属官)，为刘备初定益州解决过经济上碰到的困难。刘巴为人廉洁清高，但是，他过分清高，不善于团结各类人士。张飞曾经慕名拜访过他，并在他官邸留宿，刘巴认为张飞乃一介武夫，内心瞧不起他，不和这位张大将军谈话，态度傲慢，张飞十分生气。其实，当时张飞不仅已是叱咤风云的将军，而且性情诚义，刘巴未必不知。此举实在有失名士之大度。诸葛亮知道此事后，劝刘巴应以兴汉大业为重，团结文武各方面人士，批评诚挚而言辞委婉。诸葛亮说：“张飞虽实武人，敬慕足下，主公今方收合文武，以定大事；足下虽天素高亮，宜少降意也。”[4]刘巴虽品德廉洁却缺乏度量，而且，他仅局限于做好自己的工作，缺乏志在天下的豪情，诸葛亮觉

① 见梁玉文、李兆成、吴天畏：《诸葛亮文译注》。
② 《三国志·蜀书·刘巴传》注引《零陵先贤传》，第981页。
③ 同上，第982页。
④ 同上。

察到各个人的优缺点，发扬他们的长处，做好各种人才的团结工作，辅佐刘备成就大业，也就是说，其心胸宽广，志在天下。

蒋琬是诸葛亮发现并推荐与重用的另一个人才，是蜀汉历史上继诸葛亮之后起重要作用的人物。蒋琬，字公琰，是荆州零陵郡湘乡（今湖南省湘乡）人，德才兼备，办事严谨。刘备攻占益州，蒋琬被任命为广都（今四川省双流县辖境）长，相当于县长。对蒋琬这样的人来说，是大材小用了。正像当年，庞统被任命为桂阳郡耒阳（今湖南省耒阳市）县令，也是大材小用。庞统当年有怀才不遇之感，因此不怎么做事，差点儿被查处，亏得诸葛亮的保荐（当时鲁肃也有书推荐庞统），才被刘备重视起来。蒋琬做了广都长，也是怀才不遇，酒喝得多，事管得少。刘备巡查广都，正赶上蒋琬又喝醉了，而且积案未办。刘备大怒，按律当斩。诸葛亮了解实情，一再向刘备求情。诸葛亮进言曰："蒋琬，社稷之器，非百里之才也。其为政以安民为本，不以修饰为先，愿主公重加察之。"[①]刘备一向尊重诸葛亮。这才免了蒋琬一死，但也罢免了他的县长职务。

诸葛亮的话讲得多么好啊，"其为政以安民为本，不以修饰为先"，他的话有两层意思：第一层是说明蒋琬大材小用了；第二层意思说明，蒋琬为政以安民为本，不做虚假文章，不以装潢门面为事。如果我们用今天的语言诠释，就是在行政上，以全心全意服务于人民为本，为人民办实事，办好事；而不搞那些为自己树碑立传的面子工程，那是劳民伤财的事！

顺带提及，像庞统、蒋琬这样的德才兼备之士，起初都没有得到重视，他们心里也委屈不平，幸遇诸葛亮这样的识才之士，而且有举贤用贤的好品德，这才使他们得以施展才华，彰显于历史。

根据历史记载，我们知道诸葛亮在严明法纪与荐贤用贤上的高尚品德，上面只举了刘备平定益州前后与诸葛亮有关的几个事例。当初，在诸葛亮隐居隆中之际，他的师友们已对他寄予厚望和期许。不过一般的人不太熟悉，如马良对他的评价和希望。马良，字季常，荆州襄阳宜城（今湖北省宜城市）人，他也是诸葛亮的一位知己朋友，先主领荆

---

① 《三国志·蜀书·蒋琬传》，第1057页。

州牧,任命他为从事(州郡长官任命的僚属),让他负责某一方面的工作。庞统阵亡,诸葛亮入蜀,马良随关羽留守荆州。他给诸葛亮写信,涉及对诸葛亮的期望和建议,文章可读:“闻雒城已拔,此天祚也。尊兄应期赞世,配业光国,魄兆见矣。夫变用雅虑,审贵垂明,于以简才,宜适其时。若乃和光悦远,迈德天壤,使时闲于听,世服于道,齐高妙之音,正郑、卫之声,并利于事,无相夺伦,此乃管弦之至,牙、旷之调也。虽非钟期,敢不击节!”①

马良比诸葛亮年纪轻,故称亮为尊兄。他认为形势和时机已把诸葛亮推到了宰辅的地位,应该辅佐刘备成就大业,而垂不朽之名。这是对诸葛亮知人之见。接下来他建议诸葛亮通权达变,判断要准确,要选拔人才,以适应形势的需要,进一步做到高瞻远瞩,广施仁政,使人们心悦诚服,遵纪守法,由乱而治。最后他用音乐作比喻,由乱而治,就像纠正了靡靡之音,而达到最高雅的音乐境地——俞伯牙和师旷的水平。这封信说明马良有知人之明,信中所言并不是一般的恭维话。

诸葛亮在知人善任、度量恢宏上,是人所共识的。他还善于针对个人的性格特点,做说服工作。用现在的语言说,即做思想工作。马超投奔刘备,在促使刘璋献出成都上立了大功,论功行赏,刘备封马超为平西将军。关羽留守荆州,听人们赞扬马超的本领,大概“旧非故人”,写信问诸葛亮,马超本事如何?谁可和他相比?这事史书上是有的,是不是像《三国演义》所说,关羽要亲自赴川,与马超一比高低呢?这是无从考证的。关云长虽性情高傲,大概还不至于像小孩子一样争强斗胜吧!诸葛亮回复关羽曰:“孟起兼资文武,雄烈过人,一世之杰,黥、彭之徒,当与益德并驱争先,犹未及髯之绝伦逸群也。”②诸葛亮赞誉了马超文武双全,勇猛威烈超过常人,乃当世的豪杰,比之过去,像汉高祖手下黥布和彭越一类的战将,比之现在,和张飞并驾齐驱。又赞扬关羽是超群而无与伦比的人。以一“髯”(胡子)字代替对关羽的称呼,更显亲切。当然,一席话说得关羽心花怒放,把书信遍示左右。关羽之高傲不谦虚,在历史上是出了名的。一个人本事再大,优点再多,有此一弊,总

① 《三国志·蜀书·马良传》,第982~983页。

② 《三国志·蜀书·关羽传》,第940页。

是要失败的，本章后面，要讨论关羽从其事业的顶峰到败绩的历史，这里暂不作引申。关羽不仅年龄比诸葛亮大得多，而且坐镇荆州，地位也高，又是刘备的至交亲信，威望在当时也无与伦比。诸葛亮赞扬他，言下之意，自然是希望他把心思用在创立功业、兴复汉室的大事上。

二、刘备进位汉中王

建安十九年到二十年（214—215），刘备领益州牧，占领了益州的绝大部分地区，汉中仍为张鲁所盘据。本来建安十六年（211），刘璋邀请刘备入川，目的在于抵御张鲁，进一步打败张鲁，收复汉中。刘备入川后进驻葭萌（今四川省广元辖境），张鲁也未敢犯境。刘备要做的事是广树恩德，以收众心。为了在益州站稳脚跟，他并没有急着为刘璋消除心腹之患，北进汉中攻打张鲁。可能他本就没有这个打算。张鲁本是一个政教合一的军阀，既谈不上雄才大略，也无拯民于水火的志气。虽说在张鲁占据汉中的几十年间，因没有大的战乱，社会倒也比较安定，但张鲁并非明主。在《与张鲁书》的一段残缺的文字中，诸葛亮批评他："灵仙养命，犹节松霞，而享身嗜味，奚能尚道？"①可见张鲁本是一个贪图享乐的地方势力人物。当时刘备带领人马入川，刘璋又给他补充了军队，在三万人以上，时庞统尚在，攻打张鲁也是名正言顺的，何况入川的表面目的，就是为了解决张鲁的威胁。刘备为了积蓄力量，先行收川，没有北上汉中。否则，他先消灭了张鲁，历史的进程也许是另一个样子。

刘备初领益州，要做的事很多，还没来得及顾及汉中张鲁之时，孙权已经在荆州准备动手了，以武力夺取刘备占据的荆州数郡。剑拔弩

① 张澍辑，方家常译注：《诸葛亮文集全译》。

张，形势严峻，刘备不得不亲率大军回到荆州，为关羽作后盾，关羽与鲁肃在阵前谈判。就在此时，建安二十年(215)初，曹操亲率大军攻打张鲁来了。曹操为什么在这个时候动手？曹操无时无刻不想消灭刘备和孙权。现在看到了孙、刘在为荆州之事准备打仗，他认为时机合适，先打张鲁，在他眼里，张鲁不堪一击。乘孙、刘争夺荆州之际，他可入川攻打刘备，抄其后路，随后天下可定。他为什么不二次南下荆州，以直接雪赤壁惨败之耻呢？大概他怕出兵南下，会再促使孙、刘重新联合，先打张鲁不致引起刘备的警惕。曹操率兵到陈仓(今陕西省宝鸡市)，并未立即南下，先顺便西出散关(宝鸡西南不远，后称大散关)，在凉州镇压了韩遂等人，再掉头去汉中攻张鲁。张鲁本是欺软怕硬的投机军阀，准备投降，而其弟张卫想抵抗。在阳平关(今陕西省勉县西)设防，还真守住了。不过因为意外的事情，竟阴错阳差地让曹操人马打了下来，张卫自然连命也没保住。张鲁则封存了金银财宝与粮食物资的仓库，静待曹操接收，曹操接受了张鲁的投降，对他优待有加。

曹操占领了汉中郡，把它分成三个郡：西城郡、上庸郡和原来的汉中郡。西城郡治所在西城(今陕西省安康市西北)；上庸郡治所在上庸(今湖北省竹山县西南)；汉中郡治所仍在南郑(今陕西省汉中东侧)。曹操的两位主簿(相当于今日秘书处的官员或办公厅的官员，地位可高可低)司马懿和刘晔都劝曹操，在得到了汉中之后，立即入川攻打刘备。他们的根据是，刘备刚刚取得了益州(汉中郡除外)，老百姓心里不服，乘孙、刘在争夺荆州的有利时机，一定会很快打垮刘备的兵马。曹操没有接受他们的建议，认为："人苦无足，既得陇，复望蜀乎？"班师回许县了。他以夏侯渊为主将，张郃为副，留守汉中，令文人杜袭主持汉中三郡的行政。

曹操为人心口不一，他是得陇望蜀的人。其心在天下，那么，他为什么不接受司马懿和刘晔的建议呢？他是综合了所得的信息和对刘备阵营的估计，才作出决定的。刘备和关羽在江陵与孙权和鲁肃的对峙，以湘江为界，以平分了荆州而结束争执，孙权不久围攻曹操占据的合肥。另外，刘备一方已有诸葛亮和原刘璋部下一班智谋之士在辅佐，兵马远比过去强盛，曹操攻打益州，未必是件容易解决的事。诚如后来法正所估计，"(曹操)身遽北还，此非其智不逮而力不足也，必将内有忧逼故耳”。曹操怕孙权从扬州一带攻击他。他的内部倒没有“政变”可虑,他完全掌握了形势,控汉献帝于手掌之中。他倒是准备由魏公进位为魏王了。

曹操攻张鲁之前,张鲁南逃至巴中。黄权曾向刘备进言:“如果汉中被曹操占领,则三巴面临直接威胁,犹割蜀之臂膀一样。”①先解释一下三巴的来历。益州诸郡,原本只有一个巴郡,上一章已叙述过。建安六年(201),为了镇压五斗米道教,刘璋把巴郡分为巴郡、巴东郡和巴西郡三个郡。巴东郡的治所在鱼复(今重庆市奉节之东);巴西郡的治所在阆中(今四川省阆中市);巴郡治所在江州(今重庆市以北)。刘备听了黄权陈述的利害关系,派黄权为护军,率领诸将迎战张鲁,张鲁已投降曹操。刘备最后杀夏侯渊,据汉中,均与黄权的谋略有关。

当时曹操让夏侯渊和张郃留守汉中。张郃恃勇率领大军南下巴西郡,虏获数万居民,准备让他们迁往汉中。益州一带当时人口稀少,张郃胁迫巴西人民迁往汉中,意在增强汉中力量。他与大队人马之所以能跨越大巴山,长途奔袭,深入巴蜀,是因为山地广阔,人口稀疏,驻军也少,加上信息迟滞,才使张郃有此可能。此时张飞为巴西郡太守,张郃能顺利进来,就不能随便出去了。在宕渠一带,张飞与张郃两军相距五十多天,张郃越不过张飞的防线,张飞也没能打败张郃,但是,张飞从另一条山路,迫使张郃出城,山道狭窄,张郃首尾不能相救。张飞大败张郃。张郃全军覆灭,他本人弃马爬山,只引几十个人从山间小路,退回汉中南郑。三巴大地,从此获得了和平与安宁。

据黎东方先生在《细说三国》里介绍,打败张郃之后,“张飞在宕渠山的崖石上,留下了一块碑,字写得十分雄壮,文句也极其有力:‘汉将军飞,率精卒万人,大破贼首张郃于宕渠,立马勒铭。’”。笔者没此幸运一睹此碑,这二十几个字确实简明有力,不仅明显地表现出张飞的英雄豪气,而且极富文采,令人赞赏不已。我们极其崇仰诸葛亮的人格,多么希望他也能留下墨迹呀,可惜从未见有任何记载,更不用说实物了。同样,今天如果能见到这位“诚贯金石”的张将军的碑刻,也是令人愉悦不已的。即使对此碑,笔者有点怀疑,但内心希望它确实存在。

① 参见《三国志·蜀书·黄权传》,第1043页。

建安二十二年(217),法正向刘备提出建议,他说:“曹操收降了张鲁,平定了汉中,他却没有乘胜攻打巴蜀,只是留夏侯渊和张郃留守,自己返回许县。这不表明他的智谋和力量不够,一定是有内部忧患的缘故。夏侯渊和张郃的为将才略,不如我方将帅。如果攻打汉中,可以成功,成功之后,鼓励农桑,广积粮谷,等待时机。做得最好,可以消灭曹贼,兴复汉室;做得一般,可以攻占凉州与雍州,扩大现在的边界;最起码也可以长久地守住现有领土。这个机会是上天的赐予,千万别错过。”法正的话,和当年诸葛亮所说“将军亲率益州之众以出秦川”之语如出一辙,真是“英雄所见略同”。

当年十一月,刘备先打了进攻汉中的试探性战争。派张飞、马超和吴兰屯兵下辩(今甘肃省成县一带)。曹操派其子侄辈曹洪和曹休去抵御。第二年(218)三月,曹洪要进攻吴兰,时张飞驻扎在固山(今甘肃省成县之北)。张飞的部下放出风去,说屯固山的大军要切断曹军后路,大概意在吸引曹军以击之,以解吴兰部队承受的压力。曹军也猜疑不定,曹休认为有诈,如欲断曹军后路,不会声张,必秘密地行军。于是曹洪乘张飞未集中之际,猛攻吴兰,吴兰兵败被杀。张飞和马超也就从固山撤兵了。

刘备攻占汉中的决心已下定,把留守成都的重任交给了诸葛亮,让他坐镇后方。他带领谋臣法正,率大军十万北上,一举攻占了阳平关(今陕西省勉县西北,尚有后代建筑的“古阳平关”城楼)。

刘备大军驻扎在阳平关,夏侯渊、张郃和徐晃等与刘备大军相对抗。刘备派将军陈式截断马鸣阁道,徐晃打败了陈式。张郃驻军守广石,刘备未能攻克广石,乃紧急发书成都要求援兵。诸葛亮征询从事杨洪的意见,杨洪说:“汉中是益州的咽喉,关系到蜀中的存亡,如失去汉中,蜀就危险了,这真是家门的祸福大事,此时,男子应当参加战斗,女子可担当运粮之任,发兵是没有疑问的。”诸葛亮听到杨洪如此有见识和果敢的判断,非常赏识他。因法正在汉中,诸葛亮就提升他代法正为蜀郡太守。诸葛亮增兵阳平关,由黄忠和赵云率兵前往。夏侯渊与刘备大军相峙大约一年,未分胜负。

建安二十四年(219),刘备用法正之谋,让大军向南,渡过沔水,顺着山势,在定军山下扎营,却让黄忠率军埋伏于定军山之后。夏侯渊不知有计，率主力攻打刘备新扎的大营，黄忠率兵冲下，夏侯渊的兵将虽然精锐，但“忠推锋必进，劝率士卒，金鼓振天，欢声动谷，一战斩渊，渊军大败”。① 这说明，刘备善于用人，法正之智、黄忠之勇，使这场战争获得大胜。此役，曹操任命的益州刺史赵颙也被杀死。这场历史上著名的战役，奠定了刘备夺取汉中的基础，使本来普普通通的定军山出了名。也证明了法正的判断，夏侯渊与张郃逊于蜀中大将。张郃已败于张飞之手，而夏侯渊又为黄忠所杀。夏侯渊曾为曹操屡立战功，乃曹营大将。曹操也知其弱点，曾劝诫他，不能只是仗恃勇敢，需多用智谋，不然只是匹夫之勇而已。夏侯渊阵亡，魏营临时以张郃为帅，坚守阵地，曹操表扬了他，“遣使假郃节”（派使者给他送去行权的符节）。

本来在定军山之战前，即建安二十三年（218）七月，曹操就准备亲率大军与刘备决战了，他于九月到了长安。定军山之战后，曹操率军自长安出斜谷（今陕西省眉县经终南的谷道，向南沿褒水到褒城），到达遮要，在定军山以北的地方。刘备已打了大胜仗，占据了有利地势，士气也正旺盛，看到曹兵到来，很自信地说：“曹操虽亲自率兵至，也无能为力了，我一定能拿下汉中。”刘备坚守阵地，不出兵与曹军交战，曹军运粮在北山，据说有数千万袋（这数千万袋应理解为成千上万袋，而不是几千万袋）。黄忠认为可截取其粮，乃率兵前往劫粮，赵云也率兵跟进为援。黄忠去的时间长了，超过了约定的时间，还未见回返，赵云率几十人，出营迎接黄忠。正赶上曹操大军出阵，曹军前锋遇上赵云的小部队，刚一接触，赵云的大部队赶到，形势紧迫，曹军败退。后来曹军又集中起来，由于人马多，把赵云包围起来，赵云勇突重围，回到自家营地。听说将军张著尚被敌军围困，赵云又驰骑迎援张著。曹军追至赵云营寨前，赵云回营，沔阳长张翼要紧闭营门守卫。而赵云却大开营门，并且偃旗息鼓，曹军疑有伏兵而退去。赵云于是擂鼓震天，以强弩从军营射向曹军，曹军大为惊骇，逃跑中互相践踏，落入汉水中而溺死者甚多。第二天清早，刘备来到赵云营寨，视察前一天作战之处，说：“子龙一身都为胆也！”于是设

① 《三国志·蜀书·黄忠传》，第948页。

宴欢庆胜利，宴会一直持续到夜晚。军中称呼赵云为虎威将军。[①]

赵子龙胆大心细，他伏弓弩手于营内，设空城计于曹军不明就里之际，吓退曹兵。而在此前，他向曹军冲击，救黄忠、张著，再抵抗追击的曹军，犹有十年前在长坂坡救阿斗，突围而出的勇敢机智作风。法正说夏侯渊、张郃等曹军大将逊于蜀中大将，赵云此役再次给法正之言以验证。

刘备坚守阵地，占据险要。曹操挑战，刘军不予回应；曹操攻城，几番均不能下。两军相峙一个多月，曹军逃亡的兵士越来越多。为什么曹兵要逃跑呢？一方面，固然如黎东方所说，是刘备一方打心理战，获得宣传上的效果，他揭露曹操“名为汉臣，而实为汉贼”的真面目；另一方面，曹兵来自于各地方，特别是来自凉州和益州的兵士，逃回家去是比较方便的。曹操进既不能，于是决定退兵，大军撤回长安。刘备占领了汉中后，命孟达从秭归北上，攻打房陵（房陵郡治所在今湖北省房县），杀了曹操的房陵太守蒯祺，占领了房陵。刘备又令他的义子刘封（时为副军中郎将）自汉中向东，与孟达率领的军队会合，围攻上庸。上庸太守申耽投降，献出全郡，刘备就任命申耽为上庸太守，加封他为征北将军。西城郡也没费事就攻下了，申耽的弟弟申仪为西城太守。就这样，刘备完全占领了汉中三郡，这是建安二十四年（219）五六月间的事。

刘备比较顺利地攻下了汉中三郡，又顺带拿下了荆州的房陵郡，形势大好，力量大增，士气大涨。在部下的极力进谏下，刘备进位汉中王。进位汉中王前他的官衔为左将军，宜城亭侯，领益州牧。曹操此时已由魏公晋升为魏王。刘备封王，虽然先由部下劝谏，但接受与否，最后要由他自己决定，他接受了进谏，决定称王。按当时礼制旧典，封王应由皇帝下诏，皇帝汉献帝被曹操软禁在许都（今河南省许昌），所有的事都要听曹操的，所以，刘备按正规程序封王是不可能的。他和部下采取权通办法，即由部下联名上奏献帝，请予事后追任；刘备自己也上表，说明在部下的“逼迫”下，不得已称王之事。两表送到许都，献帝见到与否，不得而知。反正曹操知道了，刘备的称

① 参见《三国志·蜀书·赵云传》注引《云别传》，第950页。

王已成事实。

在此，我们拟对刘备上表称王与曹操迫献帝下表封王的表文略加评论。录他们的原文，与本书宗旨不完全符合，有兴趣深入赏析的读者，可阅读《三国志》的《魏武传》和《先主传》。刘备部下和刘备本人的上表，具体表述虽不相同，但主旨一样：首先回顾历史上几件事，皇帝英明，也不免遭谋逆而乱国，幸有贤良出来挽救家园；再揭露当前曹操就是谋逆乱国之凶，历数其罪；最后陈述大家拥护左将军刘备，讨伐曹操，以兴复汉室，封备为汉中王，复国的时候再请皇上处分。

在刘备进位汉中王之前不久，曹操进位魏王，当然他也要谦虚一番，“魏王上书三辞，诏三报不许”。① 献帝在诏封曹操为魏王的诏文里，先表述曹操的功绩有多少，道德有多高尚，如不加封，不足以安抚天下，于是，曹操冠冕堂皇地当上了魏王。

刘备欲称王，进表献帝。不知献帝见到与否，即使见到了，心里愿意，献帝也不敢表明，只是附会曹操而谴责之。曹操欲称王，只一提示，献帝纵然心里不愿意，也不得不说好话，封曹操为魏王。我们也确实为献帝感到悲哀。形势摆在那儿，身不由己，心也不由己了。更凄惨的事，还在后面等着他，这就是历史。

刘备进位汉中王的事上表给献帝，上表推荐他为汉中王的部下有一百二十人，署名者为“平西将军都亭侯马超、左将军长史(领)镇军将军许靖、营司马庞羲、议曹从事中郎军议中郎将射援、军师将军诸葛亮、荡寇将军汉寿亭侯关羽、征虏将军新亭侯张飞、征西将军黄忠、镇远将军赖恭、扬武将军法正、兴业将军李严”②十一人。当时没有也不可能说明“排名不分先后”，因为在封建时代对排名顺序是很关注的。既未按地位排名，因为诸葛亮、关羽和张飞未排在前面；也未按年龄，因为马超的年龄比许靖小。所以史学家章学诚说，这一排名令人难以理解。黎东方先生猜想是许靖起的草，所以把地位、名望不高的庞羲和射援放在前面，因为他们关系不错；这件事实在令人难

① 《三国志·魏书·武帝纪》注引《献帝传》，第48页。

② 参见《三国志·蜀书·先主传》，第884页。

以理解，我们只能怪陈寿在撰写《三国志》这部历史名著时疏忽了，没把当时上表的排名顺序写下来。翊军将军赵云，不仅名望、品德高，而且战功卓著，但在署名中却没有赵云的名字，这又是一件不可理解的事。

刘备当了汉中王，地位远高于当年献帝授与他的左将军与宜城亭侯，他在上表进位汉中王时，同时上交了两官职的印绶。建安二十四年(219)七月的一天，在沔阳县(今陕西省勉县之东)设坛，刘备加冕为汉中王，虽名汉中王，但辖地包括益州诸郡都在内。按帝王建制，封许靖为太傅，法正为尚书令，刘巴为尚书，廖立为侍中。廖立早年出了名，诸葛亮曾对孙权说过："庞统、廖立，楚之良才，当赞兴世业者也。"他也是智能之士，可惜修养不够，后来被黜，以后再述。封关羽、张飞、马超和黄忠分别为前将军、右将军、左将军和后将军。这是按过去的排列前、右、左、后为序的。在当时最有功绩与名望的人当中，诸葛亮没有追加封号，赵云也没有与其名望地位相应的位置，这是令后人不解之处，所以，《三国演义》另有说法，稍后赏析之。

刘备进位汉中王之后，封关、张、马、黄为并列的将军，虽然仍然有上下顺序，但毕竟在同一层次上。赵云功绩、名望不在马、黄之下，但没有列在将军中，也没听说赵云有什么不满，他确实是一位谦虚、谨慎的人。关大将军，排在首位，仍感不满。这在刘备提出提升的名单时，诸葛亮就感觉到了，他对关羽的性格脾气太了解了。他对刘备说："(黄)忠之名望，素非关、马之伦也，而今便令同列。马、张在近，亲见其功，尚可喻指，关遥闻之，恐必不悦，得无不可乎！"①果然，刘备派益州前部司马费诗前往荆州，授关羽前将军印。关羽听说黄忠与自己并列，十分生气，说："大丈夫终不与老兵同列。"不肯受拜接印。费诗给他讲了一通道理，并援引历史，大意如下："开创大业，要广用人才。汉高祖刘邦与萧何、曹参从小相亲近，而韩信和陈平却是后来投奔到高祖麾下的，高祖事成封赏功臣，韩信在前面，也没听说萧、曹因此而抱怨。今汉中王以黄忠平定汉中立了大功，加封了他。然而，以你在汉中王心中的地位，他能与你相比吗？而且，汉中王和你亲如手足一体，应休戚相关，祸福与共。你不应计较官职之高低，爵禄之多少。我费诗只是奉命而来，

① 《三国志·蜀书·黄忠传》，第948页。

你一定不接受封拜，我只好回去复命，对你的举动，我十分惋惜，也恐怕你会后悔。”费诗一番话，道理鲜明，又符合实际，不卑不亢。“羽大感悟，遽即受拜。”[1]说明关羽也通情达理，没有坚持错误，接受了前将军的印绶。诸葛亮深知关羽其人，早料到他的反应，派费诗前往荆州，费诗成功地完成了任务。这表明费诗有才智，也说明诸葛亮对费诗有知人之明。但费诗进言过于直率，在刘备称帝前夕，提了反对意见，而遭到贬职的处分。

刘备为汉中王，必须回成都处理国家大事，这时让谁留守汉中成为重要问题，因为此乃重要的任命。刘备西进益州时，先后留诸葛亮和关羽担当留守荆州的重任。刘备攻取汉中，诸葛亮留守成都，保证了前方的兵粮武器的供应；他回到成都，也还要依仗诸葛亮的直接辅佐。这次，留守汉中的重任，大家都看好张飞，不论是与刘备的关系上，还是在功绩、名望上，张飞留守汉中，似乎都顺理成章。张飞自己也感到义不容辞。但最后任命的是牙门将军魏延。刘备任命他为镇远将军，领汉中太守，大家都感到出乎意料之外。在《三国志·魏延传》里，曾记述魏延的反应。刘备问他：“这么重要的职务要你承担，你准备怎么办？”魏延说：“若曹操举天下而来，请为大王拒之；偏将十万之众至，请为大王吞之。”意思是“如果曹操亲率全国兵力来攻打汉中，我就坚守之；如果他派一个偏将带十万兵来打汉中，我就全部消灭之”。出语豪壮，信心十足。周围将士感到钦敬，刘备自然也很高兴。

在三国的历史里，我们喜欢刘备和诸葛亮，对张飞在宕渠山大败张郃，到刘备进位汉中王这段往事，尤其是刘备在与曹操的对抗中，取得的实质性胜利，都会感到开心和兴奋。当然赤壁之战，曹操败得很惨，但那是孙、刘联军的共同胜利。从《三国演义》第七十回“猛张飞智取瓦口隘，老黄忠计夺天荡山”经第七十一回“占对山黄忠逸待劳，据汉水赵云寡胜众”、第七十二回“诸葛亮智取汉中，曹阿瞒兵退斜谷”到第七十三回“玄德进位汉中王，云长攻拔襄阳郡”，除“云长攻拔襄阳郡”尚未涉及外，我们对照历史，对演义故事可以作简要的赏析。

从曹操收降张鲁后撤兵，到刘备攻取汉中，这期间发生在汉中一带

---

① 《三国志·蜀书·费诗传》，第1015～1016页。

的大小战役多起，其中最著名的要算宕渠山张飞大败张郃；在助黄忠截粮过程中，赵云英勇战斗；定军山之役，黄忠大捷，夏侯渊被斩。在相应的三次战役中，唱主角的将军分别是张飞、赵云和黄忠，三次战役是他们在三国历史中的亮点。我们读史书的相关记述，总感到虽然结论清楚，但不知其细节和具体过程。这大概也是古人治史的特点。小说《三国演义》则弥补了这个缺憾，但必须虚构很多细节和具体过程，不过主旨和结果确与史书记载相符合。《三国演义》在陈述与描写历次战役上，有声有色，令人爱不释卷。

“汉将军飞，率精卒万人，大破贼首张郃于宕渠。”张飞率领一万多人，张郃带三万兵入侵巴西，两军主将均非等闲之辈，这个仗势必打得声势壮阔。张郃虽勇，人马也不少，但毕竟是孤军深入。而张飞就具有地利与人和的优势。如何用计，无从考证。《三国演义》告诉我们，张飞一边饮酒一边观看士兵演习格斗，并不把张郃放在眼里，以此激怒张郃出战。张飞此计，未能瞒过孔明，他令人馈送成都佳酿，慰劳前方战士。于是张郃劫营中计，遭到大败，退守瓦口关。对演义的描写，我们在感情上相信有其事，而在理智上却认为还是虚构的成分居多。在攻打瓦口关前，老百姓说：“从梓潼山小路，却是瓦口关背后。”找到了这一条通往瓦口关背后的山间小路，张飞迫使张郃不得不战。两军此时决战，要取决于双方所处的地势和大军的勇敢了。这一战，张郃全军覆没，他几乎是只身逃往汉中，与历史记载也相一致。虽然打仗的具体地点和瓦口隘在什么地方，我们没有可靠的考证凭据，只知道在宕渠一带，但是由老百姓告知通往要害的山间小路，是使人感到合乎情理，令人信服的。

“据汉水赵云寡胜众”，《三国演义》把史书上的几行字，加以渲染，扩充为几页书，基本上叙述了可信的战斗历程。史书载：“……值操扬兵大出，云猝与相遇，遂前突其阵，且斗且却。”①《三国演义》描述“曹操见赵云东冲西突，所向无前，莫敢迎敌，救了黄忠，又救了张著。奋然大怒，自领左右将士来赶赵云”，虽然内容与史书记载小有差异，但令人信服。至于曹操是否亲自率兵前来赶赵云，就没有必要考证了，因与

① 《资治通鉴》卷六十八，第 2158 页。

“操扬兵大出”是相对应的。小说为了突出赵子龙的英雄本色,写他大开寨门,不令紧闭,且对想闭上寨门的张翼喝曰:“休闭寨门,汝岂不知吾昔在当阳长坂时,单枪匹马,觑曹兵八十三万如草芥。今有军有将,又何惧哉!”这话似不像史书上的赵云所说,他是一个谦虚、谨慎的人,不是说大话的人。毕竟当年在长坂坡是突围,而不是横扫草芥呀!这样的小说语言与戏剧唱词一样,只是为了表现英雄豪气。正如戏曲《穆桂英挂帅》中的穆桂英所唱:“我一剑能抵百万兵!”读者、观众对此豪言壮语没有必要较真儿。赵云不是仓促无备设空城之计,而是有所准备的,他在营门附近埋伏了弓弩手。战后刘备巡视战斗营地,孔明尚坐镇成都,没有随刘备在汉中一带,小说欲让“诸葛亮智取汉中”,因而演义为“玄德与孔明亲自引兵十万,择日图汉中”。《三国演义》的作者作了有声有色的描写,使“常山赵子龙”这位历史上的勇将形象深深为广大人民所爱戴。

《三国演义》对老黄忠在定军山之役英勇作战,一举斩杀了曹军主将夏侯渊的描写,有声有色,令人振奋。因而后世的各种戏剧,特别是京剧《定军山》,使老黄忠之名家喻户晓,几乎成了老当益壮的代表人物。小说和戏剧里,都刻画了诸葛亮出谋划策、运筹于帷幄之中的智者形象,在战场上刘备有法正给出主意,黄忠为主将,故每战必胜。当时孔明坐镇成都,他可能提出原则性的建议。而前线总指挥却是刘备本人,法正在旁参谋,前线的大将则是黄忠。至于小说所写夏侯渊见黄忠占据了定军山之西的山头,不得不出战的情节,如果从战地事实上分析形势,笔者在定军山参观时,观察其西面附近并没有山头,因此推测黄忠是绕至定军山之后,当夏侯渊猛攻刘备在定军山西面的大营时,黄忠从定军山头猛冲下来,势不可挡,打败夏侯渊,并斩杀了他。

定军山之役在刘备攻克汉中的战略上,起了关键作用。所以,刘备进位汉中王后,黄忠被晋封到与关羽、张飞并列的地位,而赵云却没有得到这样的地位。在历次的战斗中,赵云功绩卓著,长坂孤军救主突围;与诸葛亮入川立功;在汉中一身都是胆,立了赫赫战功。不知是历史记载有缺呢,还是另有他因呢,在《三国志·蜀书六》的传记顺序是关、张、马、黄、赵。民间似乎更习惯称关、张、赵、马、黄,今天,我们不必太计较顺序,不过,排序反映了封建时代对官职的重视。《三国演义》

的作者让刘备做汉中王后，封关、张、赵、马、黄为五虎上将，赵云排序第三，这更符合广大读者的心愿。

另外，刘备进位汉中王后，大封功臣。诸葛亮功在诸人之上，但在《三国志》的《先主传》和《诸葛亮传》里，并没有任何记载。其时诸葛亮的职衔为军师将军。《三国演义》以“诸葛亮为军师，总理军国重事”的表述，似乎提醒读者，虽然诸葛亮没有新的官职，但他仍然“总理军国重事”。

三、关羽兵向宛、洛

建安二十四年(219)，刘备做了汉中王，封关羽为前将军，并“假节钺”，即授关羽以符节和斧钺，使他可以行使杀伐之权。这一年秋天，关羽率军北伐，攻曹仁于樊城。本来，刘备已攻占益州，有了可靠的根据地，按照诸葛亮在隆中建议的战略：“若跨有荆、益，保其岩阻，西和诸戎，南抚夷越，外结好孙权，内修政理；天下有变，则命一上将将荆州之军以向宛、洛，将军身率益州之众出于秦川，百姓孰敢不箪食壶浆以迎将军者乎?”今关羽将荆州之军北向宛、洛，乃是这一既定战略的实施。那么，进军的条件是否充分呢？在和抚戎夷、内修政理上，算是初步取得成效。“天下有变”，可理解为形势的变化，宜于出兵。从事后分析，当时的形势是，刘备攻下汉中，曹操撤兵回到许都，曹操虽没有太大的损失，受到挫折是明显的，这是形势的有利一面；但在关羽出兵北伐之时，曹操与孙权并未处在交战势态。所以，当时的形势没有达到十分有利的程度。

另一极为重要的条件是“外结好孙权”，这一条件是否具备呢？孙、刘两家已在建安二十年(215)暂时解决了荆州的争执，以湘江分界。实际上吴、蜀内在的不和，并未从根本上得到解决。裴松之认为

"荆、吴虽外睦，而内相猜防"。[1] 鲁肃在世时，他不仅识大体，也讲诚信。关羽北伐之时，鲁肃已去世一年左右，接替鲁肃的人是吕蒙，他与鲁肃的为人、信念有很大的差别。而刘备在结好孙权上也有不周之处。刘备占领益州和汉中，已使孙权十分嫉妒。他做汉中王，应与东吴示好和协商，但在这方面缺少外交行动，这也是孙权内心积怨的原因。何况在孙权和刘备都在世时，吴、蜀联合的基础始终称不上牢固，在联合的外表下，各自不能不做暗中的防范。这一点关羽也做得不够。

关羽为人义勇，宁折勿弯，不懂政治。他从心里就看不起孙权，而且出言不逊。孙权曾向关羽求亲，要求关羽的女儿嫁给他的一个公子。其实这也是一件美事，门当户对，对和合孙、刘二家，只有好的作用。关羽要懂政治，就会答应这门亲事。即使不同意，也可婉言拒之，没有必要辱骂其使，并说"虎女焉嫁犬子"之语，这在以后孙权背盟攻羽上，起了不小的负面作用。

不论是结好孙权，还是防范孙权，都是极端重要的事。关羽北伐，留守荆州的任务太重要了。刘备入川，诸葛亮留守荆州；刘备攻打汉中，也是诸葛亮留守成都；后来诸葛亮北战，蒋琬留守成都，除保障后方的安全外，还要供应前方的兵力和物资。关羽北伐，糜芳守江陵，傅士仁守公安，这两人平时就抱怨关羽看不起他们，属于疑人不该用之列，但关羽没做到，致有后来的祸害。

虽然上面说了关羽出师尚有诸多不利之处，但他仍然举兵北伐，开始竟获得威震华夏的大胜利。

建安二十四年(219)秋季，关羽亲率大军北征，攻打曹仁守卫的樊城(今湖北省襄樊市的原樊城部分)。曹仁让大将于禁统率七军，驻扎在樊城北面，于禁的七军略如现在的七个师或旅之类。当时于禁的军衔为左将军，他的助手还有立义将军庞德。时值秋雨连绵，"大霖雨"，河水暴涨，汉水泛滥，淹过房顶。至于是否如《三国演义》所写，关羽更命人决堤，引水以淹于禁的七军，史书未明叙，这件事作为军事行动是无可非议的，所以是完全可能的。不管是否有人工决堤引水的事，反正于禁的七军被大水所淹没，"水淹七军"是关羽军事活动达到登峰造极

① 《三国志·蜀书·关羽传》裴注，第942页。

的时刻，于禁只能率诸将到高处避水，关羽率军乘大船围攻，于禁没有办法抵抗了，只好向关羽投降。关羽把于禁等投降的曹将，押解到他的后方江陵，关禁起来。

于禁的主力被击溃，立义将军庞德死战不降，他和一部分部下人马在大堤上顽抗。自拂晓直打到日中，弓箭已用尽，短兵相接，打白刃战。关羽这一方占绝对优势，不给庞德以喘息机会，加紧攻打；而庞德立志打到最后，毫无降意。但士兵已无斗志，都投降了，只剩下庞德本人和一二亲信，乘小船逃跑，向曹仁的樊城大营划去。小船不抗大浪，庞德船翻，他躲藏在船底，此时已根本无能为力，被关羽活捉了。庞德立而不跪，决心为曹操而死。关羽认为他是一条好汉，劝他投降，并答应重用他。而且说，你的哥哥也在汉中为汉中王服务，你为什么不早一点儿投降呢？庞德不为所动，而且出言不逊，攻击刘备，美化曹操，关羽只得把他杀死。

庞德之死，视死如归，在报效曹操、勇敢作战、顽抗到底的表现上，确实淋漓尽致。曹操深为感动，奇怪老将于禁怎么还不如庞德呢？《三国演义》为了表现关羽的威风和武艺高强，让关羽亲自出马与庞德对打；为了表现周仓的勇敢和好水性，让周仓在水中弄翻庞德小船，亲手活捉庞德；为了突出庞德的视死如归、决一死战的劲头，描述庞德抬着棺材与关羽作战。这些细节都具有戏剧性，不过只是对历史事件的夸张和渲染罢了，作为历史性小说，描写绘声绘色，应是各阶层人民爱不释手的原因所在吧。

顺带提出，庞德的哥哥没见诸史书，也不知其名。他们这一庞姓，与刘备名臣庞统没有关系；与《三国志》没有立传的庞羲也没有关系。

关羽水淹七军，威震华夏。曹仁困守樊城，危在旦夕。就在此时，孙权背盟，袭羽后方。上面一再提及，孙、刘联盟的基础根本谈不上牢固。鲁肃健在时曾尽力维护，鲁肃于建安二十二年(217)病逝，孙权本人和接替鲁肃的吕蒙等人，都不太珍视这个联盟，在当时的舆论下，诸葛瑾大概也不会坚持鲁肃的主张。刘备入川，孙权已是怒火中烧，接回其妹，就随时准备背盟行动了。这一年(建安二十二年)，孙权就派人见曹操，请求归降，曹操也派使者回访孙权，同意和好。孙权想先稳住曹操，才好向西攻打荆州甚至益州。

及至关羽威震华夏之时，孙权早已按捺不住。他本来已对刘备心怀不满，对关羽不仅是不满，更是怀恨，想起关羽轻视自己，为求婚事，遭到侮辱，现在关羽打了胜仗，又心生妒忌，决心从其背后捅上一刀。他一方面接受吕蒙的建议，积极备战；另一方面暗中写信给曹操，表示要攻打关羽，立功以报效曹公。这都是在向关羽通报友好示意的同一时间进行的。如果就这一件背信弃义的事来讨论孙权，我们怎么也无法理解“生子当如孙仲谋”①呀！曹操见到孙权的密书，自是大喜过望。曹操是搞韬略有权谋的人。他一方面表扬孙权，另一方面让人把孙书原件派人送给曹仁，让曹仁把孙书用箭射进关羽大营。曹操一举两得，向关羽告密，对关羽未必是坏事，似乎还有当年的友情。更主要的用意在于让关羽与孙权相攻打，他坐收渔利。关羽若认真对待，收兵以防孙权，也许不会有麦城之覆。可是他判断有误，他认为是曹操的反间之计，借以减轻樊城的压力；另外他对孙权估计错误，孙权在准备攻打其后方，后方守将准备投敌，他全蒙在鼓里，这后果是极其严重的。

关羽对吕蒙也有所防备。关羽北伐，留守的兵力不少。因为吕蒙驻军其东侧，他也防备吕蒙袭其后方。吕蒙本来有病，他假借有病，请陆逊代其为帅，驻陆口（又称陆溪口，今湖北省嘉鱼县西南）。实际上孙权命吕蒙为都督，准备攻打关羽。陆逊当时尚非名将，他驻陆口后，给关羽写信，报知他已代吕蒙驻陆口，自己谦虚一通，又颂扬了关羽一通。关羽知道陆逊代替了吕蒙，认为后方可以放心了，乃抽调一些兵力，支援北伐之军。关羽中计了，他后方巩固与否，并非决定于谁驻扎陆口，而是决定于孙权的态度。鲁肃既殁，孙权上下对联盟的态度已变，关羽没有作出正确的判断。这件事和刘备、诸葛亮在益州的判断也有关系，后面再论述之。

吕蒙到寻阳（今湖北省黄梅县西南）后，让精兵藏在大船内，令穿白衣的人作商人状，摇橹及在船上活动，不分昼夜向江陵赶去。本来关羽也准备了侦察的报警设施，可随时报知孙方的动向，一来因陆逊“换”了吕蒙，关羽警惕性有所降低；二来吕蒙行动隐蔽迅速，破坏了关

---

① 辛弃疾：《稼轩长短句·南乡子·登京口北固亭有怀》，上海人民出版社 1975 年版，第 107 页。

羽建立的报警设施，俘获了侦察人员，这都瞒过了关羽。而江陵与公安守将糜芳和傅士仁对关羽不满，对前方的物资供应克扣拖欠，关羽大怒，放出话来：回去收拾他们。这两个卑劣的灵魂，在吕蒙的大军面前，就不战而降了。[1] 荆州失守，对关羽的前方作战是致命的打击。后人说“大意失荆州”，这不只是因为关羽一时疏忽大意，还应看到他犯了一系列的错误，特别是对孙权的防范意识太差，致使措施不力；对留守重任处理失当，断送了荆州；对曹操告密信件判断失误，贻误了返回荆州与孙权作战的时机，才有这样严重的后果。

再说在前方的关羽。关羽斩庞德，擒于禁，获得一次战役的大胜，但仍未攻下曹仁死守的樊城。这时曹操派徐晃增援曹仁，徐晃与关羽少时相识，关系不错，在当年刘备徐州失守、关羽被迫降曹的一段时间里，徐晃和关羽也相处良好，成为朋友。现在是各为其主、势不两立的仇敌。徐晃驻军襄阳附近的阳陵坡，先不出战，等待曹操给他增派的十二营士兵（不知具体一营为多少人）。这也是曹操对他的指示。徐晃带领他的增援大军，与关羽的军队在关羽的驻地四家屯相遇，大战一场，关羽战败。这是战争的转折点，关羽战败，命令撤除樊城之围，死伤甚众。恰在此时，关羽知道荆州已被吕蒙夺取，糜芳和傅士仁投敌，关羽陷入了进退维谷的境地。

对关羽来说，曹操大军在北，自己后方又被孙权攻占。但当时，西部偏北是刘备地盘，房陵和上庸两郡是在刘备攻取汉中时，顺带拿下来的，守将是刘封和孟达。他们也接到了成都的命令，让他们增援关羽。他们借口自己的地盘尚不巩固，不能出兵。其实他们是对关羽不满，见死不救，他们不救的理由是因为他们刚进驻房陵、上庸不久。如果他们和关羽关系良好，或他们有全局观点，是会出兵相救的。从关羽个人品德来说，也过于刚愎傲物，不太能团结有缺点的人。他也自知刘封和孟达对他不满，否则他可向房陵与上庸方向撤退。他决定向南撤，希望辗转逃至益州辖地，所以撤军至麦城（今湖北省当阳的东南）。本来曹仁、徐晃可率大军向南追来，但是曹操命令他们原地驻扎，不要追击关羽向南撤的败军，显然其主要目的在于保存关羽实力，以使他与孙权打

[1] 参见《三国志·吴书·吕蒙传》，第1278页。

仗，从而削弱孙、刘两家的力量，但从表面上看，似乎未必不是曹操对关羽的一种照顾。

关羽败走麦城已是一条死路。因为陆逊兵屯夷陵，驻守峡口；吕蒙已在关羽退兵的可能路线上布满兵力。应该指出，因孙、刘联盟，关羽虽知防着吕蒙，但仍往来信件，吕蒙都厚待使者，说欺骗性的话，使关羽判断困难。从两国交战，兵不厌诈方面而言，这也无可厚非；但从尚为盟国的角度看，孙权背信弃义到如此地步，也着实让人不敢恭维了。

关羽已到穷途末路，孙权诱其投降。关羽假树降幡，自己率亲信逃走。因归路早被吕蒙派人阻断，这样，一代英雄就被吕蒙手下的人截获、斩杀了，令人为之感到无限惋惜。但这是历史，陈寿在《三国志·蜀书·关羽传》中评论说，他的失败不是偶然的，其必然性在于他“刚而自矜”的缺点。

孙权杀了关羽，把关羽的首级送到曹操那里献功。曹操以诸侯之礼葬之，这不能不说是曹操对关羽最后一次的优待与照顾了。虽然，他的用意表明，关羽不是我曹操害的，而是那个背盟的孙权害的，要找孙权去算账。孙权已向曹操投降，又斩了关羽表了功。“曹公表权为骠骑将军，假节领荆州牧，封南昌侯”。[①] 孙、刘两家的荆州之争，以孙权的背信弃义，从刘备手中完全夺取荆州为结果。关羽之死及其部队损失殆尽，这对刘备的事业造成极为严重的挫折。诸葛亮在隆中为刘备制定的战略，几乎不再有实现的可能。

我们回过头来说一点“如果”的话。把荆州留守重任交给关羽，似亦顺理成章。如果庞统在世，他去协助关羽，或法正（当时他或许正在病中，次年也去世了）为之，大概都可以弥补关羽的缺点，不致有这么严重的后果。这当然只是后人的假设了。但在关羽北伐之时，刘备和诸葛亮理应从益州派兵支援荆州，他们都应知道，孙权有可能背盟，而且，关羽北伐任务重，也应有大后方的支援，这能否说明刘备和诸葛亮有疏忽之处呢？

吕蒙是孙权的大功臣，为孙权夺了荆州，又杀了侮辱过孙权的关羽，这都是解了孙权心头之恨的大事，孙权对吕蒙的喜爱和信任可想而

① 《三国志·吴书·吴主传》，第1121页。

知。但偏事有凑巧，就在他害死关羽后两三个月内，吕蒙的病加重，不能吃东西。孙权忧虑之至，千方百计为他找医生治疗，又把他接到孙权在荆州(治所在公安)的内殿中，以便随时了解病情，甚至为他搞“打醮”、“祭星”，都无济于事，吕蒙死在孙权的内殿。

虽然孙权没事儿，可就在吕蒙死的前后，曹操也病危了，他得的是头痛病，“头风”。能治这病的是名医华佗，华佗被曹操杀害了。曹操为什么要杀死华佗呢？华佗曾针灸好曹操的头疾，后来他不愿做曹操的“御医”，也许他认为曹操行事残忍，就托辞妻子有病，长期请假在家。曹操派人调查，发现他妻子没病。一气之下，把他收进牢内，折磨而死。现在，曹操后悔也来不及了，关羽死后不久他便赴黄泉了。

《三国演义》的作者是根据历史的记载叙述关羽遇害的经过的。但作者对这样一位大英雄之死，或许心有不甘，把他描写成神人，那么害死了神人的人，能不受到报应吗？在关羽遇害后不久，吕蒙就死了，曹操也死了，他们都是遭到了报应，让关羽之神索去了性命。我们这里不重复《三国演义》的描写，读者可阅读有关章回：《三国演义》第七十七回“玉泉山关公显圣，洛阳城曹操感神”，第七十八回“治风疾神医身死，传遗命奸雄数终”。我们相信科学，不相信神鬼轮回的迷信。但事之凑巧如此，吕蒙和曹操均随着关羽被害相继而亡，小说作者在对关羽的爱戴与对关羽被害的遗恨情绪之下，认为吕蒙、曹操之死活该，这也是封建社会的人们相信报应之说所产生的必然结局。

关羽的英雄气概还表现在他刮骨疗毒上。《三国志·蜀书·关羽传》的有关记载比较详细。关羽曾被流矢射穿左臂，虽然以后好了，但每到阴雨天，就疼痛不止。医生说：“箭头有毒，毒药深入骨中，应当割开左臂，刮骨除毒，便去掉病根了。”当时关羽正和将领们吃饭饮酒，伸出左臂，让医生割开臂膀，刮骨疗毒，臂血流淌，充满了盘器，而关羽照样切肉饮酒，谈笑风生，像没事儿一样。这事发生在什么时候，史书没说明，《三国演义》安排在北伐之时，关羽被曹仁部下乱箭射中，这就不好考证了。谁能为关羽刮骨疗毒呢？《三国演义》告诉我们是华佗，华佗确实有这个本事。但史书没有明确记载，不过，关羽北伐时华佗早已去世，他是建安十三年(208)被曹操害死的。在这里，我们姑且认为这位外科大夫是华佗的家传弟子吧！

把关羽奉为神明，是明清以后的事，百姓认为他是仁、义、忠、勇的化身，这一点，《三国演义》的作用是功不可没的。正因为关羽已在人们心目中成为神，自然附会出许多有关他为神的故事来，故事多得不可胜数。《聊斋志异》中，也有他作为神主持正义的故事。本书以评述诸葛亮的事迹为主，由于关羽的北伐对诸葛亮的战略影响很大，也因为关羽本人对后世影响不小，故上面叙述得略显多了一点，就此打住。

四、刘备称帝与伐吴失败

建安二十五年（220），曹操病逝，由其子曹丕继位魏王，照例要由汉献帝颁下诏书，这早就由华歆代办了。他奉策诏，授曹丕丞相印、绶，魏王玺、绶，领冀州牧。曹丕当了魏王，剪除或消解了可能威胁他王位的人，当然也有一些像华歆之流助纣为虐的人帮助他，他不像其父曹操多少还有点怕人议论的顾虑，公然就准备篡汉为帝了。

关羽遇害之后，曹丕已继曹操为魏王。此时，刘备一方发生了一件事，对后来的形势发展也有一定的影响，不得不叙。刘备在平定汉中时，顺带"解放"了西城、上庸和房陵三郡（治所分别在今陕西省安康西北，湖北省竹山县西南和房县），安排了各郡太守，这已在前面叙述过了。孟达屯兵上庸，与副军中郎将刘封不和，刘封对孟达有小动作，孟达本来在上庸有非分的行为，加上抗命不救关羽，心里已有所顾虑，此时，乃借对刘封的不满，率本部人马投魏。其人有才有貌，曹丕很喜欢他，封他一系列官职，合西城、上庸、房陵为新城，任命孟达为新城太守。这时，刘备任命的原来郡守申耽、申仪也都投降了曹丕。曹丕又遣征南将军夏侯尚和右将军徐晃与孟达会合，劝降刘封。刘封未从，遂一起攻打刘封。刘封被打败，退回成都。刘备因刘封未遵命去救关羽，又与孟达不和，致使孟达叛变投敌，遂命他自裁，刘封死。

刘封之死，与诸葛亮有一定的关系，在对刘封败归的处分上，诸葛亮主张判其死，刘备乃下决心。刘封与孟达不发兵救关羽，关羽与他们不睦，也没敢退兵房陵。在这一大事件上，刘封与孟达均有罪责。孟达叛变投敌，罪在诛杀之列，不过已无法执行了。刘封失地败归也有过错，但他拒绝孟达诱降，力战不胜而返，似乎也有可赦的一面。《三国志·蜀书·刘封传》中说，"诸葛亮虑封刚猛，易世之后终难制御，劝先主因此除之"。其有罪过，杀之可也，虑日后犯事，似乏根据。黎东方在《细说三国》一书里，对诸葛亮的为人，给予极其高的评价，认为他办事公平、公正，故不相信诸葛亮以"易世之后终难制御"为理由，力主杀封，笔者也同意这个观点。诸葛亮法纪严明，但没有冤案。他对魏延和杨仪的为人深有了解，尚且发挥其各自的长处，没有因难以制御而找借口除之，以后，我们还要专门议论。其他也找不出第二个例子，此孤例不足信。

曹丕本事比其父曹操不如，而脾气急暴过之。他当丞相魏王不到一年，已急不可耐地想当皇帝了。孟达劝降刘封之时，曹丕已篡汉。曹丕想取献帝而代之，自不用发言，底下早有左中郎将李伏、太史丞许芝等一班人进言："魏当代汉，见于图纬，其事众甚。"这班人必然要举出哪里出现麒麟了，哪里出现凤凰了，哪里有祥云啦，哪里又有瑞气啦，再附会或编造出一些童谣民谚来，"群臣因上表劝王顺天人之望"。曹丕必然假意不允，群下一再进谏，献帝被迫，也一再颁诏"禅位于魏"。于是曹丕做了皇帝，奉献帝为山阳公，改国号为魏，改元为黄初。这段曹丕篡汉的故事，史书将其虚伪的表演记录了下来，什么群臣劝进，王不许，汉帝"禅位"，"王三上书辞让"[①]，似乎很客观，无春秋褒贬之词，读者幸勿被瞒过。其实，献帝做了二十多年的傀儡，受尽了曹氏父子二十多年的欺凌，此时，也算"解脱"了。只要不再参与政事，去过平民百姓的日子，倒也应该有所娱乐吧！

汉昭烈帝章武元年（221），本应是建安二十六年，而在前一年，献帝被废，当年已改为黄初元年，这一年应是魏黄初二年了。关于正统的议论与纪年的标准，我们随后要作进一步的议论。这一年年初，蜀中传

① 《资治通鉴》卷六十九，第2181～2182页。

言献帝被害，汉中王刘备发丧制服，追谥献帝为孝愍皇帝。汉室没有了皇帝，曹丕乃篡逆之贼，自然不为刘备一方所承认，而应为讨伐之对象。刘备称尊号，成了顺理成章的事。于是汉中王群下，也竞言符瑞，列举古书中的预言，以为附会，再举出若干出现龙瑞等传说，与劝曹丕篡汉时的根据大同小异。一句话，劝刘备称帝。劝进的人几乎是他的全部文武。刘备也要推辞谦让，诸葛亮的意见可以作为代表。他先以曹丕篡弑、汉室湮灭为由，说明上无天子，海内惶惶，刘备既为汉室之胄，当效光武帝，复兴汉室。这是一番封建时代的大道理，也是名正言顺的原则。他随后又举出当年吴汉、耿弇等人劝光武帝刘秀时的动机，如不接受群下的劝进，他们得不到追求的功名地位，会另投新主，于是光武乃称尊号的历史故事（后一点更加现实），经过一再劝谏，刘备决定称帝。其实，刘备此时称帝是正合时宜的，他在内心深处会作此想。当时也有个别人不赞成刘备称帝，前部司马费诗就持反对意见，他认为应在平定魏、吴后才合时宜，他虽是少数，亦非毫无道理。刘备不高兴，降了他的官职。可见，刘备虽一再拒尊谦让，而实际上他多年征战就是为了复兴汉室。今汉帝被弑，他续统汉朝，自是义不容辞的，费诗直抒己见，就不合时宜了。

刘备在成都武担山之南（今四川省成都市西北角）即皇帝位，改元章武，以诸葛亮为丞相，许靖为司徒，立刘禅为太子。为文祭告天地，并作为称帝的宣言。“……曩者王莽篡盗，光武皇帝震怒致诛，社稷复存。今曹操阻兵安忍，戮杀主后，滔天泯夏，罔顾天显。操子丕，载其凶逆，窃居神器。群臣将士以为社稷堕废，备宜修之，嗣武二祖，龚行天罚……”。①

现在，我们回过头来议论正统的根据与纪年的标准。在陈寿《三国志》这部著名的史书里，分述魏、蜀、吴三国，虽然，他不得不以魏为正统，称曹丕为帝，称刘备为主；但三国分制纪元，各尊本国。在司马光主编的《资治通鉴》这部著名的史书里，更明确以魏为正统，司马光也有其根据。他认为统一了中国，并延续后代，就该为正统了，周、秦、汉、晋、唐、宋都在历史的正统之列，而曹魏取代了汉，又被晋所取代，所以

① 《三国志·蜀书·先主传》，第 889 页。

汉、晋之间以魏为正统。因为他要编年叙事，纪元之事就是这样解决的。他特别申明，这样的选择，不是区别各国优劣的根据，“非尊此而卑彼”。他又称刘备虽然是中山靖王之后，而族属疏远，没办法考证其世数名位。“是非难辨，故不敢以光武及晋元帝为比，使得绍汉氏之遗统也。”①所以，司马光不把刘备与刘秀相比，从而，不以（蜀）汉为正统。北宋与南宋地位不同，司马光在北宋时代，尊统与纪元的标准的选定还可理解。南宋偏安一隅，士人不免同情刘备在蜀的勤王之举，所以，朱熹的《紫阳纲目》就以（蜀）汉为正统。这似乎已为史学界所认同。

其实，司马光对曹魏的行为也有议论。他认为：“以魏武（曹操）之暴戾强伉，加有大功于天下，其蓄无君之心久矣，乃至没身不敢废汉而自立，岂其志之不欲哉？犹畏名义而自抑也。”②他已说得很清楚，曹操本人篡汉尚有顾虑。而其子曹丕已不畏名义，也不再自抑了，乃篡汉焉。像桓、灵之昏庸，推翻当然不足惜。但一千七百年前的时代是封建时代，曹氏既以拥汉之名，平定四方，汉献帝刘协也不再昏庸，废之则为篡，为后世所非。刘备以宽仁敦厚，为复兴汉室而尽力，在传言献帝被害后，继汉之统绪，自是合乎封建时代的情理，司马光以“虽云中山靖王之后，而族属疏远”为理由而非之，似不为人所服。我们论述诸葛亮的事业与德操，自然承认他的选择是正确的，复兴汉室的目的是对的。所以建安二十六年，也应改为章武元年了。

章武元年（221），刘备即皇帝位，这虽是大势所趋，但对这位刚当上皇帝的刘皇叔来说，形势并非大好。在东边，关羽挫败被害，荆州完全失陷了，与此同时，还损失了一批人才；在北部，刚刚攻取的西城、上庸和房陵，被曹魏得到，又损失了一批人才。东吴孙权背信弃义，行为卑鄙可耻，但毕竟曾是与蜀汉共同抗曹的同盟。当时，刘备对他提防不够，现在该如何对待？在即位宣言上说明“要嗣武二祖，龚行天罚”，龚行天罚，是刘备代天惩罚曹丕，这是三国相互矛盾中的主要矛盾。但孙、刘两家的矛盾无疑也尖锐了，如何处理好这一对矛盾，是刘备君臣（当然，刘备有最后的决定权）面对的当务之急，应妥

① 《资治通鉴》卷六十九，第 2185 ~ 2188 页。

② 《资治通鉴》卷六十八，第 2174 页。

善谋之。可是，刘备急欲为关羽报仇，惩罚孙权背信弃义之罪，犯了一连串的错误。

刘备要讨伐孙权，赵云阻谏。他说："国贼是曹操，非孙权也，且先灭魏，则吴自服。操身虽毙，子丕篡盗，当因众心，早图关中，居河、渭上流以讨凶逆，关东义士必裹粮策马以迎王师。不应置魏，先与吴战；兵势一交，不得卒解也。"①赵云的战略与后来孔明出祁山伐魏的谋略相似。刘备不纳，命赵云督江州（今重庆市）。黄权谏曰："吴人悍战，又水军顺流，进易退难，臣请为先驱以尝寇，陛下宜为后镇。"②黄权分析得十分简当，建议合理。但刘备不从，派黄权督江北军以防魏师。广汉处士秦宓更根据形势判断，伐吴不会取得成功，因极力阻谏而被投入监狱。当时劝谏的人很多，诸葛亮的态度如何呢？此时诸葛亮为丞相，刘备称帝，册封亮为丞相时宣诏曰："朕遭家不造，奉承大统，兢兢业业，不敢康宁，思靖百姓，惧未能绥。于戏！丞相亮其悉朕意，无怠辅朕之阙，助宣重光，以照明天下，君其勖哉。"联吴伐魏是诸葛亮为刘备策划的战略谋划，他深知这也是权宜之计，用现代的语言讲，即先抓主要矛盾，与吴之矛盾不要激化成对抗性，从这一点出发，他绝不会支持刘备东征。但在《三国志·蜀书·诸葛亮传》里，没有具体的叙述。作者认为，诸葛亮虽为丞相，但决定权在刘备，他深知刘备决计东征，已不能阻谏了。历史上的刘备不像《三国演义》所描写的那样缺乏主见，什么事都听诸葛亮的，而实际在这样的关头，诸葛亮左右不了刘备。章武二年，东征失败后，诸葛亮叹曰："法孝直若在，则能制主上，令不东行；就复东行，必不倾危矣。"刘备东征，命诸葛亮留守成都。

急报关羽遇害之仇，不反对刘备东征的是张飞。张飞要率兵万人，自阆中到江州与先主会合，临行为其部将张达与范强所杀害。这是刘备东征中的第一个挫折。张飞遇害，他所任的司隶校尉（相当于首都辖区的卫戍司令），由诸葛亮兼任。

《三国演义》叙述诸葛亮苦谏数次，刘备不听，又率内官于兵营中苦谏，建议不必亲征，命一上将征讨可也，刘备本拟接受之际，张飞到

---

① 《三国志·赵云传》注引《云别传》，第950页。

② 《三国志·蜀书·黄权传》，第1043～1044页。

来，痛哭关羽，乞求刘备发兵，于是刘备不听一切阻谏，决意东征。这段描写在情理之中，史书上既无这样的记载，我们也难考其真伪了。

刘备在建安二十六年，即章武元年(221)四月称帝，五月张飞遇害，七月出发东征。就在出发之际，仍有机会避免此次致命的失误。因为孙权也感到了战争的威胁，派使者前来求和。此时，主动权掌握在刘备手中，于谈判的条件有利。但是，刘备攻打孙权已箭在弦上，听不进任何不同的意见，盛怒之下，拒绝了孙权求和的要求。大军的先头部队由将军吴班和冯习率领，击败了孙将李异和刘阿，收复了巫县和秭归(分别在今重庆市巫山县北和湖北省秭归县)。第二年，即章武二年(222)，刘备命吴班和陈式驻守夷陵(今湖北省宜昌市)，夹江两岸，刘备回驻在秭归。这期间孙权一方也取得了战役上的小胜，攻克了刘备一方的几座营地。这一年二月，刘备把主力部队推进到猇亭(今湖北省宜都市的猇亭)，把若干(约几十个)营寨迤逦地分布在几百里地的范围内，而且营寨都用长江沿岸山坡上的树木建造，犯了兵家大忌。

历史记载，刘备统帅四万大军征吴。孙权以陆逊为大都督，率兵五万迎敌。《三国演义》写刘备率七十五万大军伐吴。小说与历史所叙相差十几倍。当时各地的人口，只是现在的几十分之一，战争往往为了争夺人口，要强行把敌国人民撤往自己国家的属地。以吴、蜀一两州之地域，征集近百万的士兵，是极为困难的，即使现代，百万大军也不是轻易能征集起来的。刘备的四万大军，分布在互有联络的几十个营寨，彼此支援，可避免被单个击破。开始吴将请战，陆逊不允，将领们还以为陆逊胆怯。陆逊用几个月的时间，观察与分析刘备的连营部署，也是为了消磨汉兵的锐气。章武二年(222)闰六月，陆逊采用火攻策略，分头在刘备分散的营寨纵火，大军同时出击。刘备大败，也属于兵败如山倒之势，几万大军几乎全军覆没，大将张南、冯习、傅彤等人先后牺牲。刘备本人率小部分主力，逃至夷陵地区一座叫马鞍山的高地，尔后翻山越岭，退回到白帝城(今重庆市奉节县)。黄权所督江北军尚有不小的力量，被陆逊堵截，而无退路，降吴不可，投降了曹丕。赵云率江州万人大军驰赴永安(刘备改白帝为永安)，陆逊已撤军。这一仗，汉军元气大伤，是关羽失荆州后的又一次大挫败。刘备一心复兴汉室的宏愿就此更加渺茫了。

有人建议陆逊溯江而上，穷攻败回白帝城的刘备，陆逊虑曹丕乘机攻吴，乃得胜退兵。果然，不出所料，曹丕已在策划三路大军攻吴了。[①]

《三国演义》按乘胜追击的逻辑，描写陆逊引得胜之兵，往西追袭，在离夔关（今重庆市奉节县）不远处，但见一阵杀气冲天而起，陷入诸葛亮预先布下的"八阵图"。一霎时，飞沙走石，遮天盖地。这已够玄乎的了。偏在他走投无路之时，遇见诸葛亮的岳父黄承彦，把他领出了阵地。还告诉他："（此八阵图）变化无穷，不可学也。"诸葛亮八阵图，历史传说，揣测不断，《三国演义》又为此神乎其神地作了一番描写，我们不得不在此也议论一番了。

历史上记载，诸葛亮"推演兵法，作八阵图"。在《水经注》里，有记载诸葛亮所造八阵图的片段："东跨故垒，皆累细石为之。自垒西去聚，石八行，行间相去二丈，因曰八阵既成，自今行师，庶不复败，皆图兵势行藏之权，自后深识者，所不能了。"[②]什么是八阵图或八阵图法，诸葛亮并没有详细的文字记载。似乎后人也没有把它流传下来，估计早已失传了。晋朝名将桓温和唐代名将李靖，都对八阵图作过一些解释，莫衷一是。其后文人墨客多有对八阵图的吟咏和议论，除怀古外，也不无神秘之感。后世所说的八阵图的遗迹有三处：一处在陕西省勉县定军山；一处在重庆市奉节县的长江；一处在四川省新都县弥牟镇。历代吟咏，多指奉节长江边的八阵图。作为古迹，乃是排列成一定阵势的石堆，大概经江水的不断冲刷，今日即使有其痕迹，恐怕和唐宋诗人们见到的已经不一样了。杜甫的《八阵图》名句：

功盖三分国，名存八阵图。
江流石不转，遗恨失吞吴。

从诗中至少可推测杜甫见到了石堆，"江流石不转"，诗人藉此怀古颂贤。大概他也不知道何为八阵图。刘禹锡的《观八阵图》的五律诗，最后两句是：

会有知兵者，临流指是非。

---

① 参见《三国志・吴书・陆逊传》，第1348页。

② 王国维校：《水经注校》卷三十三，上海人民出版社1984年版，第1060～1061页。

可见，刘禹锡也不清楚八阵图，而指望知兵的军事专家给予评论。还是大文豪苏东坡在《八阵碛》的长诗中说得好：

孔明死已久，谁复辨行列。
神兵非学到，自古不留诀。
至人已心悟，后世徒妄说。
……

他认为至人、伟大的圣贤掌握的阵法，已不复流传，后人的揣测没有根据。桓温说是“长山蛇阵”，李靖说是“六花阵”，也都不可靠了。

什么是八阵图？至今答案仍众说纷纭，或说八阵图乃八种阵势，而不是一种有生、死等八个门的阵势；或说八阵图乃一种可以变化的复杂阵势，莫衷一是。光是石头堆的排列不可能是八阵图，虽然这种排列可以作为阵垒的说明。阵势不能离开将士、武器、营垒、地势，以及生活和作战的其他物质材料，而这些不是固定不变的，包括军队的训练、行军、作战、驻扎，在各种条件和形势下的变化，如变更部署、攻守转化、出奇制胜等一系列的驻、行、战的阵法。我们认为，八阵图应是诸葛亮在继承古代兵法家阵法的基础上，加上他自己的经验创造，而总结与归纳出的综合性阵图。古今作战的方式、方法已大不相同，今日似乎也不必复原诸葛亮的八阵法了。在诸葛亮逝世退军后，司马懿行至其营垒处所后叹曰：“天下奇才也。”大概司马懿从遗留下来的一部分物质方面的痕迹，体会到诸葛亮阵法的精妙与确当了。

虽然，我们对“八阵图”没法得出明确的模式，但历史的片言只语，仍给我们留下了遐想的空间。读古人诗词，怀念先贤，仍令我们兴奋与激动不已！《三国演义》关于八阵图的玄而又玄的描写，只是作者为了渲染情节，把诸葛亮这位智者变成神人的一例而已。

第五章

诸葛亮受托与开府治事

刘备自知病重不保，安排了后事。太子刘禅十七岁，刘备把他托付给诸葛亮，“命丞相亮辅佐太子，以尚书令李严为副”。刘备对诸葛亮说：“君才十倍曹丕，必能安国，终定大事。若嗣子可辅，辅之；如其不才，君可自取。”亮涕泣曰：“臣敢竭股肱之力，效忠贞之节，继之以死！”刘备托孤给诸葛亮，这是历史上所盛赞的著名事件。自三顾草庐，诸葛亮辅佐刘备后，二人外则君臣，内兼师友，彼此信任，毫无疑猜。历史实践证明，诸葛亮忠心辅佐后主，继承刘备遗志，鞠躬尽瘁，死而后已，确实为历史上托孤的诸多事例中君臣彼此信赖的典范。

诸葛亮的外交政策，主要是与东吴的结盟。汉、吴结盟虽然经历了重大挫折，但诸葛亮开府治事后，汉、吴同盟一直坚持到蜀汉的终结。早在刘备三顾草庐之时，诸葛亮就提出了“外结好孙权，内修政理”的战略。这不仅是在当时的形势下，刘备逐鹿中原最可行的战略，而且是为了复兴汉室、消灭随时可能篡汉的曹操集团的惟一可行的战略，这是带有原则性的大问题。

一、刘备托孤

在刘备称帝的当年八月，孙权因背信弃义，武力夺取了荆州，杀死关羽，因惧怕刘备报复，更怕西、北两面夹攻，乃上降表，向曹丕称臣，“卑辞奉章”，也就是低三下四地向曹丕进呈表章。曹丕的谋臣们认为，吴、蜀联合，唇齿相依，可以自保。权今投降，必受刘备攻伐之恐，如果不受其降，而与刘备合击之，孙权既灭，刘备必不能长久。可是曹丕认为，人家主动来投降了，如果反而伐之，别人就不敢投降了，于是接受了孙权的投降。

孙权的投降也不是真心，只是为了避免两侧夹击，不得已而为之的权宜之计。等到陆逊打败了刘备，他腰板硬朗了一些之后，态度就不同了。按封建帝王的规定，藩属应承担“任子”之责，即派王子为质。但孙权迟迟拖延，一直不派儿子作人质去魏的朝廷，他一直不愿意执行的原因是，一旦那样做，他就受制于人了。他宁愿低声下气，讲些卑微之辞，也不愿做出实质性的举动。对此，曹丕十分生气，要讨伐之。谋臣们认为，孙权刚打败刘备，士气正盛，上下一心，不是一举可以战胜的。曹丕不听，派兵南征。

曹丕此时未免后悔，当初不听谋臣之议，现在孙权明明是假投降，自恃兵力强大了，态度也变了，他怎么能不生气而后悔呢？章武二年，即黄初三年(222)九月，曹军分三路攻吴：曹休、张辽等一路出洞口(今安徽省和县西南)；曹仁率军为一路出濡须(今安徽省无为县东北)；另一路由曹真、夏侯尚等率军围攻南郡(今湖北省荆州市)。孙权也分兵抵抗：吕范拒曹休；朱桓拒曹仁；诸葛瑾等救南郡拒曹真。东吴的三路抗敌人马，有两路出师不利，只有朱桓一路还算不错。

孙权腹背受敌了，刘备虽败，实力尚存，雄踞于西，仍是威胁；曹军在北，兵力多，力量大，而且处于胜势；他辖区内的蛮夷少数民族也多有不服。于是，孙权又一次向曹丕卑辞谢罪，而且表示愿送人质去魏。曹丕写信告诉他，你如果早上送儿子孙登来，我晚上就把人马撤回。其实，孙权还是不愿意真的送儿子去魏作人质。魏、吴两边的交战状态也时有起伏，孙权处在随时可能挨打的不利形势。

孙权想，反正自己不愿意真的归降曹魏，如果曹丕真要打来，自己也不好应付。怎么办？还是向刘备求和吧！这一年年底，孙权派太中大夫郑泉到白帝城，晋见刘备，要求结束战争状态，重订和议。刘备战败，元气大伤，已不再像伐吴之初，拒绝一切谈和的建议了。面对现实，他接见了郑泉，同意讲和，并也派了一位太中大夫宗玮赴吴答聘。蜀、吴至此，算是达成了初步的和议。不过，孙权也仍与曹丕往来，两边维持着不战状态。只有到刘备病逝，诸葛亮开府治事，有权决定大事时，蜀、吴同盟才算确立下来，孙权才断绝了与魏的来往。有关具体情况，后面还要详细叙述。

刘备与孙权再度议和之际已经染病，而且病情不断加重。一方面，因为他年事已过花甲；另一方面，关羽和张飞的去世，伐吴的惨败，使他大受打击，心情十分沉重、忧伤。偏在此时，汉嘉郡太守黄元叛变。汉嘉（今四川省芦山县）在雅安之北，离成都较近。因刘备病重，诸葛亮与一些重臣奉诏去永安问安，成都空虚。黄元烧掠了临邛城（今四川省邛崃），气势汹汹，成都惊恐。黄元为什么这个时候叛变呢？此人本是一个凶残寡义的人，诸葛亮对他不满意，他心里清楚。他知道了刘备病重，担心刘备死后，自己难保，便乘朝廷有事，起兵作乱。留在成都的益州治中从事（为益州牧的助理）杨洪启奏太子，命将军陈曶和郑绰讨伐黄元。大家议论以为，黄元如果不攻打成都，则可能由越嶲（今四川省西昌市）去占据南中（今四川省南部和云南、贵州省一带）。杨洪判断：黄元凶暴残忍，无恩义于人，他不可能在南中立足，一定顺江河东下，作最后投降东吴的打算。乃命令陈曶和郑绰在南安峡口（今四川省乐山市南）阻截。果然黄元兵败，顺江东下，被陈、郑活捉，押赴成都斩首。[1]这是章武三年（223）三月的事。

刘备自知病重不保，安排了后事。太子刘禅十七岁，刘备把他托付

① 参见《三国志·蜀书·杨洪传》，第1013页。

给诸葛亮，“命丞相亮辅佐太子，以尚书令李严为副”。[1] 刘备对诸葛亮说：“君才十倍曹丕，必能安国，终定大事。若嗣子可辅，辅之；如其不才，君可自取。”亮涕泣曰：“臣敢竭股肱之力，效忠贞之节，继之以死！”[2]刘备托孤给诸葛亮，这是历史上所盛赞的著名事件。自三顾草庐，诸葛亮辅佐刘备后，二人外则君臣，内兼师友，彼此信任，毫无疑猜。历史实践证明，诸葛亮忠心辅佐后主，继承刘备遗志，鞠躬尽瘁，死而后已，确实为历史上托孤的诸多事例中君臣彼此信赖的典范。陈寿在《三国志》中评论曰：“诚君臣之至公，古今之盛轨。”宋末史学家胡三省曾对《资治通鉴》作了很有价值的校勘、考证与注释，他评论说“自古托孤之主，无如昭烈之明白洞达者”。[3] 托孤一事确实说明，刘、葛二人，肝胆相照，心神如一。

也有人认为，刘备托孤，尚以李严为副。而且提到“如其（后主刘禅）不才，君可自取”之语，表明刘备在对诸葛亮信任与重托之时，仍带点不完全信任的成分。笔者不完全同意这个观点。就李严当时的资历、地位、名望和功绩而言，以他为副，也不是没有道理，多一人帮助诸葛亮，不是构成威胁，而是有所助益。后来，李严虽犯了错误，但不是对诸葛亮在治国和辅孤方面的掣肘。“君可自取”的话，只是给诸葛亮留有余地。刘备志在恢复汉室，按封建伦理，真要“自取”，则背道矣。而刘备只在于表达自己对诸葛亮的智慧和能力发自内心的佩服与肯定。诸葛亮不会因刘备对自己的“过度”倚重，而心怀疑虑。这就是刘备和诸葛亮之所以担当得起“君臣之至公，古今之盛轨”的赞誉的原因。

南唐诗人李中，曾以《读蜀志》为题，咏诗一首，可以作为上述评论的注解：

鼎分天地日，先主力元微。
鱼水从相得，山河遂有归。
任贤无间忌，报国尽神机。
草昧争雄者，君臣似此稀。

---

① 《资治通鉴》卷七十，第2213页。
② 《三国志·蜀书·诸葛亮传》，第918页。
③ 《资治通鉴》卷七十，第2213页。

在四川奉节白帝城，唐朝时（也可能更早一点）已建起了先主庙和武侯祠，纪念这两位历史上的杰出人物。大诗人杜甫，多次入祠瞻拜，写下了多首歌颂诸葛亮的诗。白帝城还有一座白帝庙，纪念西汉末年割据四川的公孙述。明代，先主庙与武侯祠倾毁失修。人们认为公孙述没有资格立庙，于是把白帝庙改为明良殿，以供奉刘备、诸葛亮等人了。20 世纪 80 年代，在庙的前殿，雕塑了“刘备托孤”的大型彩塑，根据历史和传说，共雕塑了二十一位三国人物。殿中刘备半卧于床，托孤于站在床首的诸葛亮，其幼子刘永和刘理在受训，李严、赵云、马谡等人侍立两旁。观之令人发怀古之幽情，遥想当年刘备托孤的悲壮与感人的一幕。

刘备安排后事中的另一件大事，是为后主刘禅立遗诏。刘备病危，诸葛亮等一批重臣和其他王子赴白帝城省疾，太子刘禅留在成都。诸葛亮代刘备草拟了给后主的遗诏：

> 朕初疾但下痢耳，后转杂他病，殆不自济。人五十不称夭，年已六十有余，何所复恨，不复自伤，但以卿兄弟为念。射君到，说丞相叹卿智量，甚大增修，过于所望，审能如此，吾复何忧！勉之，勉之！勿以恶小而为之，勿以善小而不为。惟贤惟德，能服于人。汝父德薄，勿效之。可读《汉书》、《礼记》，闲暇历观诸子及《六韬》、《商君书》，益人意智。闻丞相为写《申》、《韩》、《管子》、《六韬》一通已毕，未送，道亡，可自更求闻达。①

在这篇著名的短文里，提出了古今的至理名言：“勿以恶小而为之，勿以善小而不为。惟贤惟德，能服于人。”这一论述，不仅是我们在今天仍应借鉴的良言，而且是为官、为民都应随时身体力行的原则。遗诏里所提出的古代诸部著作，是历史经典，具有治国安邦之策，这般罗列是容易理解的。

文中提到的从事中郎将射援，间接引用诸葛亮夸奖刘禅的才智气量，而且注重学习和修养。这是过誉之言，在于鼓励，否则诸葛亮就不

---

① 《三国志·蜀书·先主传》注引《诸葛亮集》，第 891 页。

刘备托孤

知人了。“汝父德薄，勿效之”，大概是刘备审阅草稿后加进去的。诸葛亮即使代刘备起草，也不会这样写。不仅失礼，也不实事求是了。也有人认为，这份遗诏是诸葛亮代录的，而不是他起草的。

刘备在临终时，还亲自对鲁王刘永说：“吾亡之后，汝兄弟父事丞相，令卿与丞相共事而已。”[①]刘备的儿子除太子刘禅外，还有鲁王刘永和梁王刘理。刘备病笃，太子刘禅留守成都，刘永在身边，未明叙刘理在哪里。《三国演义》写他也在永安，所以，上面的话是刘备向刘永和刘理一起说的，这是不无可能的。

另外，刘备在弥留之际，确曾告诉诸葛亮：“马谡言过其实，不可大用，君其察之。”这在《三国志·蜀书·马良传》中有记载。但刘备根据哪些事例，作出“马谡言过其实，不可大用”的结论，我们无从得知，《三国演义》也没有编拟出一些事例来。马谡确实是“才器过人，好论军计”，似乎对用兵有见地的人不够诚恳实在。据说，他在刘备生病期间，去探望刘备，向刘备进谏与劝慰，说一些诸如多注意保暖，不要受风着凉之类的话，而他却言行不一，走时不把帘子放好，不把门关好。这也许是后人的揣测了，史书哪能写得如此琐碎、具体呢？

刘备和诸葛亮都属于知人善用，能团结各方面有德才人士的领导人才，这方面有大量的实例，不胜枚举。这是他们功绩与人品的主流。本书一再申明，他们是人不是神，不可能不犯错误。刘备曾差一点杀了蒋琬，又信任了黄元，可是他对马谡的判断，又被实践证明是对的。诸葛亮慧眼识蒋琬，也看出黄元的凶暴不仁来，却对马谡信任有加，未真正接受刘备的意见，致有后来的街亭之失。可见，再伟大的人一点错误不犯是不可能的，但毕竟这是瑕不掩瑜。

章武三年（223）四月，刘备逝世于永安。五月，诸葛亮奉丧还成都，以李严为中都护，留镇永安。刘备去世，蜀汉举国震惊，国内某些势力可能有所举动，魏、吴两国得此消息，也会考虑对策。在这种国力衰弱，外有大敌、内尚不安的情况下，刘禅年幼，丞相诸葛亮的任务和压力是十分沉重的。他慎重果断，迅速办理治丧之事，而后依轻重缓急，处理国家大事。立即公布刘备遗诏，按刘备遗诏治丧。他上表刘禅曰：

---

① 《三国志·蜀书·先主传》注引《诸葛亮集》，第891页。

"……乃顾遗诏，事惟大宗，动容损益；百寮发哀，满三日除服，到葬期复如礼；其郡国太守、相、都尉、县令长，三日便除服。臣亮亲受敕戒，震畏神灵，不敢有违。臣请宣下奉行。"①

表文的核心内容是按照汉文帝（刘恒）逝前所嘱百官穿孝服发丧、三日除服的规矩，也为刘备发丧，满三日除服，意在迅速办理丧事，使国事、民事走向正轨，不能久陷悲痛之中。

刘备去世，太子刘禅五月继位为（蜀）汉皇帝，历史上称后帝或后主。谥刘备为汉昭烈皇帝。改章武年号为建兴。实际上刘备的章武三年只到四月，从五月起即为建兴元年五月了。建兴元年，加封丞相诸葛亮为武乡侯，设立丞相府衙，处理国家大事，随后又任命他为益州牧。乡侯高于亭侯，但低于县侯。武乡在今陕西省汉中东北，诸葛亮封武乡侯，武乡为其封邑。封建时代，封侯表示对其功绩的褒奖。例如，建兴元年，李严也被封都乡侯。荆州被孙权攻占后，（蜀）汉只领有益州一州，让诸葛亮领益州牧，实际上兼国家与地方的治理大权。

在刘备去世以后、刘禅继位之初的一段时间里，有没有内侵外扰的大事呢？除大后方南中诸郡蠢蠢而动外，没有吴、魏动兵的事。孙权在刘备去世的前一年，已与刘备讲和，同时和魏也处在不即不离的状态。刘备在白帝城病逝，孙权曾派立信都尉孙熙前去吊丧。后来孙熙使魏，曹丕曾质问他说："吴与我修好，应派兵入川打蜀，怎么还去吊丧修好呢?"曹丕一直对吴耿耿于怀，兵革相见，未能破吴，对吴的军事压力始终存在。双方都没有出兵征蜀的举动。

《三国演义》在第八十五回"刘先主遗诏托孤儿，诸葛亮安居平五路"中写到，曹丕听说刘备已死，要乘机兴兵伐蜀，司马懿给他出主意，动员五路大兵，四面夹攻。即令曹真为大都督，起兵十万，攻打阳平关；蜀之叛将孟达，起上庸兵十万，攻打汉中；动员东吴孙权，起兵十万沿江西进，取峡口入川；贿赂蛮王孟获，起兵十万，北上攻益州四郡；番王轲比能，起羌兵十万，取西平关。蜀国大惊，后主刘禅也惊慌失措，偏在此时，诸葛亮不上朝议政，连大臣们和太后都准备召诸葛亮于太庙质问之。还是后主亲去相府，才知道他的相父已安居平五路了。

---

① 《三国志·蜀书·先主传》，第891页。

安居平五路实在是演义了，小说是为了突出诸葛亮，在与司马懿的第一次斗法中，他就轻松地破解了似乎十分严重的五路合围的危险势态。其实，曹真也没攻打阳平关；孟达能起十万兵吗？司马懿最不信任孟达，这一路也没有其事；孙权在观察形势，随时准备抵抗曹丕，绝不会出兵犯川；孟获在蠢蠢欲动，与曹丕怂恿无关；那番王轲比能如何从幽州北部绕道去凉州（今甘肃、宁夏、青海一带）呢？轲比能为鲜卑首领，怎么统率羌兵呢？再说诸葛亮派马超去西平关以退羌兵，而史载马超在章武二年（222）已去世，马超死在刘备去世之前，也不可能再出兵了。总之，安居平五路不是历史而是小说虚构。历史上的诸葛亮不仅谨慎，而且严格地遵守封建的礼法，怎么能故弄玄虚，不见百官，非得让后主刘禅亲去相府礼问呢？

虽然诸葛亮安居平五路没有其事，但《三国演义》的作者为了给诸葛亮再增加几个光环，增加运筹帷幄之中、决胜千里之外的事例，还是颇费了一番思索，读起来，也似乎不无道理。正像“诸葛亮智算华容”那样，增加一些细节以突出诸葛亮的智慧。只是那时，诸葛亮算定了曹操命不该绝，让云长去做好事，今日看来，这些细节是不可信的。我们已一再申明，诸葛亮之伟大，不是增减几个光环所能影响的。而且，这种增加光环的事，也无益于历史人物的本质。几百年来，诸葛亮已为广大的读者，包括海外的读者所熟悉和喜爱。

二、诸葛亮开府治事

刘备称尊号，任命诸葛亮为丞相、录尚书事、假节。在当时，丞相、录尚书事，就表示具有丞相的名义与实权。假节，说明皇帝允许他出巡时持着象征权力的符节。但是，刘备在世时，大事的最后决定权仍由刘备控制，如某些要职的人选，特别是东征孙权，都由刘备定夺。待到刘备托孤之后，刘禅继位，加封诸葛亮为武乡侯，领益州牧，开府治理国家与地方事务，政事不论大小，都取决于诸葛亮了。晋人袁准在评论诸葛亮的治国所作所为时说："及其受六尺之孤，摄一国之政，事凡庸之君，专权而不失礼，行君事而国人不疑，如此即以为君臣百姓之心欣戴之矣。行法严而国人悦服，用民尽其力而下不怨。"①在开府治事上，诸葛亮实际上代替皇帝行事，但他光明磊落，该上奏的上奏，不失礼节，绝无私心杂念，所以他才获得朝野上下的信任与尊敬，把国家治理得很好，这才是史书上所说的"大治"呀。陈寿在《三国志·诸葛亮传》里有这样的评论："及备殂没，嗣子幼弱，事无巨细，亮皆专之。于是外连东吴，内平南越，立法施度，整理戎旅，工械技巧，物究其极，科教严明，赏罚必信，无恶不惩，无善不显，至于吏不容奸，人怀自厉，道不拾遗，强不侵弱，风化肃然也。"②能做到"吏不容奸，人怀自厉，道不拾遗，强不侵弱，风化肃然"，这是多么令人向往的境界呀。下面，我们将分述诸葛亮治理国家在政治和经济两方面的业绩。

首先，关于政治方面。

诸葛亮作为一位历史上伟大的贤明政治家为当时和后人所崇敬。大政治家有两类：一类是极富谋略和权术，纵横捭阖，这类政治家在信义方面往往乏善可陈；另一类的政治家是以诚信为宗旨，符合公认的道德标准，治理国家让人口服心服。诸葛亮属于第二类。一句话，诸葛亮靠的是在诚信、公正基础上的严格法治。这一点在第三章第一节，已作了初步的阐释。律条既定，必须要严格执法。有关的国事或老百姓的事、官吏的事，一旦涉及律条，必须态度严肃，不能形同儿戏。为了强调律令，有事需要严惩，就必须严厉地惩罚。同样重要的是处理要公正，这样才能使人信服。诸葛亮自己说过："吾心如秤，不能为人作轻重。"就是指执法严明公正，而绝不偏私。做过丞相长史的张裔说"公（指诸葛亮）赏不遗远，罚不阿近，爵不可以无功取，刑不可以贵势免"。③

在第四章第一节，我们举了一些事例，说明诸葛亮荐贤、用贤和严明法纪的例子。当法正随刘备进攻汉中之时，诸葛亮发现杨洪有见识、有魄力，随即任命杨洪代法正为蜀郡（今四川省成都市）太守。在刘备

① 《三国志·蜀书·诸葛亮传》注引《袁子》，第934页。
② 《三国志·蜀书·诸葛亮传》，第930页。
③ 《三国志·蜀书·张裔传》，第1012页。

病危期间，杨洪正确而果断地处理了黄元叛变事件。蜀郡太守杨洪手下有个书佐小吏何祗，虽然出身寒微，但有智慧和才能，诸葛亮就破格提拔他做成都县令(郡属下的大县首长称县令，小县首长称县长)。果然，何祗在做县令期间，成绩突出，又被提升为广汉郡(今四川省广汉市)的太守。本来，杨洪乃犍为郡(治所在今四川省彭山县)太守李严手下的功曹，是郡守的助手，地位不高。而李严乃刘备的托孤重臣，位显权重。后来，李严仍做犍为太守，杨洪为蜀郡太守，何祗为广汉太守，原来地位相差悬殊，此时都担当了太守的重任。诸葛亮不以门第、资历而以品德与才干为标准，选拔任用官吏，破格提拔人才，充分发挥智能之士的作用，为当时所传颂，也是历史上的用人范例，向被传为美谈。

地方大吏要遴选才俊之士，皇宫与相府中的官员同样十分重要。诸葛亮强调"宫中、府中，俱为一体"，要一视同仁，不能有两个标准。诸葛亮开府治事之初，任命蒋琬为丞相府东曹掾。蒋琬是一位德才兼备的人物。丞相府东曹，类似于国务院的人事部，东曹掾为东曹的正首长，管理与选拔中高层的官员，这是重要的职务。蒋琬认为自己和丞相的关系密切，怕别人说闲话，他表明了自己的德才尚有欠缺，并推荐在廖淳、刘邕、阴化或庞延中选一位，这几位也是蜀中人物。但诸葛亮认为蒋琬最合适，书面慰教他正确对待此事，从国家利益出发，实事求是，把工作做好。信里反映诸葛亮对人对事的公正无私的精神，对后人也颇有教益，兹录于下：

> 思惟背亲舍德，以殄百姓，众人既不隐于心，实又使远近不解其义，是以君宜显其功举，以明此选之清重也。①

其意为：为了避嫌，而不提拔才德之士，就会对老百姓不利，百姓心里已不安，又让内外官员不能理解。所以，你应充分发挥自己的品德和才能，来证明此推选是清廉公正，考虑充分的。

在任命蒋琬为东曹掾的同时，诸葛亮还任命一批才德之士，如以李邵、马勋为西曹掾(协助丞相管理生产、财政的部长级官员)，以宗预、杜微为主簿(相当于国务院管文书事务的秘书长)，马忠为门下督(相

---

① 见梁玉文、李兆成、吴天畏：《诸葛亮文译注》，第49页。

当于保卫部长)，五梁为功曹(管理总务)，秦宓为别驾(与丞相一起出巡，类似于参议、顾问)，董厥为令史(诸葛亮录尚书事；董厥为尚书令史，掌管文书)。他还推荐了一批忠贞之士，入皇宫为侍中、侍郎，如郭攸之、费祎、董允等。侍中、侍郎为皇宫内有相当权力的官员，管理皇宫内包括人事在内的各种事务。诸葛亮所任命的皇宫与相府的官员，以及各郡太守，都被称为俊彦，即有能力和学问的人，为治理好邦国打下了基础。比如，董厥在任令史期间，成绩显著，诸葛亮表扬他："董令史，良士也。吾每与之言，思慎宜适。"思慎宜适，可以解释为思考问题审慎周到，处理恰当。在遴选人才上，诸葛亮注意起用有名望和德行的人，杜微德高望重，但以耳聋为借口，不肯出来做官。诸葛亮用车把他接到相府，他听不见，则用诚恳的书面形式，以大义和情感，动员他接受了主簿的任命。体现了诸葛亮礼贤下士、忠心为国的一片丹心。

作为政治的一部分，国防与军事上的准备、人事的安排，显然也是十分重要的。何况，三国鼎立，既要防范敌国进攻，还要为兴复汉室作准备。在刘备病逝时，一批勇猛和有军事才能的将军死去不少，损失很大。大将关羽、张飞、马超、黄忠均已去世，这是刘备做汉中王时前、右、左、后四员上将。《三国演义》所说的五虎上将，只剩下赵云了。赵云是一位智勇双全、久经考验的大将，他在有生之年，深受诸葛亮的尊敬与信任。此外，如魏延、王平、马忠、张嶷、吴懿、马岱、张翼等将领，都在蜀汉的征南与北伐战争中起着重要的作用。将军向宠是位能治军、有才能的将军，他随刘备征吴，秭归之战大败，独向宠的军营保存完好，显示了他带兵用兵的本领，受到了刘备和诸葛亮的赏识。建兴元年，向宠被封为都亭侯。后来诸葛亮让他任中部督，掌管皇宫和首都的卫队。

诸葛亮除亲自审察、选拔一批忠贞才彦之士到各部门任职外，他还鼓励属下推荐智能人士，多为国家选拔有用人才。姚伷曾任广汉太守，诸葛亮北伐，选拔姚伷为掾(丞相的高级助手)。姚伷向诸葛亮推荐了一批人才，包括文人与武将两方面。诸葛亮对他特加表扬，发布文件(称为教或教令)，要求大家向他学习。诸葛亮称赞他说："忠益者莫大于进人，进人者各务其所尚。今姚掾并荐刚柔以广文武之用，可谓博雅矣。愿诸掾各希此事以属其望。”[1]他特别提出，一般推荐者喜欢推荐自己所崇尚的人，而姚籓所荐的人，性格脾气刚硬、温柔各不相同，文的武的都有。姚籓“可谓博雅”，指其人心胸开阔、气量宏大。

赏罚分明，公正无偏，是诸葛亮能治理好邦国，为国人所怀念赞颂，为后人所崇拜、景仰的主要原因。正如陈寿在《三国志·诸葛亮传》中的评论所说：“刑政虽峻而无怨者，以其用心平而劝诫明也。”他提拔重用的人，都是有品德、能力和建有功绩的人，上面已举例说明。同样，他处分犯法违纪的官员，同样做到了公正无私。他所牵头制定的律条很严厉，不仅在律条面前一视同仁，而且“劝诫明也”，即叮嘱劝勉，不要违反律条。史书上记载他亲手写了“八务、七戒、六恐、五惧”等条例，明确规定了官吏们应该做好什么，应该不触犯什么，不能犯什么错误，如果犯了，要受怎样的惩处，等等。

刘备早在平定西川领益州牧时，就提拔并重用了彭羕，让他做益州治中从事，这是州牧下属重要且地位高的官职。彭羕原本为广汉郡的书佐小吏，经法正和庞统的推荐，刘备考察了他，认为他有本事，才一再提拔他。然而他却目空一切，态度嚣张，诸葛亮建议，把他外调到江阳郡（今四川省泸州市）做太守。他竟忘乎所以，大骂刘备“老革荒悖”，即说刘备是荒谬没有道理的老兵。尤为荒唐的是，他竟然诱使马超和他一起，起事造反。他对马超说：“卿为其外，我为其内，天下不足定也。”马超告发了他。鼓动军人造反，按律当斩，诸葛亮没有赦免他。他也自知罪不容诛，并未怨恨诸葛亮，而是自己后悔酒后失言，自找死罪。还写信给诸葛亮，请明其辩白，并说“足下，当世伊、吕也，宜善与主公计事，济其大猷”。他在临死前悔而不怨。像彭羕这样目空一切的人，仍然把诸葛亮比做商代的伊尹和周代的吕望（姜太公），鼓励诸葛亮辅佐刘备，成就大业。可见诸葛亮在他心目中的位置。

蜀科严峻，也不是小罪大罚，更不是犯了罪错，则永世不得翻身。从诸葛亮对来敏的处理上可看出这一点。来敏出身官宦上层，本人也博学多识。刘备定蜀后，曾封他为典学校尉（校尉为低于将军的军职，另加所管的名衔）、虎贲中郎将。他的缺点主要是口出狂言，好发牢

---

① 《资治通鉴》卷七十，第2235页。

骚。刘备后来对他不满，但仍对他容忍了。诸葛亮主政后，曾提拔他为辅军将军，担任军祭酒（军事上的首席参谋）的高职。来敏反对诸葛亮提拔像董允这样一批"俊彦"的年轻有为之士，又散布怨言。诸葛亮也只是免其职而已。在《黜来敏教》的表文中，诸葛亮评论来敏是"年老狂悖"，即狂妄不讲道理。又说："吾暗于知人，遂复擢为将军祭酒，违议者之审见，背先帝所疏外，自谓能以敦厉薄俗，帅之以义。今既不能，表退职，使闭门思愆。"[1]诸葛亮说，当初没有按来敏乱群的议论罢黜他，是希望提拔重用他，使他受到督促鼓励，而改变坏毛病，接受大的道理。既然没做到，就免其职务，让他闭门思过吧！顺带提出，来敏几经上下，竟享年九十七岁。

当年论者认为来敏乱群，像曹操时代的孔融。孔融也自恃博学多才，又有声望，多次直言触犯了曹操。但曹操最后找借口，杀死了孔融和他的全家老少。而诸葛亮对来敏，也只有让他退职反省而已。

诸葛亮处分的另一位是长水校尉廖立。廖立早年也是诸葛亮赏识的人，在刘备入蜀、诸葛亮留守荆州之时，曾说过"庞统、廖立，楚之良才，当赞兴世业者也"。刘备领益州牧，任命廖立为蜀郡太守。后主继位，诸葛亮开府治事，调任他为长水校尉，他很不满意自己的职务。他认为自己才高功大，按德才和名望，他仅次于诸葛亮，在朝臣中名排第二，而地位却在李严等人之下。当时他已是将军的官职，但他要做卿，即比将军高一级的如丞相、司徒等职。没能办到，他牢骚、怨气发得过火了，非议故去的刘备、关羽，而且贬低同时的向朗、文恭、王连等诸多大吏，说他们是俗吏，带兵的将军们都是小子。在封建时代批评或非议最高领导人，亦属于大逆不道了。诸葛亮在弹劾廖立的《表》里说明："羊之乱群，犹能为害，况立托在大位，中人以下识真伪耶？"认为他如此诬蔑上下，一般人要被他的言论所迷惑，而影响安定。又把他过去犯过的错误，如孙权派吕蒙袭击荆州三郡时，身为长沙郡太守的廖立，弃城逃跑；在为先帝刘备守灵时，持刀杀人；等等，新账老账一起算，把他废为庶民，流放到汶山郡（今四川省汶川县）。廖立在边远的少数民族地区，亲自和家人一起耕种劳作。后来，听说诸葛亮病逝，垂泪叹息，既

① 《三国志·蜀书·来敏传》注引《诸葛亮集》，第1026页。

伤悼贤者，也为自己后半世伤心。他知道，诸葛亮大公无私，终会在以后再起用他，别人就不可能了。他最终死在汶山。笔者曾两度游汶川，今日的汶川已远非蛮夷落后之地，而是各族人民美好生活的繁荣之乡。想到诸葛亮的品德功绩，公正仁义到如此程度，能使被他处分的人感动，怀念他而不忌恨他，令我们后人在一千七百多年后，依然敬佩不已。

诸葛亮对犯了罪过的李严的处理，是他严明法纪、公正无偏的另一个极为著名的史事。李严（后改名李平，大概取平和而不严厉之意）是刘备的托孤重臣，地位仅在诸葛亮之后。李严有能力，有才干，在先主入蜀后归顺，多次立有功绩。后至刘禅继位，封都乡侯、中都护，统内外军事，权力也仅次于诸葛亮。后来转为前将军，相当于关羽当年的地位。诸葛亮对其能力的评价为“部分如流，趋舍罔滞”，意为安排工作，如行云流水，处理问题，敏捷而不拖延。诸葛亮在北伐时，李严移驻江州（今重庆市），负责后方大事。但是，李严为自己考虑得太多，曾几次不听调遣。诸葛亮为了发挥他的长处，并未深责。诸将怨诸葛亮待之太宽了。尚书令陈震曾向诸葛亮反映过李严的严重缺点，说李严表里不一，心怀谲诈。诸葛亮当时以为，不要惹他就行了。目的在于发挥李严的长处，团结尽可能多的智能之士，何况他还是有功绩的托孤重臣呢！

在诸葛亮北伐的后期，与司马懿对峙的夏季，汉中留守、处于代理丞相的实权人物李严，通知前方的诸葛亮，由于雨季，军粮供应不上，让诸葛亮撤军。诸葛大军退回到汉中。李严督办军粮不力，又谎报军情，使诸葛亮撤军，无功而返。此时，李严感到事关国家大事，问题严重，于是要起两面手法。一方面说，我军粮充足，丞相怎么撤军了呢？还想杀督运官岑述，以灭口实；另一方面，又启奏后主，说丞相撤军是计，是为了诱敌与战。李严的本意在于说明他负责运粮的事，没有失误，也无责任，如有责任是丞相处理不当。诸葛亮调查了此事，弄清楚下雨并非军粮不继的主要原因，李严督办不力，前后解释矛盾。他把李严先后写的书信、奏章汇集在一起，与李严当面对质，揭穿了李严欺上瞒下的两面手法，这属于违反法纪、扰乱军规的重大罪行。李严也自知罪责难逃，愿受法纪制裁。这件大事，在后面章节里还要加以叙述。这里先叙述一下诸葛亮是怎样处理这件事的。

处理李严违法乱军这件事，确非轻易。一来，这样的罪过是不可以原谅的；二来，李严系托孤重臣，当时的地位仅在诸葛亮之后。诸葛亮首先把他的罪过说清楚，过去尚有违反军令与不服从调遣之事，也加以罗列，上表给后主，弹劾李严。同时，诸葛亮联合文武大臣如刘琰、魏延、吴懿等二十余人，公文上尚书，阐明李严违法乱军，危害复兴汉室大业，不能宽恕，建议解除李严的职务，免去他的官禄、节传、印绶、符策，削其爵土。官禄指俸禄、薪水之意；节传是官员大吏出使的凭证；印绶、符策乃官吏的授命物件，像虎符一类的东西。李严封都乡侯，削其爵土，即撤销了这项封号与封地。这样，李严被贬为庶人，成为一般的百姓，被放逐到梓潼郡(今四川省梓潼县)。

诸葛亮大公无私表现的一个重要方面，是不搞株连，这对直到康熙、乾隆以后，还有株连九族的不合理的暴政来说，真是值得后人深思的地方。在流放了李严之后，诸葛亮把李严的儿子李丰从江州调到丞相府做参军，军职为中郎将。诸葛亮专给他写信勉励，信中开头提出，本来与李严父子为复兴汉室共同努力奋斗，没料到李严中途犯了错误，遭到免职的处分。信的后半部分特别指明："如果你的父亲好好反省悔过，全心为国；你也好好地在丞相府工作，与蒋琬合作，则坏事可以变好事，失掉的还可以恢复呀！"[①]当时蒋琬为丞相府长史，掌管丞相府的事务。

后来，李严听到诸葛亮去世的消息，竟然悲痛激忿，发病而逝。他以为，诸葛亮若在，知道他的才能，他悔过之后，仍会重用他，别人就不能指望了。这是由于他对诸葛亮的品德、作风有深刻的了解，何况诸葛亮还通过李丰，慰藉与鼓励他争取"否可复通，逝可复还"呢。

上面的事例反映诸葛亮虽然严明法纪，但对诚恳服罪，而非花言巧语的狡辩者，给以改正机会，甚至恢复职务的待遇。这种法治精神，有人认为具有仁政与儒家的思想，甚至有人提出"孔明不死，礼乐可兴"。这就是苏东坡文《刑赏忠厚之至论》的评价。诸葛亮在一篇《答惜赦》的文章里，开头就提出"治世以大德，不以小惠"。所以，他不主张用行赦的办法来笼络人心、争取支持。

---

① 参见《三国志・蜀书・李严传》裴注引文，第1001页。

大赦，是指为了某一种原因，比如改元或认为是喜庆兆头，把罪大罪小的罪犯，一律赦免的做法，因为这其中，既包括罪大恶极的重犯，也包括怙恶不悛的不思改悔的罪犯。诸葛亮不主张时不时的大赦、以小惠收取民心的做法，这与他对诚恳服罪改正错误的人，给予重新做人和工作的法治精神，没有矛盾。刑罚宽严，要依形势而定，但严格执法、公正无私，才是我们应从诸葛亮的品德行为中汲取的最为重要的教益。

其次，关于诸葛亮的经济政策。

政治与经济是紧密相关、互为因果的，清明的政治才可导致稳定和发展经济，稳定和发展经济才是清明政治的基础。历史上没有一位伟大的政治家是忽视经济政策的。

在封建时代，农业乃经济的基础，是经济中最重要、最关键的部分。诸葛亮深知，要巩固政权，统一中原，以复兴汉室，必须民富粮足。“粮谷军之最要”，民以食为天。诸葛亮开府治事，他首先做的是“务农植谷，闭关息民”，积极发展农业生产，即使南中的蛮王、豪强在闹事，他也先搁在一边，留在生产稳定之后再处理。

诸葛亮抓农业生产主要从两个重要方面下手：一是尽可能减轻农民负担；二是兴修水利，保障农业取得丰产的自然条件。

先说前者。在东汉后期，官府横征暴敛，豪门大族兼并土地，农业遭到破坏，农民苦不堪言。诸葛亮为了恢复农业生产，必须保障农民的生活条件，打击和抑制官府豪门的残暴势力。在张澍所辑《诸葛亮文集》中，有《便宜十六策》，在治人之策里有这样一段话：“明君之治，务知人之所患皂服之吏、小国之臣。故曰：皂服无所不克，莫知其极，克食于民，而人有饥乏之变，则生乱逆。惟劝农业，无夺其时；惟薄赋敛，无尽民财。如此富国安家，不亦宜乎？”说明官吏横征暴敛，官逼民反；应抑制官吏，减轻农民负担，鼓励百姓及时耕、收，能够安居乐业。这话即使放到今日来看，依然十分正确。诚然，后人认为，《便宜十六策》系伪托孔明之作，至少也是真伪混杂。我们在这里不讨论有关考证问题。只是表明，诸葛亮认识了农业、农民的大问题，为减轻农民负担，增加农业生产采取了有力措施。

再说后者。成都平原乃农业富庶之区，主要靠都江堰的灌溉之利。自秦太守李冰父子修建都江堰，历代有识之士如蜀地主管等，都很重视这项水利工程的维护与利用。诸葛亮对此当然极为重视,《水经注》记载:"诸葛亮北征,以此堰(为)农本,国之所资,以征丁千二百人主护之,有堰官。"[1]这段记载告诉我们,诸葛亮认识到都江堰是成都地区农业的根本、兵民用粮的来源。所以,设置了专门管理都江堰的官吏,并抽派一千二百名兵士,常年维护堤堰,修浚河道,以保障这项大灌溉工程发挥作用。据说成都附近的柏条河,有一条长九里的堤坝,叫诸葛堤,也是当年诸葛亮修筑用以保护低洼地区的农业生产的。至今当地的老百姓还传颂着诸葛亮修堤的故事。

为了开源节流,也为了农业和战争的需要,诸葛亮还要抓工业生产。那时的工业,只能是手工业,主要是冶炼、煮盐和织锦,冶炼主要为冶铁。诸葛亮为了不使工业生产的收入流入个人特别是豪强手中,坚决实行盐铁官营,分设了司金中郎将和盐府校尉,管理冶铁和煮盐的生产销售事宜。

冶铁包括冶炼和锻铸。当时社会早已进入铁器时代,四川仁寿一带有铁山(矿藏),别的地方也有。冶铁的主要目的有二:一为铸造农具;二为铸造兵器。在四川,多有传说诸葛亮制作刀剑和打造弓箭之处。四川泸定,又称打箭泸,相传是诸葛亮造箭之处。

蜀人蒲元是诸葛亮时代的冶铁技术专家。据《诸葛亮别传》和《蒲元别传》记载:诸葛亮曾想打铸刀剑没有成功。蒲元时为丞相府西曹掾,长于巧思,擅长淬钢,成功地打造了锋利的刀剑,可以削铁如泥。他说,用汉江的水淬火不行,用蜀江的水就行。他所打造的刀称为神刀。另外,传说他帮助诸葛亮制作木牛流马,这一点后面还要叙述。

诸葛亮鼓励煮盐的记载也不少。晋人常璩的《华阳国志》记载着临邛(今四川省邛崃)、广都(今四川省双流)和什邡(今四川省什邡)等县都有盐井,并可应用火井(天燃气)煮盐。《山川纪异》说,"诸葛盐井有十四……"。张华《博物志》和刘敬叔《异苑》,都记载临邛有火井一处,取火煮盐。诸葛亮去视察了以后,火势更加旺盛。该书作者也是为了渲染诸葛亮的"神"气,他一到,"火势转旺"。也可能,诸葛亮一到当地,鼓舞了煮盐的操作人员,人气让火势更加旺盛。总之,这有关的

① 王国维校:《水经注校》卷三十三,第1039页。

记载,反映了诸葛亮对煮盐业的重视,这是系于百姓生活的事,也是创造财富、使国力强盛的途径之一。

另一项与农业、手工业都有关系的事是制作蜀锦。诸葛亮鼓励种桑养蚕,缫丝织锦。诸葛亮家里也有桑八百株。当时蜀锦的生产很隆盛,出现很多人家都有织机,织锦的机声此起彼伏的景象。大批生产的蜀锦,还远销到吴、魏两国。蜀锦的收入,成了财政的重要来源。在仅存的诸葛亮文章中有片言只语:“今民贫国虚,决敌之资,惟仰锦耳。”我们不知道该文的前后内容,至少它反映了当时蜀锦生产的规模和重要性。

三、诸葛亮与汉、吴同盟

本节我们叙述诸葛亮的外交政策,主要是与东吴的结盟。汉、吴结盟虽然经历了重大挫折,但诸葛亮开府治事后,汉、吴同盟一直坚持到蜀汉的终结。早在刘备三顾草庐之时,诸葛亮就提出了“外结好孙权,内修政理”的战略。这不仅是在当时的形势下,刘备逐鹿中原最可行的战略,而且是为了复兴汉室、消灭随时可能篡汉的曹操集团的惟一可行的战略,这是带有原则性的大问题。如果只从逐鹿中原,以及从天时、地利和人和的力量上分析,诸葛亮完全可以北上或东移,扩大地盘。他之所以在刘备三顾后毅然出山,不仅是为了报答刘备的三顾之恩,而且有兴复汉室、澄清天下的大原则在内。

赤壁之战后,刘备据荆州,已经形成曹、孙、刘三足鼎立的趋势,但还不能说既成事实。一方面,刘备一方的力量尚不够强大;另一方面,曹、孙两大集团外,尚存在一些如刘璋等分散的势力。待到刘备平定西蜀,已经跨有荆、益之时,魏、蜀、吴三足鼎立之势方才确立。如果不是孙权背盟弃义,以及随后刘备失策伐吴,那么历史可以是另一种发展。

孙、刘夷陵之战后,魏主曹丕屡伐孙权。孙权深知靠卑辞谦语已不能让曹丕止兵，乃向刘备请和，派大夫郑泉面见刘备。刘备派大夫宗玮答聘，刘备还派费祎到吴国回访；刘备逝世后，孙权派立信都尉冯熙到白帝城吊丧，孙、刘两家互派使节，在刘备病逝前后，已经比较频繁。一般来往，常为史书所忽略。在《三国志·蜀书·邓芝传》里，记载着孙权给诸葛亮的信，其中有“丁厷掞张，阴化不尽；和合二国，惟有邓芝”的话。丁厷和阴化是刘备逝世前后，蜀汉派往吴国的使节。这两位官员，虽然在《三国志·蜀书》里没有立传，但都是与蒋琬同辈份的有地位人士。孙权认为，丁厷比较浮夸，不够实在；而阴化表达又不够周到透彻，他对邓芝特别欣赏。

在关羽北伐之前和北伐之中，孙、刘的联盟名存实亡。虽然当时双方联系十分频繁，然而关羽不时派人与吕蒙、陆逊联系，兼探听虚实；吕蒙、陆逊虚与委蛇，口蜜腹剑，暗中准备攻打荆州，截断关羽后路。在刘备退守白帝城的一两年时间里，双方互相来往，允诺和平，都是形势所迫，不得不尔。双方离推心置腹、相互诚信，还有遥远的距离。

孔明受托，开府治事后，认为与东吴的关系实是国家战略的大事。与孙权结为同盟，巩固一再遭到破坏、尚未恢复彼此信任的关系，此外别无其他选择。刘备崩殂，孙权虽派人吊唁，但其内心怎么想，也难推测。诸葛亮拟派得力之人去吴修好，尚未得其人。这时，邓芝向诸葛亮进言：“现在皇帝年幼，又是刚刚继位，最好派遣大使去吴，重申和好。”他的建议与诸葛亮的想法一致。诸葛亮告诉他：“我考虑很久了，一直没有找到合适的人，现在才找到了。”邓芝问：“找到了哪一位？”诸葛亮说：“就是阁下您呀！”于是派遣邓芝作为大使，去吴国建业（今江苏省南京市）修好。

邓芝，字伯苗，是蜀汉的一位重要将领，也是一位清廉的高官。他是汉光武帝刘秀的重臣邓禹之后。刘备入蜀后，诸葛亮见到他办事能干，表现突出，由县的一员部属，接连地提升为县令、郡太守。诸葛亮派他使吴时的官职为尚书郎，又兼领中郎将的军衔。任务很重，但其官职都并不高。邓芝到了建业，住在旅舍，等候孙权接见。果然如诸葛亮所虑，孙权还没拿定主意，不愿接见邓芝。他不愿接见邓芝的原因，倒不一定是嫌他官阶不高，主要是他一方面狐疑不定，一方面要摆摆架子。邓芝久等，不得召见，便上表给孙权，请他召见自己。表中的主要意思是，“我来使吴，不仅是为了蜀汉的利益，而且也关系到吴国的利害”。可惜邓芝的表文没能留传下来，该文定是既不浮艳，又切中时弊，说理透彻，不卑不亢，所以才能打动孙权从而决定召见邓芝。

孙权跟邓芝说：“我真心愿意与蜀汉和好，就是担心蜀汉皇帝年幼，国家地域小，形势严峻，让魏国欺凌，自身不能保全，所以我感到犹豫。”这就为孙权的狐疑作了注解：你不能自保，我与你联合，就没用了。邓芝给他讲了一通符合实际的大道理：“大王您是一代的英雄，诸葛丞相也是当世的豪杰。吴国有大江大河的险阻；蜀国山峦重叠，也可据险守御。两国土地加起来有四个州，两国之优势合在一起，可以互为唇齿，互相依靠。进可以兼并中原，退可以与魏鼎足而立，形势摆在那里，道理是明白的。大王您若投靠曹魏，魏则要您去魏的朝廷朝拜，起码也要您的太子去魏做人质；如果您不服从，魏可藉以讨伐吴国。蜀也可顺流而下，相机夺取吴地。这样，江南之地恐怕不再为您大王所拥有了。”孙权听了邓芝一番议论，沉默了好长一段时间，琢磨邓芝论述的道理，才说：“阁下说得对。”这时他才下决心，不再卑辞奉魏，断绝与魏的关系，与蜀汉和好。①

《三国演义》中描写孙权听说邓芝到来，接受了张昭的馊主意，准备了一口大锅，将油煮沸，唤邓芝入见，说你是否学郦食其做说客，而想被油烹死吗？邓芝在持大刀长矛的武士威逼下，从容不迫，讲出了上述的一番道理，并责备吴国气量太小，不能容物，迫使孙权道歉，并以礼相待，接纳了邓芝的建议。《三国演义》这段描写，可以突出孙权的骄横无理；又可突出邓芝的胆大心细，义正辞严，增加了故事的曲折可读性。实际上，孙权一直没中断与蜀的礼聘与往来，完全没有必要采取这种暴君的行动。正像戏剧中的孙权，是个大白脸奸相，大白脸的角色做出骄横之事，是很自然的。

邓芝成功地完成了诸葛亮交给他的联吴任务，返回成都，这是建兴元年(223)的事。建兴二年(224)，孙权派辅义中郎将张温到成都致聘礼，作为对邓芝使吴的回访。这就是礼尚往来，也为有关联盟的具体事宜作进一步的磋商。临行时，孙权叮嘱他：“见到诸葛亮解释一下，我

---

① 参见《三国志·蜀书·邓芝传》，第1071~1072页。

现在仍与曹丕有来往，是因后方山越少数民族尚未平复，一旦后方巩固，将征讨曹丕。”张温说：“诸葛亮深谋远虑，想得周到，必然知道大王您的权宜屈伸，他必无疑虑。”

随张温一起入蜀的还有殷礼，这两人都有才干和学问，张温向后主刘禅上表，言辞谦恭有礼。他们都受到了诸葛亮的称赞。后来，诸葛亮在给哥哥诸葛瑾的信里，还称赞殷礼的才干，赞许其为古之贤臣。

顺带提一下，由于张温回吴后，称颂诸葛亮执政有序，而张温也名声显赫，这就招主之忌了。孙权日后找个借口，把张温罢免了。诸葛亮对张温被废黜，思考了几天，才得出其被废缘由：“吾已得之矣，其人于清浊太明，善恶太分。”[①]好坏分得太清楚，必然要得罪不少小人，亦难免招主上之忌。在用人之长、不求全责备上，孙权与诸葛亮相比还有差距，仅此一事，可窥一斑。

张温使蜀，双方谈得融洽。趁热打铁，诸葛亮再派邓芝赴吴。孙权对邓芝有颇好的印象。他认为“和合二国，惟有邓芝”。他对邓芝谈话也较随意，他对邓芝说：“如果消灭了曹魏，天下太平，吴、汉两家分域而治，不亦乐乎？”邓芝回答道：“天下没有两个皇上，正如天上没有两个太阳，消灭曹魏之后，您也不一定知道天命归于哪一家；两家之主，应各自实施仁政，修养道德，两家的臣子，各尽忠益，两家的将士准备打仗，再来决定天下的归属吧！”孙权大笑，说：“阁下讲的真是大实话呀！”

邓芝完成了他的和吴使命。而张温由于被罢黜，没有能完成他的和蜀使命。吴、蜀双方往来不断，而且互相赠送本国的土特产，以为聘礼。诸葛亮南征凯旋后，又派费祎出使东吴。费祎聪明过人，办事敏捷，而且品德良好，诸葛亮对他信任有加。南征凯旋，众官远迎，而费祎年资偏后，诸葛亮让他与自己同车，大家对费祎也就刮目相看了。诸葛亮给他加昭信校尉的官衔，出使东吴。他不仅出色地完成了任务，而且像邓芝一样，获得了孙权的信任与赞扬。孙权不是一脸严肃的人，好幽默讽嘲，开开玩笑。而他手下大臣诸葛恪（诸葛瑾的儿子）和羊衜等人，脑子好，有学问，善辩论。在谈论中，经常给费祎出难题。而费祎缓

---

① 《三国志·吴书·张温传》注引《会稽典录》，第1333～1334页。

缓而答，辞顺而理明，没被难倒。据《三国志》裴注引《别传》说，孙权常给费祎劝酒，乘其醉，问他国事和社会上的事。费祎借口已醉，退而准备回答他的问题，十分周到详细，没有遗漏。孙权十分器重费祎，认为他是社稷之才。他对费祎说："凭你的道德才干，今后必为蜀汉朝廷的重臣，恐怕不可能总为使来我国了。"语带感情。因为他出使东吴的任务完成得好，返国后，升为侍中，主持宫中大事。诸葛亮北伐，费祎为参军（丞相府的重要幕僚，相当于军事上的参谋长）和司马（分管一部的军事首长）。以后，又多次使吴，为最终的蜀、吴同盟，即汉、吴同盟的订立，奠定了基础。

直到建兴七年（229），孙权称帝，国号吴，改元为黄龙。这时孙权已年近半百了。在魏、蜀、吴三国中，孙权称帝是最晚的。这是为什么呢？当年他不称帝，并不是他不想称帝，而是为了易于对付西、北两边，不仅随时可以卑辞奉魏，而且可以对付刘备、诸葛亮一方。这几年，东吴一方面与蜀汉的关系发展顺利，互相间有了信任；另一方面，在建兴六年（228），为了配合诸葛亮北伐，孙权的鄱阳郡（今江西省鄱阳县）太守周鲂诈降，使魏大将曹休来迎，陆逊在石亭（在今安徽省潜山县境内）大败曹休。孙权大受鼓舞，不再惧怕曹魏，并决心与蜀汉结盟，与曹魏断绝，至此才放心地称起帝来了。

对孙权称帝，蜀国的不少文臣武将反应激烈，他们主张断绝与吴的联盟关系，并予声讨。原因之一是孙权僭越，即孙权称帝乃叛逆非法；原因之二，孙权称帝满足了鼎峙而立，不再攻伐曹魏，联盟名存实亡。诸葛亮分析了孙权称帝后的形势，孙权可能采取的行动，对蜀汉伐魏的影响，保持联盟与断绝关系的利弊等，决定维持联盟，为此他写了《绝盟好议》上表后主。这篇当时对吴保密的奏章，反映了诸葛亮对联吴伐魏的策略。值得一读，下面列出原文，并加意译。

> 权有僭逆之心久矣，国家所以略其衅情者，求犄角之援也。今若加显绝，仇我必深，便当移兵东伐，与之角力，须并其土，乃议中原。彼贤才尚多，将相缉穆，未可一朝定也。顿兵相持，坐而须老，使北贼得计，非算之上者。昔孝文卑辞匈奴，先帝优与吴盟，皆应权通变，弘思远益，非匹夫之为忿者也。今议者咸以权利在鼎足，不能拼力，且志望以满，无上岸之情，

推此，皆似是而非也。何者？其智力不侔，故限江自保；权之不能越江，犹魏贼之不能渡汉，非力有余而利不取也。若大军致讨，彼高当分裂其地以为后规，下当略民广境，示武于内，非端坐者也。若就其不动而睦于我，我之北伐，无东顾之忧，河南之众不得尽西，此之为利，亦已深矣。权僭之罪，未宜明也。①

这段话用现代的口语表达，意为：

“孙权早就想叛逆称帝了，我国并未深究他罪过的原因，为的是和他互相支援，共同讨伐曹魏。现在，若公开地断绝盟好，他必然深深地仇恨我国，我们只能先移师东伐孙权，与他们打仗，占领了东吴领土，才考虑北伐的大事。吴国贤德有才干的人还不少，文武和睦，不是短时间可以打败的。如果两军对峙，以寻待时机，就让曹魏占便宜了，这不是好主意。过去，汉文帝谦恭地与匈奴和亲，而先帝让步不少以与孙权结盟，这都是根据形势所做的变通之计，在于从国家的长远利益着想，而不是匹夫为了一时的忿怒呀！现在有一些人认为，孙权满足于三国鼎立，不可能再和我们齐心协力了，从而，不再考虑过江北伐了。这个推测似是而非，为什么？孙权不是没有北伐之志，因吴国的才智、力量尚不能与之相应，所以才借长江天险以自保。孙权不能越长江伐曹，就好像曹魏不能渡汉水攻打我国，并不是有力量而不想去干呀。如果我国大军北伐，孙权最大可能也乘势攻占魏土，以图进取；而起码他也会夺取魏的人力与财物，扩大点地盘，以便向国内人民显示武功，而不会无所作为。即便东吴按兵不动，只要和我国保持和睦的关系，我国北伐，就无后顾之忧，他还可以牵制曹魏黄河南部的军队，使之不敢都调到西边来对付我们，这对我们也很有利。所以，对孙权称帝的叛逆行为，不宜公开地声讨。”

诸葛亮的分析够透彻的了，实践证明，在孔明北伐之际，孙权的行为正如上面孔明所预期的，还是有一定的配合行动的。

这次诸葛亮派陈震使吴，一方面祝贺孙权称帝，同时也最后把蜀、吴的攻守同盟（即汉、吴同盟）确立下来，形成条约。陈震，字孝起，在

---

① 《三国志·蜀书·诸葛亮传》注引《汉晋春秋》，第924～925页。

建兴三年入拜尚书，后来升迁为尚书令，按东汉官制，尚书管理朝廷的政务，而尚书令则总管一切政令，直接对皇帝负责。建兴七年(229)，他使吴前，又被加封卫尉，统率皇宫卫队，位在九卿之内。诸葛亮给哥哥诸葛瑾的信中，这样评价陈震："孝起忠纯之性，老而益笃，及其赞述东西，欢乐和合，有可贵者。"[1]意思是，陈震忠正纯朴之性，愈老愈醇厚，他在促进吴、蜀两国的关系，使之愉快和睦方面，更是难能可贵。陈震入吴界，公告自己的使命，并请吴国官吏提醒自己，以便不违反吴国的成规与惯例。陈震很好地完成了任务。这次孙权与陈震在武昌(今武汉市)升坛歃盟，这等于订立条约，对天盟誓，把两国多年来谈判的内容，逐渐建立的友好关系，写入誓书中，昭告天下。

达成的重要协议之一，是怎样分割魏的国土。虽然还没有打败曹魏，先行分土，在于告诉那里的人民：你们将来是属于哪一国的。当时共有十二州和一个司隶校尉部，这样算共十三个州。约略地说，魏占其九，吴、蜀共占其四。魏的九州是这样分割的：豫、青、徐、幽归吴；兖、冀、并、凉归蜀；司州之地，以函谷关为界，西属蜀，东属吴。吴、蜀当时的领地为：吴据扬州、交州和荆州的大部分，蜀有益州和凉州的一小部分。

昭告天下，对神盟誓的盟书内容简赅有趣：

先叙述东汉末年，天下大乱，皇纲无序，先后被董卓和曹操两逆贼所劫夺，天下四分五裂，人民苦不堪言。曹丕为桀纣遗丑，竟然篡汉自立。他死后，其子曹叡这个小妖魔接着行凶作恶。古代高辛氏平定了作乱的共工；虞舜又征讨了叛变的三苗。现在消灭曹魏的责任，就落在汉和吴的身上了。本着历史先例，先分割魏土，以使士民之心，知所归属。汉、吴即使彼此信任，出自内心结盟，但也应盟誓，订立盟约。

盟书中间加上一段对诸葛亮的颂辞："诸葛丞相德威远著，翼戴本国，典戎在外，信感阴阳，诚动天地，重复结盟，广诚约誓，使东西士民咸共闻知。"[2]其意为：诸葛丞相道德威望远播四方，他在朝辅佐汉国皇帝，在外主持军国大事，他仁义诚信感动了天地鬼神，今汉、吴再一次结

① 《三国志·蜀书·陈震传》，第984~985页。

② 《三国志·吴书·吴主传》，第1135页。

盟立誓，信守誓言，并使两国人民都知道这件事。

盟书最后一段阐明攻守同盟的含意。结盟之后，齐心协力，共讨魏贼。患难与共，决无二心。如果有人犯汉，吴就攻打他；如果有人犯吴，汉就攻打他。汉、吴两国互不侵犯。如果谁违约失信，神明一定惩罚他。

我们作几点说明如下：正式场合，正式文件，蜀本应称汉。只是后人为区别西汉、东汉，常称蜀汉或季汉。古人心中神灵是存在的，对天盟誓，表示真心愿意做，不敢违反誓约。而实际盟誓归盟誓，行动归行动，董卓、曹操也曾对天宣誓就职，袁绍作为盟主讨伐董卓，也要盟誓。而他们的行动证明，他们并没有真心实意地践行誓约。应该强调，由于受主客观形势的驱使，汉、吴同盟真的被贯彻到三国时代的结束。

在誓约里，既没有提汉、吴两国的国君刘禅和孙权，也没有提吴国的宰辅人物，只颂扬了诸葛丞相。这样的写法似乎极其罕见，令人惊异。黎东方先生认为，发起这个盟约的不是别人，而是诸葛丞相。[①] 笔者认为，还有一重要原因，是因为诸葛亮仁义诚信的道德威望为广大士民所信服，在盟誓中提到他，更增加“神灵”的保佑与人民的拥护。

在缔结了这个盟约之后，孙权把国都由武昌迁回到建业，命陆逊与太子孙登留守武昌。此时，他可以不必把大部队留在荆州地区，因为汉、吴已结盟，加强了信任，没有必要为了互相的攻守而留驻大军。为了防止曹魏南下，孙权部署主力东移，并准备在合适的时机渡江北上攻曹了。

① 黎东方：《细说三国》。

四、参署与纳谏

诸葛亮的道德威望远播四方，他的仁义诚信感天动地，所以对诸葛丞相的赞美之辞被载入汉、吴同盟的盟书里。在本章第二节，我们已经叙述他开府治事的品德与功绩。本节将叙述他虚心纳谏和与此有关的历史。听取各方面的意见，虚心纳谏，而且鼓励属下多针对自己的缺点，提出建议，对一个权力倾国的人来说，能够做到这一点，特别难能可贵。

自古以来，掌权的人大多听不得不同的意见，而且，对提出不同意见的人，轻则黜免，重则投入囹圄、杀头甚至株连九族，其例之多，不胜枚举。从桀纣起，残暴君主的劣行是罄竹难书的。魏主曹丕就是一例。他喜欢打猎，长水校尉戴陵劝他节制，他听后大怒，把戴陵投入监狱，不许释放。所以黎东方在《细说三国》里，说曹丕是个极无良心、道德缺乏的人。刘备临终对诸葛亮说“君才十倍曹丕”，此语不是夸张。从道德上比，又何止十倍呢？瞻拜与游览成都武侯祠的知名人士，多留言颂扬诸葛亮在政治、军事上的业绩；颂扬他鞠躬尽瘁、兴复汉室的精神。而梁漱溟老先生在1986年游武侯祠留言里，独赞扬他虚心纳谏、勤求己过的伟大精神，推崇备至。这固然是他本人多年阅历的深刻感受，但也确实反映了大众都承认的事实。在诸葛亮的治理下，蜀汉能够政通人和，与他勤求己过、虚心纳谏有密切的关系。这也是我们为什么专设一节，来论述有关历史的原因所在。

建兴元年(223)，诸葛亮为丞相，开府治事。写下《与群下教》一文，对部下提出要求：

> 夫参署者，集众思广忠益也。若远小嫌，难相违复，旷阙损矣。违复而得中，犹弃弊跻而获珠玉。然人心苦不能尽，惟徐元直处兹不惑，又董幼宰参署七年，事有不至，至于十反，来

相启告。苟能慕元直之十一,幼宰之殷勤,有忠于国,则亮可少过矣。①

其大意为:“让同僚与部属参与议论国务,目的在于集中大家的智慧,广纳有忠益于国家的建议。如果怕嫌疑,有顾虑,就不可能反复讨论充分,会造成大的遗漏与损失。反复议论而得出正确的结论,就像扔掉破鞋而得到珠宝一样。然而,多数人总有顾虑,不能尽言。当年徐元直就没有顾虑,董幼宰和我共事七年,我有考虑不周, 他可以十次八次地反复提出意见。如果大家能学到徐元直的十分之一,像董幼宰那样的勤恳殷切,忠诚于国务,我就可以少犯错误了。”

我们平常总说的集思广益,是来自诸葛亮的教导和他的实践。不虚心听取意见和采纳正确的建议,怎么能“集众思广忠益”呢? 徐庶,字元直,他和诸葛亮共事在赤壁之战前,那时他们的关系,还不是丞相与掾属的关系,讨论或争论问题自然更随便、更充分吧! 董和,字幼宰,也是一位品德高尚、办事认真的人,参署七年,指他们同署左将军府事(在第四章第一节,曾比喻为一位是秘书长,一位是办公室主任)。两人要天天在一起打交道,他们关系和睦,知无不言。以至后来诸葛亮提到此事,仍感到鼓舞与快慰。

诸葛亮对部属的要求,其言谆谆。他怕大家不敢讲话,为了说明不必顾虑,他本人绝不会给任何人穿小鞋,又重复与补充说:“昔初交州平,屡闻得失,后交元直,勤见启诲,前参事于幼宰,每言则尽,后从事于伟度,数有谏止;虽姿性鄙暗,不能悉纳,然与此四子终始好合,亦足以明其不疑于直言也。”②其意如下:“我自己责任重大,而才能不高,所以缺点多,有错误。过去,我与崔州平开始交往,常常听到他评论我成功与失策之处;后来,与徐元直相交往,也经常得到他的启发和教益;前者和董幼宰共事,他对我知无不言,言无不尽;后来又和胡伟度一起工作,他也多次对我提出规谏。虽然我个性固执愚笨,不能完全按着他们的意见办,然而,我与这四个人的关系始终融洽和睦,足以证明,对于直率地给我提出意见和建议的人,我绝不会猜疑忌恨的。”

---

① 《三国志·蜀书·董和传》,第979页。

② 《三国志·蜀书·董和传》,第980页。

诸葛亮提到的崔州平是他年轻时的朋友，后来分手，各走各的路了。胡济字伟度，做过丞相府的主簿，与诸葛亮经常打交道。胡济由于办事认真、忠诚可靠，受到诸葛亮的表扬。在蜀汉的晚期，胡济是负有重要职责的大臣。这时，诸葛亮又苦口婆心地要求属下，知无不言，言无不尽。如果说，他与崔州平、徐元直的交往，尚在青年时期，双方没有严格的上下级关系，提出批评意见可以毫无顾虑；那么，后来与董和、胡济已是上下级的从属关系。都署左将军府事时，诸葛亮是军师将军，董和为中郎将；与胡济共事时，诸葛亮是丞相，胡济是丞相府的主簿，是丞相的属员。在这样的关系下，他们仍能每言则尽，数有谏止，固然体现了他们是忠义之士，更体现了诸葛亮鼓励部属进言、虚心纳谏的好品德。如果让人家提意见，嘴上说言者无罪，人家言了，又以异己为借口，予以打击，谁还敢言呢？在诸葛亮看来，言者不仅无罪，而且是有功呢！

诸葛亮要求属下勤攻己过、言无不尽的大度精神，基于他一生忠国的品德，也在于金石朋友的理解和实践。他在论交友之道上，有生动的比喻，他说："士之相知，温不增华，寒不改叶，能四时而不衰，历夷险而益固。"真正的朋友是不同于势利之交的，其友谊增温了花也不多开，降温了叶也不改色，不因季节而衰退，经历了危险患难反而更加稳固。上面提到的人就属于这种朋友。他在批评张裔的信里，对石交又作了具体的阐释。

张裔忠诚有才干，办事敏捷。南中雍闿叛变，把张裔捆送东吴，他蛰伏不敢露面。吴、蜀恢复和好后，他回到蜀汉，受到诸葛亮的重视。在诸葛亮北伐时，他作为相府长史，负责相府的留守工作。他对诸葛亮十分了解，非常崇敬。他说丞相"赏不遗远，罚不阿近"，这在本章第二节曾提到过。他虽然忠诚干练，但心胸偏狭。杨洪惩罚过他犯错误的儿子张郁，他一直记恨在心，又与司盐校尉岑述不和，而咎在他这一方。诸葛亮写信批评他，信先回顾他们的友情，而后阐明石交之义，教育他改正错误。信不长，录于下：

> 君昔在陌下，营坏，吾之用心，食不知味；后流迸南海，相为悲叹，寝不安席；及其来还，委付大任，同奖王室，自以为与君古之石交也。石交之道，举仇以相益，割骨肉以相明，犹不

相谢也，况吾但委意于元俭，而君不能忍邪？①

在信中，诸葛亮语重心长地教诲：“当年你张裔在刘璋帐下，于陌下被张飞攻陷，我为你担心，食不知味；后来你被押送东吴时，我为你悲叹，睡不着觉；再以后，我委你重任，自以为和你属于古代的石交范畴。石交的道义是，为了国家利益，可以举荐与自己有仇的人；为了道德原则，可以割舍骨肉以表无私，对此尚且不推辞，何况我不过就是委任了岑述（字元俭），你怎么就接受不了了呢？”

从这个事例看，诸葛亮自己不计个人的恩怨，同时要求他的属下按金石之交的标准，公而忘私。他自己虚心纳谏，也要求属下接受批评，改正错误。

诸葛亮曾亲自校阅公书文件，这工作本是下属的事。诸葛亮谨慎，怕簿书文件有误，影响大事，故曾亲自审校。蜀郡太守杨颙直接向诸葛亮提意见。他以家庭为比喻：“你诸葛亮好比家长，家中做饭、耕田、杂役等等各有其人操作，不需要家长亲自动手，不然，你太累了，影响抓大事。”诸葛亮对他直言劝谏十分感动。大概以后就不常亲校簿书了。后来杨颙在丞相府东曹负责选拔人才的工作。杨颙去世，诸葛亮十分悲痛，“垂泣三日”。诸葛亮给张裔和蒋琬写信，说“令史失赖厷，掾属丧杨颙，为朝中损益多矣”（赖厷为丞相府西曹令史），表达对杨颙等人去世的悲伤。杨颙直言规谏，令诸葛亮衷心感激。哭悼杨颙之死，此事感动了宋朝大臣王安石。他认为诸葛亮虚心接受意见，是留住贤人的重要动力，因此才能以益州一州之地，东边和吴，北边抗魏。他写诗咏赞：

恸哭杨颙为一言，
余风今日更谁传。
区区庸蜀支吴魏，
不是虚心岂得贤。

第一次北伐，马谡失守街亭，兵败退回汉中。诸葛亮认为不是兵少，而是自己用人不当，指挥有失，他要求将士多多指出自己的缺点错误。这件事在第七章还要详细地叙述，这里特先摘出他的文章《劝将

① 《三国志·蜀书·杨洪传》，第1014页。

士勤攻己阙教》中的最后一段话："自今已后，诸有忠虑于国，但勤攻吾之阙，则事可定，贼可死，功可跻足而待矣。"意思是，大家为了国家考虑，经常给我挑毛病、找错误，那么大事好办成，敌人可消灭，成功就指日可待。

综上所述，诸葛亮广开言路，鼓励属下给自己提意见，指出缺点，而且自己虚心听取意见，接受正确的意见和建议。这样伟大的襟怀、崇高的品德，为后人树立了光辉的榜样，这也是中华文明悠久历史中的闪光之点。世上没有不犯错误的人，只有广开言路，倾听各方面的意见，并虚心接受正确意见和建议的人，才是犯错误最少的人。这一道理，对高官领导显得十分重要；对一般平民百姓，又何尝不是值得记取的呢？

第六章

平定南中与和抚夷越

诸葛亮在为刘备制定《隆中对》战略中，明确地提出“西和诸戎，南抚夷越”的民族政策。这包含了诸葛亮法治精神中的儒家仁政思想。在刘备平定益州和建立蜀汉政权的大约半个世纪里，诸葛亮的这一思想，可以说是蜀汉政权民族政策的主线。

在蜀汉时代，南中夷民的文明程度和发展水平，与蜀中汉民相比，自然不同。诸葛亮考虑到既要尊重他们的风俗习惯，也要帮助他们从落后的生产生活方式，逐步过渡到较为先进的方式；逐渐从化外之民，过渡到夷、汉无间，从攻心战为上，改为争取民心。这才是诸葛亮和抚方针的真谛，它建立在仁义与诚信的道德基础上。

一、平定南中，知兵非好战

诸葛亮在为刘备制定《隆中对》战略中，明确地提出“西和诸戎，南抚夷越”的民族政策。这包含了诸葛亮法治精神中的儒家仁政思想。在刘备平定益州和建立蜀汉政权的大约半个世纪里，诸葛亮的这一思想，可以说是蜀汉政权民族政策的主线。

益州西部的诸戎和南部的夷越，在秦汉时统称西南夷，历来居住着诸多少数民族，逐渐地有一些汉族大姓和其部属进入该地区。在三国时代，这部分地区地域辽阔，又称为南中。东汉时期南中有四个郡，即越嶲郡，治所在今四川省西昌市，包括四川省西部和南部的大片地方；益州郡，治所在今云南省滇池之南的宁晋县，辖地包括云南省的东部和贵州省部分地区；永昌郡，治所在今云南省保山市，辖地在云南省的西部；牂牁郡，治所在今贵州省的福泉市，辖地包括贵州省大部分，广西省、云南省的各一部分。从今日的观点看，包括南中四郡在内的益州，地域宽广，但因南中地广人稀，所以在综合国力上，蜀逊于吴，更远弱于魏。

南中地区有多种少数民族，他们的风俗不同于汉族，文化与文明的发展也相对落后。秦汉时代，统治者一直视他们为化外之民，以蛮夷称之，没把他们看做中国的家人，而是“内诸夏而外夷狄”，说得通俗点，汉族是家里人，夷狄是外人。因此，往往歧视他们，甚至欺凌、掠夺、压迫他们。在东汉时期，为了镇压南中少数民族的反抗，统治者进行过残酷的屠杀和洗劫，造成民族间互相猜疑和仇恨。有关的历史，诸葛亮在隆中耕读之时，就十分清楚地进行分析了。他既然有治平之志，自然对南中地区的民族问题，有过深思熟虑。他为刘备制定的战略，不仅有利于稳定南中局势，使讨伐曹魏无后顾之忧，而且还要争取南中地区百姓为北伐贡献力量。“西和诸戎，南抚夷越”这八个字，代表着巨大的进步，意味着以诚信为基础，公正地对待“蛮夷”；不是索取，而是带给他们文明与进步。

刘备平定益州，按照对夷越和抚的方针，重视对南中的管理，派安远将军邓方为庲降都督。从字面上看，庲降有招抚夷越归顺的意思。给《三国志》作注的裴松之问过蜀人，说庲降“去蜀二千余里，时未有宁州，号为南中”，庲降是个地方。这类似于过去绥远、归绥的省名、市名。章武元年(221)，邓方去世。皇帝刘备征求李恢的意见：“谁可接替邓方为庲降都督？”李恢认为自己长于与夷越打交道，推荐自己接任此职。刘备说：“我本来也看中你了。”于是任命李恢为庲降都督，使持节领交州刺史，驻屯在平夷县(今贵州省毕节市)。[①]

刘备伐吴失败，南中地区的豪门大姓乘蜀汉力量削弱之际，不服从汉朝廷的命令，起兵叛变。雍闿是带头的一个。他在南中地区有一定的号召力，在益州郡发起闹事。他乘着益州郡太守正昂被害之机，鼓动造反，远与东吴孙权相勾结。他把新派任的益州太守张裔捆绑起来，送到东吴。

刘备驾崩，蠢蠢而动的南中豪强势力互相呼应，南中四郡中，有三郡叛变。雍闿已在益州郡不可一世了。本是蜀汉朝廷任命的牂牁郡太守朱褒也起兵造反了，他就像汉嘉郡太守黄元叛变一样，认为有机可乘。越巂郡的叟帅(有兵的地方民族首领)高定也不服从朝廷起兵闹独立。最远的永昌郡太守离任，新太守尚未到任，功曹吕凯和府丞王伉(功曹和府丞都是太守下的官员，属高级公务员)自行商议，代行郡守职责，坚守城池，抵抗叛乱。这时，诸葛亮刚刚开府治事，担负起治理国家的大任。他采取“务农殖谷，闭关息民”的政策，先恢复国家的元气，让老百姓丰衣足食，休养生息。北驻军以防曹魏，东派人以和孙吴，并没有立即率兵讨伐南中的叛乱势力，还试图说服他们改弦易辙，归顺朝廷。他通过都护李严给雍闿写信，晓以大义，告知利害，足足写了六张纸，但雍闿不为所动，坚持叛乱。他还写了一张纸的回信，极其嚣张无礼，他说：“我听说天无二日，地无二主。今天下鼎立，合法的不合法的有三个皇帝，让我们边远的人惶惑，不知道应该服从谁。”

雍闿为了找个靠山，投降了东吴，他把益州太守捆送东吴，也是为

① 参见《三国志·蜀书·李恢传》，第1045页。

了向吴献功。东吴对他表示嘉奖，任命他做永昌郡太守。永昌郡的吕凯和王伉率领军民，坚持抵抗雍闿的进攻。因永昌郡离成都最远，中间隔着已被叛军占据的地盘，处境艰难。但吕凯在当地有信誉和威望，军民愿意出力，雍闿也攻而不克。他不止一次向吕凯发出檄文，让吕凯投降。吕凯不为所动，也写了一封回信，告诉他什么是错，什么是对，应该怎么做。这封信写得义正辞严，援引多个历史事例，阐明大义原则，其中包括雍闿的前人什邡侯雍齿叛而复降，受汉高祖刘邦加封的故事，劝雍闿归顺，深浅得体，内容感人，用辞恰当，典雅可读，有兴趣的读者可参阅《三国志・蜀书・吕凯传》。

吕凯的信也等于对牛弹琴了。当然，雍闿也攻不下吕凯、王伉和军民坚守永昌的地盘。事后，吕凯和王伉受到诸葛亮的表扬和提升，提升事后面再叙。这里先叙述诸葛亮对他们的赞许之辞："永昌郡吏吕凯、府丞王伉等，执忠绝城，十有余年，雍闿、高定逼其东北，而凯等守义不与交通。臣不意永昌风俗敦直乃尔！"①

雍闿的威逼对西边的永昌官民不起作用。而他所在的益州夷民，又不想跟着他闹事。这时，雍闿又唆使闹事的夷民首领孟获，到处散布谣言，煽动群众说："官欲得乌狗三百头，膺前尽黑，螨脑三斗，斫木构长三丈者三千枚，汝能得不？"孟获所说的这三样东西，都是不可能得到的，胸前全黑的黑狗，当地没有。螨脑是什么，有人说是玛瑙，似乎不确；有人认为螨为一种小虫，要取其脑是不好办的②，此说似乎可取，这好像存心刁难要一碗蚊子心、跳蚤胆一样。斫木当地有，最长可二丈，三丈长的没有。孟获一造谣煽动，夷民百姓信了，现实是根本找不到这些东西，交不上就要受罚，与其受罚还不如造反呢。当年的夷苗百姓不可能多想几个为什么，何况他们对前辈饱受东汉贪官污吏敲诈勒索的事还没忘怀呢。

诸葛亮开始想做说服工作，如果叛变的雍闿、孟获、高定和朱褒等人能翻然悔悟，那么不动兵革，可和平地解决南中骚乱。既然雍闿之流不听劝告，他只能下定决心南征。南征前，诸葛亮仍紧抓国内的稳定和

① 《三国志・蜀书・吕凯传》，第1048页。

② 谭良啸：《访古话孔明》。

农业、手工业生产，争取做到政通人和。建兴三年(225)三月，诸葛亮决定亲自率军南征。这时，丞相府长史王连阻谏，认为南中地区乃荒芜不毛之地，易染瘟疫，而丞相秉钧衡之任，负一国重责，不宜亲自冒险前往。这时，诸葛亮要亲征南中，掌握刚柔尺度，以争取南人心悦诚服，所以坚持亲往，而王连意真情切，苦苦谏阻，使出发向后拖了很长的时间。最后，可能诸葛亮说服了王连，或者王连认为诸葛亮的态度坚决，他也没再坚持。

大军出发之前，诸葛亮下达了作战原则的指令："用兵之道，攻心为上，攻城为下；心战为上，兵战为下。"按照裴松之对"攻心"的解释，是从思想上战胜敌军，使其心悦诚服。与现代的"心理战"还不完全相同。裴松之的注释，攻心和心战意思相近。作战打仗的原则在于攻心和心战，相比攻占城池、两军对拼，不战而屈人之兵，更棋高一着。

诸葛亮率军南征，马谡送出成都几十里，诸葛亮向马谡征求南征的意见，马谡回答说："南中地区的夷戎，依仗地形险要，远离朝廷，历来不肯服从，今日打败他们，明天他们可能又造反了。现在，丞相要北伐强贼，他们知道国内空虚，会很快滋事叛变；如果把他们悉数消灭，不是仁者所为，而且一时也做不到。用兵之道，攻心为上，攻城为下；心战为上，兵战为下，希望丞相能降服其心。"马谡这番话是颇有见地的，其中心思想是与诸葛亮的民族政策和使西南夷与内地和睦相处的愿望相一致的，他认为马谡知用兵之道，所以信任他，没料到以后有街亭之失。

诸葛亮南征大军分三路讨伐南中叛乱势力。三路可分为东、中、西，东路军由马忠统帅。两年前，马忠被任命为丞相府门下督。现在领牂牁太守，率军由僰道(今四川省宜宾市)出发。向东南攻击朱褒，直指牂牁(今贵州省福泉市)。中路军由庲降都督李恢率领，从庲降都督驻地平夷(今贵州省毕节市)出发，开向建宁(今云南省曲靖市)，再南下包抄雍闿和孟获的后方。诸葛亮亲率主力大军，作为西路，从成都出发，讨伐越巂郡(今四川省西昌市)的高定。哪些将领随丞相南征？丞相带领多少人马？史书上没有记载，我们也不便猜测，反正不会如《三国演义》所说，率领五十万人马，因当时不可能抽调那么多人马。

作为主力的西路大军，在诸葛丞相的亲自统帅下，于建兴三年(225)三月，由成都出发，沿岷江一线南下，经安上(今四川省峨边县)

进入越巂郡境内，打败了高定，攻占了高定的重要根据地，俘获了他的妻子。诸葛亮以为他会投降。此时，越巂郡南部的益州郡雍闿和孟获，率军北援高定，高定不仅没有投降，反而“杀人为盟，纠合其余类两千余人，欲求死战”。①

雍闿部队与高定人马会合后，发生内讧。他们为什么发生内讧？可能如《三国演义》所说，是诸葛亮用计分化离间的结果，梁玉文等在《诸葛亮文译注》中，也作了这样的说明。这固然不无可能，但史书没有明确的记述，这里姑且存疑吧。反正雍闿为高定所杀，高定不投降，诸葛亮率兵剿灭了高定部，杀了高定。平定了越巂郡的叛乱，叛乱部队的一部分，跟随孟获逃入益州郡（大致退回到今云南省的中东部地区）。

东路军进展顺利，马忠部队杀了朱褒，平定了牂牁，马忠作为太守，他体会诸葛亮的民族政策，积累了相当多的经验，在日后解决民族问题上，他起着重要的作用。

南中地区开始起来叛乱闹事的几个头目，益州雍闿、越巂高定和牂牁朱褒，就这样很快被消灭了。剩下的主要任务，是解决孟获了。孟获是建宁（今云南省曲靖市）人，是夷人首领（今称彝族），也是南中地区为夷人所敬服的人物，他的势力范围和活动地区，大致在今云南省的中东部地区。诸葛亮要攻心的主要目标之一，是为了争取他，于是“五月渡泸，深入不毛”。建兴三年（225）五月，炎热的季节，诸葛亮大军渡过泸水（今日的金沙江），进入云南省。当年，这里还被认为是穷山恶水、不毛之地与瘟疫之乡。穿过金沙江的高山深谷，跋涉在重山密林之中，其艰苦和危险是可以想象的。

诸葛亮从越巂向南，兵分两路：西路渡泸水向青蛉（今云南省大姚县），而后东南向进军滇池；东路渡泸水向建宁（今云南省曲靖市）孟获的家乡，而后西南向进军滇池。诸葛亮的军马与孟获部第一次接触，就打败并俘虏了他。为了让他归降，俘虏之后，以礼相待，让他参观了兵营和粮仓，希望他受到威慑，不再打仗，归顺朝廷。可是他看了仍不服气，说：“以前不知虚实，打了败仗；今日看了实际，心里有了数，打胜也

① 张澍辑，方家常译注：《诸葛亮文集全译·南征表》。

不难。"诸葛亮知道他心里不服，把他释放了。将领们有人认为：辛辛苦苦，跋山涉水，征讨叛乱，捉住了叛乱头子，怎么还要放了他？诸葛亮向他们解释，争取夷蛮心服，可解除日后反复的后顾之忧，劝大家耐心，而且要避免伤及孟获性命。孟获领兵，再来交战，又一次战败被俘。如此，历时三个月，孟获连续七次被擒，诸葛亮仍放他回去。这一次，孟获服了，从心里说出："公，天威也，南人不复反矣。"

在诸葛亮渡泸水，与孟获交战之时，中路军李恢经由建宁（今云南省曲靖市）向南推进，不料周围诸县夷人相互串联，合在一起，把李恢军围在昆明。李恢部队人数少，与诸葛亮西路主力尚未联系上，形势不利。但李恢应用了兵不厌诈的道理，派人向包围在外的敌人伪称："官军粮尽，要撤退了，士兵想趁乱回家，而不北上。因此，跟你们一起合伙吧，我们诚心与你们商量商量。"南人信以为真，围城也缓和下来。李恢乘南人怠惰之机，出兵奇袭，大败围城之敌，向东直到牂牁，向南到盘江，与诸葛亮的大军在滇池会师。

诸葛亮南征，以与李恢军会师滇池而告成功，在短短的几个月中，靠攻心为上，争取南人心服，七擒七纵孟获，终使他心悦诚服。这就是现在成都武侯祠中，清人赵藩撰书的一副对联的上联"能攻心，则反侧自消，从古知兵非好战"所表达的内容，但是，诸葛亮为达到这一目的，跋山涉水，披荆斩棘，历尽艰辛，令人崇敬。后人走在川滇的高山深水间，莫不怀念武侯当年亲自南征的感人事迹。

明末清初的大学者顾炎武，以《诸葛亮丞相渡泸》为题，咏诗曰：

火山横日幕，铜涧亘天缴。
乱树云南国，交绳僰外桥。
枕戈岑逼仄。带甲上岧峣。
地汁生淫雾，流烟入斗杓。
七擒依算略，一战定蛮苗。
信洽炎荒永，恩宣益部遥。
深思危大业，隆眷切先朝。
更有亲贤表，宫廷告百僚。

诸葛亮平定了南中，在和抚夷越的政策下，汲取东汉统治南中失败的教训，任用当地部族有威信的首领，来管理地方的行政事务，尽可能不留外人统治。有人认为不可，好不容易平定了南中，如果听任夷越自己的首领当家，日后难免不服从朝廷。诸葛亮作了有说服力的解释，留外人有三个缺陷：一是要留汉人当各级官员，就得留兵，有驻军就得运粮，山区运粮是很困难的；二是战争刚结束，夷人父兄有的战死沙场，对外人尚有余恨，外人为官吏，容易激起他们仇恨的心理，造成祸乱；三是南中历来有自相杀戮的行为，相互争权，内部尚且如此，外人官员留下，更容易被猜忌，得不到信任。这样不留人、不留兵、不运粮，少了很多麻烦。有了初步的信任，朝廷施与了一定的恩惠，便可大体上保持纲常秩序，并可收到夷人和汉人安定相处的效果。实践证明，诸葛亮的政策对头，执行人得法，诸葛亮在世和去世后的几十年间，南中没有出现大的事件。

为了更好地管理南中地区，诸葛亮对南中地区郡县的划分作了大的调整。特别是取消了益州郡，重新划分，另外取名，避免了与益州的重名。蜀汉初期，南中包括四郡五十五县，郡县地域广阔，容易造成酋帅与豪强大姓的割据，不好约束。南中平定后，诸葛亮把四郡五十五县分划为七郡六十八县，原来的越巂、益州、永昌、牂牁四郡，重新划分为越巂、建宁、云南、兴古、永昌、朱提和牂牁七郡。比如，益州郡分一部分到云南郡，分一部分到兴古郡，剩下的命名为建宁郡。

坚守永昌的吕凯和王伉分别升为云南郡的太守和永昌郡的太守，平定南中的有功将领李恢仍留任庲降都督，升为兴汉将军，加封兴汉亭侯。

诸葛亮七擒七纵孟获，迅速平定南中叛乱，这是历史上的著名事件，也为古今人民所津津乐道。其重大的历史意义在于凸显了诸葛亮的和抚政策、平叛的攻心战略、知兵非好战的军事家的品德，这也是上面评述的主要思想。如果从具体的战役战术上分析，七纵是容易想象的，怎样七擒的？那要经历一番斗智斗勇，对不少读者来说，这段内容是十分有趣和引人入胜的。历史没能给我们留下具体的记载。《三国演义》这部脍炙人口、家喻户晓的著作，却给我们编制了七擒七纵的故事，从八十七回的“征南寇丞相大兴师，抗天兵蛮王初受执”到九十回的“驱巨兽六破蛮兵，烧藤甲七擒孟获”，占了全书一百二十回中的四回，篇幅不算少。

第一次被擒，是孟获与三洞洞主（元帅）率军主动出击，诸葛亮用计，蜀中大将赵云、魏延等人都依计而行，生擒了三位洞主，又智取了孟获。孟获不服，被放走，再战。第二次被擒，洞主们因受诸葛亮之恩，又遭孟获之责，不愿为他卖命了，乃乘孟获酒醉，捆绑着送到孔明大寨。孟获因自己人互相残害，以致被擒，自然不服，被放走，再战。第三次被擒，孟获与弟孟优行诈降之计，被孔明识破，孔明将计就计，灌醉孟优，引诱孟获劫营，孟获再次被擒。孟获以其弟贪杯误事，不服，要求回营搬兵决战，得以放回。第四次被擒，孟获引数十万蛮兵，忿怒而来拼命，诸葛亮用计引诱孟获，孟获见到空寨，误以为国内有事退兵，最后被大军攻破，四度被俘，孟获以误中诡计为由，不肯投降，诸葛亮再次将他放回。第五次擒获孟获前，诸葛大军遇到哑泉、柔泉、黑泉、灭泉等四种有害泉水，经神人指引，靠孟获之兄孟节的帮助，才脱离了险境，当然也经历了艰险。孟获正欲与朵思大王倾力找孔明决战之时，另一位洞主杨锋以率兵相助为名，把孟获擒获，献与孔明。孟获仍以自相残害为由，不服输，诸葛第五次纵之。第六次交战，更加玄乎，木鹿大王有法术，能呼风唤雨，还有猛兽蝎蛇，冲锋陷阵之时，他一施法术，毒蛇猛兽伴随飞砂走石，打败蜀军。原来孔明早在未出茅庐之时，就知道南蛮有驱虎豹之法。因此，出战时随身携带人造巨兽，兽口内有烟火预先设置，真兽见蜀阵巨兽口吐火焰，张牙舞爪，纷纷逃回，木鹿大王终于被打败。随后孟获又用诈降计，被擒后仍不服，答应第七次被擒才倾心归服。第七次是孔明施计，火烧藤甲军，惨不忍睹，孔明垂泪而叹，“必损寿矣”。随后孟获再度中计，被擒。此次，孟获垂泪言曰：“七擒七纵，自古未尝有也，吾虽化外之人，颇知礼仪，直如此无羞耻乎！”遂心悦诚服地归顺了。

《汉晋春秋》有简短记载，说诸葛亮七擒七纵孟获。此外，史书上再找不出更多的记载了，怎么擒？怎么纵？就全靠小说家的想象力了。《三国演义》的作者想象力丰富，首先，尽可能突出诸葛亮多次施巧计奇谋，埋伏啦，诱敌深入啦，甚至将军们都不知道行动的目的性，与诸葛亮叮咛谨慎的性格不同，这就更富戏剧性吧！

其次，诸葛亮为了体现攻心为上的思想，他也不断地释放俘虏，好言抚慰，对立功者给予更多的奖赏与封赠。不过，《三国演义》仍然对

平定南中　和抚夷越

战争的残酷给予了更多的编造，尤其以火烧藤甲军为甚。笔者认为，诸葛亮不至于令其片甲不留、惨不忍睹，既然是攻心之策，似乎不必如此狠毒。或许《三国演义》的作者要为诸葛亮未能长寿找个迷信的因果关系，同时，藉此突出诸葛亮的本事。诚然，藤甲军是否存在无从考证，小说还是应该以虚构的事件表现诸葛亮的智慧与仁慈为好。

再次，《三国演义》尽力夸大和想象出一些“蛮苗”的奇怪风俗，甚至有神怪的事。如木鹿大王能驱使猛兽毒蛇，还能飞砂走石，靠符咒做法，而诸葛亮也已未卜先知，早在出山之时，就准备下木、铁制造的巨兽，口能吐火，这倒不是玄虚，而是事先置入发烟引火之药物，小说还是极力把诸葛亮写成未卜先知的神。看来，这是《三国演义》的作者对诸葛亮因发自内心的崇拜而神化之。过去的文人，甚至包括王侯将相，大概很少有不相信神鬼的。

最后，在《三国演义》中，动辄有几万或几十万人马参与一次战斗，孟获一方也是如此，南中当时乃不毛之地，地广人稀，不可能有那么多的士兵。为了突出诸葛亮的智勇，蜀中诸多有名的将领参与战斗，场面壮阔。在笔者看来，马忠、李恢各率一支人马，在东路、中路打了胜仗。诸葛亮的主力攻打孟获，虽然山高路险，艰苦卓绝，也仍然有十分的把握。在某种程度上，七擒七纵更多的是属于猫捉老鼠的战斗，孟获的反扑并不是很多的。如果按这个想法构思，也就没有《三国演义》壮阔的战争场面了。我们还是把诸葛亮征南的四回演义内容，当做虚构在历史人物身上的小说情节来欣赏吧，何况这情节早已是家喻户晓了呀！

二、 和抚夷越，黎庶念侯恩

在上一节，我们曾提到攻心为上与现代的心理战不完全相同，这里拟再进一步讨论一下。现代的心理战在于，先从心理或精神思想上，抓住敌方的弱点，进行宣传、分化与瓦解，配合战场的交锋,迅速击垮敌人,消灭敌人。而诸葛亮的攻心为上与他的民族和抚方针相结合,不战而和解为最好,退而求其次,不得已而付诸刀兵,也要抓住对方在心理上的弱点,在尽可能减少伤亡的情况下,使对方心服。所以,两者虽有共同之点,却又不完全相同。

在蜀汉时代,南中夷民的文明程度和发展水平,与蜀中汉民相比,自然不同。诸葛亮考虑到既要尊重他们的风俗习惯,也要帮助他们从落后的生产生活方式,逐步过渡到较为先进的方式;逐渐从化外之民,过渡到夷、汉无间,从攻心战为上,改为争取民心。这才是诸葛亮和抚方针的真谛,它建立在仁义与诚信的道德基础上。

夷酋叟帅叛乱滋事,固然有东汉末年朝廷腐败、官吏贪残、逼迫夷民造反之因素,也有部分上层图谋不轨、不顾大局之缘由。可能由于个人野心,也可能是对朝廷的政策不理解、不信任。雍闿当属于前者,孟获当属于后者。“公天威也,南人不复反矣!”这既是孟获对诸葛亮心悦诚服的反映,也是对诸葛亮仁义与诚信的一种信任。

诸葛亮南征的目的是讨伐地方分裂割据势力的叛乱,维护国家的统一。平定南方,才能北伐强敌。即使没有这项任务,也不允许分裂割据。他的和抚方针,就在于使各民族和睦相处,因此有着广泛的民众基础。至于上层那些开通的深明大义的人,也支持丞相平定南中的行动,反对分裂叛变。上一节已叙述了吕凯和王伉在永昌郡坚决抵抗雍闿的进攻,保全境土,获得诸葛亮的赞扬和褒奖。

在诸葛亮平定南中时,牂牁郡也有一位夷人首领,各叫济火,他被形容为:“个很高,眼睛深陷,牙齿白而面貌可怕,把头发用青布帛包起来,盘成一个犄角状。为人重信义,勇猛善战,深受境内夷民的爱戴。”他对诸葛亮崇仰而且信任,反对分裂,支持丞相南征。据说,他亲率族人,砍伐树木,开通道路,集攒粮食,支持南征大军,帮助攻打叛乱集团,为南征作出了贡献,立了功劳。“积粮通道以迎师,遂佐武侯平西南夷。”估计济火没有直接和诸葛亮及其主力军相接触,进军东路的是牂牁太守马忠。马忠东路军顺利平叛,斩杀朱褒,与济火的帮助不无关系。南中平定后,济火因功被封为罗甸国王,世世代代治理该地。他的封地在今贵州省西北部的大方县,据说大方县文物所收藏有古彝文的济火纪功碑。如果此碑确实存在,其历史价值十分重大。它不仅反映了济火支援武侯，在抵制民族分裂上立了大功，而且反映了彝族古老文化的发展水平。济火在贵州一带很受尊重，武侯祠里塑有济火之像，立在武侯之侧。据说有的地方还专有济火祠。

诸葛亮和抚夷越的政策，不仅体现在任用南中地区本地的上层人物、部族酋长和当地人民的领袖人物为地方各级行政长官，而且体现在选拔一些有才智的南中上层人士，包括原本就拥护朝廷、帮助平叛的首领，也包括搞分裂、闹独立，后来又归降的南中夷越领袖，到朝廷里做官。例如，孟获做了蜀汉的御史中丞，这个高级官职外督部刺史，监察郡国行政，内领侍御史，考查四方文书计簿，核按公卿奏章，权威颇重，不是一个荣誉闲职。朱提郡（今云南省昭通市）的孟琰，是南中地区的大姓之一，率领自己部曲一万多人入蜀。部曲是大姓豪门的私人武装力量，兼有农、武的职责。当时，魏、蜀、吴三国都想方设法把大批百姓迁入自己属地，以增加人力，孟琰此举对蜀很有好处。他们在诸葛亮北伐战争中起了作用。孟琰本人升为虎步监，加辅汉将军。建宁（今云南省曲靖市）爨氏也是南中地区的大姓之一（晋以后，爨氏发展成当地最有势力的大姓，留下的爨龙颜碑为国家重点文物，保存在陆良，记录了爨氏统治南中的史实），爨习在蜀汉军伍中，担任了领军一职，为丞相府的属官。

除了安置南中少数民族的上层人士就地任职，或抽调到"中央"任职外，对一般的下层百姓游民，诸葛亮也作了影响深远的安置。《华阳国志》记载："（诸葛亮）移南中劲卒青羌万余家于蜀，为五部，所当无前，号为飞军。"羌人也是南中的少数民族，好穿青色服装，他们作战勇猛，所向无敌，是诸葛亮北伐军中的生力军。在下一章中，我们还要提到这一支力量。

诸葛亮把零散的游民，分配给大姓作部曲，他们和原本依附大姓的汉族移民在一起，从事打仗与生产的差事。这就是所谓"夷汉部曲"。此举可使南中游牧的夷人有了固定的住所，同时也受到约束与管制，这是一种进步。夷、汉在一起劳动，在一起作战，有助于民族间的和睦相处。

在《华阳国志》这部史书里，还记载着诸葛亮当年为南中地区少数民族"作图谱"的事。南中夷、羌等民族相信巫鬼，这一点汉人也如此，只是具体有别。诸葛亮给他们作画，按照当地的传说，结合封建尊卑的关系与秩序，使少数民族遵从法纪，而不“胡作非为”。他画了天地、日月、君臣、城府；再画神龙，龙生夷人以及牛、马、羊；还画部主吏（朝廷派下的官员），乘马幡盖，巡行安恤，表示对夷民的关怀与抚慰；又画上夷民牵羊捧酒，拿着珠宝，奉献巡行部主吏。这样的画送给夷人，夷人极其看重它。

诸葛亮按照夷戎的风俗，引入封建伦理秩序，这是难能可贵的。他尊重民族风俗，促进民族和睦团结，这也是我们今日歌颂他、怀念他的原因之一。他在率军进入南中时，军队中的南中人士告诉他，蛮地邪术多，打胜仗必须杀蛮人，以其头祭祀天地鬼神。诸葛亮不依，他不愿滥杀无辜，但又得尊依南中风俗，他让人切碎猪肉羊肉，用面包起来，做成头状物以祭，称为“蛮头”，后人因谐音才改称“馒头”。《三国演义》描绘的这件事，发生在诸葛亮平定南中、班师北归的路上，由于遇见鬼魂猖神作怪，因此必须杀头祭之，这又给小说增添了一层怪异色彩。这件事可以作为诸葛亮既不随意杀人，又尊重南中风俗的智慧、仁德之举。

把内地的先进生产手段和生活方式带到南中地区，使南中地区人民安居乐业，这也是诸葛亮和抚夷越、治理南中的手段和目的。南中的大部分地区人民，尤其是边远地区人民还很落后，过着游牧生活。群居属于原始部落的生活方式，他们靠射猎为生，刀耕火种。例如，当时的洱海地区的夷人，没有固定住所，随意迁徙，也没有君臣上下的社会秩序。诸葛亮平定南中后，在这一区域范围设立了云南郡，鼓励人民定居生活，建立社会秩序，从事农业和畜牧业生产。因为生活安定了，所以形成了住在山区的“上方夷”和住在平坝地区的“下方夷”。永昌郡的“哀牢夷”原本群居在深山之内，他们感激武侯的仁德，逐渐离开山林，搬到平坝的地域上，建筑村落城邑，从事农桑生产。从游牧过渡到农业社会，这是一大进步。诸葛亮让汉人把内地先进的农业耕作方法带到南中，特别是利用牛来耕种，省却不少的劳力，夷民十分喜悦，感激之情反映在当地的遗迹上。今日云南省德宏傣族中，传说牛耕是诸葛亮带给他们先人的，有的地方有“打牛坪”的遗迹，据说那是诸葛亮教当地人如何驱牛耕田的地方。在云南省保山地区有诸葛营的遗迹，据说是诸葛亮驻军之地。还有大小三个诸葛堰，据说是诸葛亮修建的水利工程，用以浇灌农田（直至今日，诸葛堰还发挥着灌溉稻田的作用）。在保山地区，曾有过武侯祠。诸葛亮南征，足迹未到保山。但是他的民族政策与和抚的思想，被忠实执行的地方官员贯彻下来。老百姓把它归功于诸葛亮，可见诸葛亮政绩的影响之大。

诸葛亮南征，还把盐铁业的经营和技术以及织锦的技艺带到南中，这都是他有目的的举措。此外原本为酋帅豪强霸占的盐井矿山，均被强制收归官营，设立专门的官员来管理。这些措施不仅有利于生产的发展，也有利于人民的生活。诸葛亮曾派人把蜀锦送到南中，鼓励种桑养蚕，传授织锦技艺，发展织锦生产。现在，云南、贵州两省的苗族编织的蜀锦，有"诸葛锦"的名称；壮族编织的蜀锦，有"诸葛侗锦"的名称。他们都认为织锦的技艺，最早是诸葛亮传授给他们先人的。

诸葛亮平定南中后，没有了战争，局势稳定，又有力地促进了农业和手工业的发展，边远地区与内地（蜀中）的交往多了起来，物资的交流、商业的活动也就频繁起来。和平安定的环境，需要有得力的主管官员建设与维护，他们必须能领会与忠实地执行诸葛亮的和抚政策，结合当地的实际情况，审势执法，才能收到好的效果。

建兴九年（231），庲降都督李恢去世，由张翼接任，兼领绥南中郎将。张翼是蜀中俊杰之士，才兼文武。但他在庲降都督任内，审势不周，没能顾及各民族风俗习惯的不同，执法严峻，在和抚上有欠考虑，民族关系一度紧张起来，给心怀叵测的人以可乘之机。建兴十一年（233），耆帅（也是少数民族的首领）刘胄叛乱，这虽是局部的事，却影响了南中地区。诸葛亮已经发现了南中局势动荡，决定派马忠接替张翼。诸葛亮认为马忠能因地制宜，能审势执行和抚的方针，于是派他做庲降都督，去稳定南中局势。马忠尚未到任，张翼还在积极准备平叛物资。部下劝他迅速回朝请罪，这里的事留待新任都督处理。张翼不愧为忠贞之士，他把国家大事放在第一位，个人的进退放在第二位。他说："因为我没有把庲降都督的工作做好，南中局势才不够安定。现在，在接替我的人到来之前，我应该照常做好平叛的准备工作，运粮积谷不容拖延，怎么能因我个人的进退而影响国家的大事呢？"①

① 参见《三国志·蜀书·张翼传》，第1073页。

马忠到任以后，张翼才离开任所，回成都报到。由于张翼已做好了充分的准备，马忠迅速地平定了刘胄的叛乱。张翼虽因方式、方法不切实际，引发南中地区的一些波动，但由于他不计个人得失，做好了充分的平叛准备，在这一点上，受到诸葛亮的赞赏。在马忠平叛的功劳上，有张翼的一份。在以后的北伐战争中，张翼起着重要的作用。

建兴十一年(233)，马忠接替张翼，任庲降都督。马忠深谙治理边疆民族地区之道，能体会并能贯彻诸葛亮的和抚方针。他是一位兼有行政管理能力的将军。建兴三年(225)，诸葛亮率军南征时，马忠作为东路军的统帅，以牂牁太守的身份，去镇压朱褒，顺利地完成任务。平叛胜利之后，他在太守任上安抚百姓，赈济伤残；稳定社会秩序，恢复与发展生产，做出了成绩，给百姓实惠，在百姓中颇有威信。

建兴八年(公元230年)，马忠奉命回成都，任丞相府参军，协助长史蒋琬处理相府的军政事务，参加了北伐战争。诸葛亮因马忠任牂牁太守期间，卓有成效，所以又派他接替张翼，到南中任庲降都督。他在张翼准备充足的条件下，迅速地平定了刘胄的叛乱，被加升为监军奋威将军，封为博阳亭侯。马忠改变了张翼的严厉作风，尊重南中地区不同民族的风俗习惯，给予抚恤恩惠，怀柔而不严厉。原来庲降都督的驻地为平夷(今贵州省毕节市)，属于南中地区的边缘。马忠把驻地由平夷迁到味县(今云南省曲靖市)，这就更深入南中地区，更能了解和接触各族民众，更有效地管理南中地区。由于马忠治理南中成绩斐然，他又被提升为安南将军，加封为彭乡侯。在诸葛亮去世以后，他继续治理南中，贯彻和抚方针，前后长达十七年。除中间有一段时间在成都临时荷有重任外，一直在庲降都督的任上。

马忠在南中地区的威望很高。延熙十二年(249)，马忠逝于任所。他去世后，当地各族百姓都去他灵堂哀悼，并修庙祭祀他，可见他在人民心中的威信。陈寿在修《三国志》的时候，记载其庙“迄今犹在”。

南中地区人民把贯彻执行和抚方针的边疆大吏的功绩，看成是诸葛亮的政绩的延续。一千多年来，他们怀思与纪念诸葛亮，从未间断，这是可以理解的。下面，再介绍在南中地区建有卓著功绩的张嶷。

张嶷，字伯岐，才兼文武，性格刚烈，办事果敢，有勇有谋。诸葛亮南征时，他被任命为牙门将，在马忠的属下。在平定南中的战争中，他建有出谋划策、冲锋陷阵的功勋。马忠接替张翼为庲降都督时，张嶷是马忠的部下，在讨伐刘胄的战斗中，勇冠三军，马忠斩获刘胄，张嶷立了大功。

最可贵的是，张嶷能深刻领会诸葛亮的和抚方针和攻心为上的战略，他是解决南中地区民族问题的能手。诸葛亮逝世后，南中的局部地区又有反复。越巂郡的叟夷族人几次叛变，杀了太守龚禄和焦璜。以后任命的太守，都不敢去郡的治所邛都（邛都在今四川省西昌市），只是住在离邛都有八百里的安上县（今四川省峨边县），越巂郡就徒有其名了。朝野上下希望恢复旧郡，在延熙三年（240），张嶷被任命为越巂郡太守。他率领所属部下，深入到郡的治所，抚恤百姓，对各族人民广施恩信，晓以大义，蛮夷都很佩服他，纷纷来归降。北部的捉马族人勇猛强壮，不服从张嶷的辖制。张嶷前往讨伐，活捉了捉马族首领魏狼，又释放了他，劝说他回去招安同党。魏狼很受感动，不再闹独立，率领部族归顺。张嶷上表朝廷，封魏狼为邑侯，捉马族从此不再叛乱，安居本土。张嶷的怀柔措施影响不小，别的部族听到后，都陆续地降附，越巂郡获得安定。张嶷也因功被赐封关内侯。

张嶷在越巂郡执行和抚方针，恩威并施，对怙恶不悛、为非作歹而且不愿改悔的头领，也不手软；但对百姓和那些不做坏事又可争取的头目，则施与恩惠，达到和睦团结的目的。例如，苏祁县的头目冬逢的弟弟隗渠，降而又叛，而且隗渠凶猛残忍，各部族都惧怕他。张嶷设计杀了此弟兄二人。而冬逢的妻子是旄牛（今四川省汉源县内）王的女儿，他饶恕了她。斯都族有首领叫李求承，曾亲手杀了原越巂郡太守龚禄，罪恶很多。张嶷派人抓住了他，一件件地数落他的罪恶，把他杀死。他还严惩了霸占盐、铁矿的头目，将盐、铁矿的经营权收归官有，派专职官员管理，采取先进的冶铁与煮盐技术，以提高盐、铁的产量。于是，各族百姓的生活不再受到压制，他们的需要得到了满足，国家的财政收入也有了增加。此外，张嶷还杀牛设宴，招待愿意归附的各族头目和百姓，反复申明对他们的信义，并给予看得见的好处。所以，老百姓都挺支持他。

由于多年的战乱，越巂郡治所邛都城（今四川省西昌市东南部）断壁残垣，倾毁严重。张嶷只得在附近另建一小城堡，临时将就使用。三年后，局势稳定，他逐步准备材料，决定重建邛都城。由于他获得了当地百姓的信任和支持，所以，在建城过程中，各族人民全力帮助他完成了这项工程。

张嶷在越巂太守任内的另一大德政是重开旄牛道。从成都到邛都有一条老路，里程短而道路平。这条路从成都经过临邛（今四川省邛崃县）、旄牛（今四川省汉源县，蜀汉时属汉嘉郡），再南下到邛都。继续南下，可到更远的南方诸郡。这条旄牛道是百余年来南北交通要道。后来由于战事频仍，民族不睦，这条道路被阻断，需绕道安上县（今四川省峨边县）而行，里程长而路途险，极不方便。张嶷知道，阻断旄牛道的是旄牛族人，其头领为狼路，必须做好他的工作。恰好这时狼路要为他的姑夫冬逢报仇，他派叔父离带领冬逢手下的人，去探听虚实，察看形势。张嶷以恩诚相待，派自己的亲信送来牛、酒等物，慰劳与赏赐给离等人众。又让离与其姐（冬逢的妻子）会面，好心抚慰，耐心地说明民族和睦的重要性。姐弟相见，十分喜悦，又知道张嶷的诚心和善意，于是领着他们的同族来拜见张嶷。张嶷又给了他们丰厚的赏赐，十分热情地接待了他们。旄牛族从此不再叛乱。

狼路的姑母和叔父告诉狼路张郡守的诚信品德，希望重开旄牛道的愿望。张嶷又派人到旄牛族，送给狼路很多财物，并申宣善意。狼路很受感动，亲自率领自己的妻子、儿女与族人前往拜见张嶷。双方谈得融洽，张嶷与狼路盟愿起誓，重修旄牛道。经过一番努力，旄牛道又畅通无阻了。张嶷还派人修建了沿途的驿站及相关的设施，使人民来往、商贾交通十分方便，此举对稳定南中地区和发展蜀汉的经济，都有很重大的意义。张嶷奏请后主，封狼路为旄牛㽛毗王，并派人带领狼路去成都，朝见皇帝刘禅，进贡礼品。张嶷也因功升为抚戎将军，仍兼任越巂郡太守。

张嶷任越巂郡太守十五年。可以说，他是执行诸葛亮和抚方针、恩威并施的模范。在他的努力下，境内长期稳定，社会秩序良好，经济发展繁荣，成为“邦域安穆”之地。延熙十七年（254），张嶷因染风湿痼疾，离任回朝。返回之日，越巂各族人民挥泪为他送行，过旄牛道时，百姓扶老携幼迎送他，旄牛的首领亲带百余人把他一直送到成都。同年，张嶷协助姜维北上伐魏，捐躯疆场。听到他的死讯，越巂各族百姓没有不悲伤哭泣的。后来百姓为纪念他而建庙，一年四季，按时祭祀他，遇水旱灾年，还要祈求他赐福保佑。

诸葛亮平定南中，他对南中地区所制定的和抚民族政策，影响不仅仅限于蜀汉历史时期，而且流传后世。据云南和贵州省的地方志所载，诸葛亮的遗迹多不胜数。云南省有诸葛营十一处，诸葛城、诸葛寨四处，诸葛垒四处，还有诸葛井、诸葛池、诸葛堰、武侯塔寺二十多处，分布在全省三十一个县。贵州省也有诸葛营、诸葛寨、诸葛洞、孔明塘、武侯碑等遗迹二十多处，分布在十四个县市。① 今天，碑塔等遗物多已不见，但不少名称依然流传。传说这些遗迹，都是诸葛亮南征时留下的，或是为民谋福利而修建的。即使许多地方诸葛亮并未亲自到过，如云南的永昌地区（今云南省保山市一带），贵州的牂牁地区（今贵州省贵阳、福泉一带），老百姓也愿意把当时诸葛亮的部下如马忠或者济火的行踪遗迹，附会到诸葛亮身上。② 实际上，这就是后人对诸葛亮崇敬的反映。

我国西南地区多有出土的文物。在四川省成都市武侯祠展出的几面铜鼓，据说早在春秋战国时代就有了，它是古代少数民族的一种乐器，也是权力和财富的象征。但在川滇一带，人们称之为诸葛鼓，说是诸葛亮南征时铸造的，白天当做锅，有情况时当做报警器。在云南省一些少数民族地区，节日里要放“孔明灯”，作为庆祝，灯的原理类似于热气球，可以升空。据说，此类民间的创造得归功于诸葛亮的智慧。此外，在一些少数民族地区，百姓把诸葛亮作为神来供奉。笔者在大理地区，听白族人士讲，白族信仰一种原始宗教，崇拜的对象被称为“本主”，有的部族供奉诸葛亮为“本主”。据说，当年他们的祖先染病，是诸葛亮送了药才医治好的。这都是由于诸葛亮南中和抚政策的实施和其仁义诚信品德的感召，才使当时和后来的各族人民，附会出数不清的诸葛遗迹，流传下诸多关于诸葛亮的令人感动的美好故事。至于后人把供奉在武侯祠里的诸葛亮作为神，顶礼膜拜，以求赐福，虽不无迷信色彩，却反映了百姓对诸葛亮的崇敬。

---

① 谭良啸：《访古话孔明》。

② 参见张澍辑，方家常译注：《诸葛亮文集全译·遗迹篇》。

云南佧佤族人说，他们祖先盖房子，编竹箩，是“孔明老爹”教的；稻种也是“孔明老爹”给的。傣族人民说，他们的佛寺大殿屋顶是仿照诸葛亮的帽子式样造的。景颇族尊崇诸葛亮，呼之为“孔明老爹”，视之为至高无上的神，在祭祀时，必先呼其名而后拜之。甚至连傣族的泼水节、彝族的火把节，也传说是诸葛亮教的，人们用水可以冲去疾病，用火可以驱逐害虫，因而遗留下这些风俗。这些广为流传的故事和遍布云南、贵州两省的孔明遗迹一样，是对诸葛亮协调民族关系、开发边疆的赞扬和缅怀。

第七章

北伐强敌

建兴六年(228),诸葛亮率军由汉中出发。由于马谡违背诸葛亮部署,在街亭被打败;赵云、邓芝亦兵败箕谷。诸葛亮撤军回到汉中。这是第一次北伐,兵出祁山。

同年十二月,诸葛亮北上散关,兵围陈仓,魏主将曹真安排了郝昭守城。诸葛亮未能攻克,粮尽撤兵。这是第二次北伐,时间较短。陈仓不在祁山,严格而言,未出祁山。

建兴七年(229),诸葛亮派陈式攻下武都和阴平,自己率军进驻建威,魏将郭淮被打败。诸葛亮得胜班师,并未北上祁山,这是诸葛亮第三次北伐。

建兴八年(230),大雨阻断了魏三路对汉中的进攻。诸葛亮派魏延和吴懿西向深入羌中,再次大败魏军,负责魏方军事指挥的仍是郭淮。这是诸葛亮第四次北伐。

建兴九年(231)二月,诸葛亮再次北征,这是第二次出祁山,大败魏主将司马懿。六月,因粮草不继,兵退汉中。这是诸葛亮的第五次北伐。

建兴十二年(234),诸葛亮再次北伐,在五丈原渭水之滨,与司马懿对垒,司马懿坚守不战。诸葛亮病逝于军营。这是诸葛亮第六次(也是最后一次)北伐。

一、出师一表千载无

在第五章，我们曾经叙述过，当刘备病逝、诸葛亮受托之际，史书上并没有记载如《三国演义》所说的“安居平五路”面临大军压境的威胁。不过，当时曹魏君臣分析了蜀汉的形势，认为新主年幼，军政大权都掌握在诸葛亮手中，只要能说服诸葛亮举国投降，则益州可不战而定。于是，曹丕手下的权威重臣，分别给诸葛亮写信，劝诸葛亮归魏。劝说者中有司徒华歆、司空王朗、尚书令陈群、太史令许芝、谒者仆射诸葛璋。这几位在魏不仅年高望重，握有权柄，而且在学问上都负盛名，引经据典，说辞华艳。他们不了解诸葛亮的志向是要全力讨伐曹魏，复兴汉室，以报三顾知遇之恩，当然他们也就得不到诸葛亮的回应。诸葛亮不屑一一作答，只是写了一篇《正议》的文章，给予公开的驳斥。

《正议》原文如下：

昔在项羽，起不由德，虽处华夏，秉帝者之势，卒就汤镬，为后永戒。魏不审鉴，今次之矣；免身为幸，戒在子孙。而二三子各以耆艾之齿，承伪指而进书，有若崇、竦称莽之功，亦将逼于元祸苟免者邪！昔世祖之创迹旧基，奋羸卒数千，摧莽强旅四十余万于昆阳之郊。夫据道讨淫，不在众寡。及至孟德，以其谲胜之力，举数十万之师，救张郃于阳平，势穷虑悔，仅能自脱，辱其锋锐之众，遂丧汉中之地，深知神器不可妄获，旋还未至，感毒而死。子桓淫逸，继之以篡。纵使二三子多逞苏、张诡靡之说，奉进欢兜滔天之辞，欲以诬毁唐帝，讽解禹稷，所谓徒丧文藻烦劳翰墨者矣！夫大人君子之所不为也。又《军诫》曰：“万人必死，横行天下。”昔轩辕氏整卒数万，制四方，定海内，况以数十万之众，据正道而临有罪，可得干拟者哉！[1]

以下，我们对《正议》给予适当的注释和分析。诸葛亮提出，有德和正义的一方，虽然弱小，但终会战胜强大的无德与不义的一方。他援引历史的例证：楚霸王项羽被高祖刘邦打败，篡位的王莽被光武帝刘秀打败。即使只有一万人，只要为正义而决心死战，就不可阻挡，何况我汉方有几十万军队，以正义而讨伐有罪的魏邦呢？曹操险诈，在汉中之役失败后发病而死，他的后代也免不了覆灭的命运。

对于劝降的几位老人，诸葛亮指出："你们在曹魏的指使下，竟然仿效当年陈崇和张竦歌颂王莽的丑行，又学着苏秦和张仪无原则的虚夸之辞，颠倒是非，白费笔墨，不是有德君子之所当为。"

诸葛亮在《正议》一文中表达他不为劝降所动，志在恢复汉室、统一天下的决心与信心，对写信劝降者，给予公开而有力的驳斥。他这样做，不仅是对劝降者的恰当回答，而且也向世人，特别是国人表达了北伐强敌的决心，以增强国人的信心和勇气。

诸葛亮写《正议》的时间是后主建兴元年（223），先帝伐吴失败，国力大伤，接着又是先帝病逝、举国哀悼之时。诸葛亮受托治国，他要先恢复国力，务农植谷，闭关息民，让人民休养生息，生产更多的粮食和兵民的必需品；派使东吴，恢复与巩固汉、吴的联盟，这也是北伐之前必须做好的事；平定南中叛乱，和抚夷越，巩固后方。诸葛亮有条不紊，一件一件地完成了这些具有战略性的大事。

建兴四年（226），魏主曹丕病逝。他在病笃之际，召集中军大将军曹真、镇军大将军陈群、抚军大将军司马懿，要求他们同时接受遗诏辅政。太子曹叡继位，他就是历史上的魏明帝。诸葛亮既然以恢复汉室、北伐曹魏为战略要务，他必然密切注意魏国的变动。他了解司马懿的政治野心与军事才能，也深知魏国的实力。诸葛亮是一位考虑周到和行动谨慎的人，所以，他积极为北伐从事各方面的周密准备。

历来打仗依靠军队。诸葛亮是一位长于治军的军事家，他早已在建军上下了功夫，包括招募南中少数民族强悍的飞军，"厉兵讲武"，操练军队，演习阵法。并在后勤上做充分的准备，除了军粮、军服外，特别

① 见梁玉文、李兆成、吴天畏：《诸葛亮文译注》，第51页。

注意兵器的质量和数量,他不仅亲自过问熔金铸铁的工艺生产,而且请这方面的专家蒲元打造坚劲锋利的刀剑。

建兴四年(226),诸葛亮调整了军队的部署。他让驻扎在永安(今重庆市的奉节)城的李严移驻到江州(今重庆市),并在江州建筑了一座大城,命护军陈到代替李严驻防白帝。在与东吴已建立起较牢靠的同盟的情况下,这是有利于北伐军队调遣的后方部署。

诸葛亮要做的另一件事,是争取孟达在新城叛魏起事。新城郡是房陵、上庸和西城合并的大郡,辖地包括今湖北省西部与陕西省东南的一部分,治所在房陵(今湖北省房县)。当初孟达与刘封不和,被刘备处分后降魏。魏主曹丕对他优待有加,拜他为建武将军,封为平阳亭侯,领新城郡太守。孟达不仅为曹丕所宠,还与桓阶、夏侯尚相善。曹丕既逝,桓阶与夏侯尚又死了,而司马懿不仅看不起他,而且时刻提防着他,他很不自在。正在此时,诸葛亮要策反他。

诸葛亮当然知道孟达朝三暮四,人不实在、不可靠。但曹魏为主要的敌人,为了伐魏,他要争取尽可能多的人,以壮大自己的力量,削弱敌方力量。这是作为一个战略家在实际问题上的灵活而现实的做法。尤其在战争期间,古今中外的军事家都是这么做的。而理想主义者,讲原则的学者,往往不懂其中道理。费诗当时就是这样。费诗以率直敢言闻名于世,他当年说服关羽接受前将军的封号,不卑不亢,言行得体;但后来他阻谏刘备称帝,因直言而被降职。

平定南中后,诸葛亮经过汉阳县(今贵州省威宁与水城一带),在蒋琬与费诗均在座的情况下,投降过来的李鸿告诉诸葛亮自己曾经过孟达之处,孟达说了信任和崇仰诸葛亮的话。诸葛亮欲给孟达写封信。费诗直言表示自己的看法:孟达小人,先叛刘璋,后叛先帝,反复无常,不值得与他联系。诸葛亮默然不语。可见,费诗讲的原则,属理想主义的学者之见。而诸葛亮考虑的是战略大计,采取权通之策,属于现实主义。但他知道费诗的原则,故即便不接受,也不予反驳,这表明他对费诗的尊重。

后来诸葛亮还是给孟达写了信,他知道孟达与李严相好。信中夸李严处理事情明快流畅,并委婉表达希望孟达弃暗投明之意。李严也给孟达写信,颂孔明之德,并传达盼孟达归顺之意。孟达与诸葛亮有数封书信往返,答应叛魏归汉。这件事让魏兴太守申仪知道了,孟达与申仪有矛盾,申仪告了密,孟达害怕了,竖旗起义。但他估计错误:他以为消息到达司马懿处,司马上报,书报往来到司马出兵,需一个月的时间,此间,汉、吴的援兵已到。没想到司马懿有先斩后奏之权,他密切注视着孟达的一举一动。兵贵神速,司马懿从驻地宛县(今河南省南阳市),直接到新城攻打孟达。从孟达宣布起义,到司马兵临房陵,只有八天时间。汉、吴援兵仓促出动,被早有准备的司马兵阻于途。孟达死守房陵,终究不是司马懿的对手,连他自己的外甥邓贤和他所信任的将军李辅,都没有信心坚守了,纷纷出城投降,孟达被俘遇害。[①]

这是诸葛亮伐魏之前,失掉的一次对战事很有利的机会,诚足可惜。如果孟达办事周密,估计准确,选择好适当的时机起事,与汉、吴密切配合,成功的希望是很大的。这对诸葛亮的北伐,会有不少的助益。这也表明诸葛亮此后北伐的潜在对手司马懿,既非善类,也非等闲之辈。顺便指出,申仪所为,也有违规之处,司马懿在打垮孟达后,把他也押赴洛阳。

孟达起事失败发生在建兴四年(226),这件事没有影响诸葛亮北伐的部署。他决定在建兴五年(227)春季,率军北伐,进驻汉中。在出师之前,他给后主写了一份《出师表》。表文向后主坦陈了国内外的形势,说明北伐的必要性,劝谏后主要励精图强、明鉴历史。全表感情真挚,辞意恳切,凛然正气,贯穿始终,乃千古名文,传颂已有一千七百多年。我们录其原文,以期读者诸君从中受到教益,获得启迪。

出师表

先帝创业未半而中道崩殂,今天下三分,益州疲弊,此诚危急存亡之秋也。然侍卫之臣不懈于内,忠志之士忘身于外者,盖追先帝之殊遇,欲报之于陛下也。诚宜开张圣听,以光先帝遗德,恢弘志士之气,不宜妄自菲薄,引喻失义,以塞忠谏之路也。宫中府中俱为一体,陟罚臧否,不宜异同。若有作奸犯科及为忠善者,宜付有司论其刑赏,以昭陛下平明之理,不宜偏私,使内外异法也。侍中、侍郎郭攸之、费祎、董允等,此

① 参见《三国志·蜀书·费诗传》,第1016页。

出师一表　志尽文畅

皆良实，志虑忠纯，是以先帝简拔以遗陛下。愚以为宫中之事，事无大小，悉以咨之，然后施行，必能裨补阙漏，有所广益。将军向宠，性行淑均，晓畅军事，试用于昔日，先帝称之曰能，是以众议举宠为督。愚以为营中之事，悉以咨之，必能使行阵和睦，优劣得所。亲贤臣，远小人，此先汉所以兴隆也；亲小人，远贤臣，此后汉所以倾颓也。先帝在时，每与臣论此事，未尝不叹息痛恨于桓、灵也。侍中、尚书、长史、参军，此悉贞良死节之臣，愿陛下亲之信之，则汉室之隆，可计日而待也。

臣本布衣，躬耕于南阳，苟全性命于乱世，不求闻达于诸侯。先帝不以臣卑鄙，猥自枉屈，三顾臣于草庐之中，咨臣以当世之事，由是感激，遂许先帝以驱驰。后值倾覆，受任于败军之际，奉命于危难之间，尔来二十有一年矣。先帝知臣谨慎，故临崩寄臣以大事也。受命以来，夙夜忧叹，恐托付不效，以伤先帝之明，故五月渡泸，深入不毛。今南方已定，兵甲已足，当奖率三军，北定中原，庶竭驽钝，攘除奸凶，兴复汉室，还于旧都，此臣之所以报先帝而忠陛下之职分也。

至于斟酌损益，进尽忠言，则攸之、祎、允之任也。愿陛下托臣以讨贼兴复之效；不效，则治臣之罪，以告先帝之灵。若无兴德之言，则责攸之、祎、允等之慢，以彰其咎。陛下亦宜自谋，以咨诹善道，察纳雅言，深追先帝遗诏，臣不胜受恩感激。今当远离，临表涕零，不知所言。①

以下，对出师表文略加分析。全篇文章并没有在北伐与复兴汉室、统一天下方面，着更多的笔墨。虽然，文章开头提出了当前形势的紧迫，国家处在危急存亡的关头；在中间，提到受托辅国和复兴汉室的大事，这都说明北伐势在必行。看来，北伐的必要性与可能性已在蜀汉朝廷内取得了基本共识，所以，在《出师表》里，并没有对此作过多议论。

诸葛亮在出师北上之前，情理兼具地谏嘱后主刘禅应该怎么做，不应怎么做；也为他自己和大臣们提出了要求。先说对后主的谏嘱。他要求刘禅奋发图强，继承先帝遗志以复兴汉室。为此，应严明法纪，信

① 《三国志·蜀书·诸葛亮传》，第919～920页。

任贤臣，采纳良言。谏言都是有的放矢、苦口婆心的谆谆之辞。后主乃平庸之君，但周围不乏忠贞之士。针对后主胸无大志、贪图安逸的缺点，诸葛亮要求他树立信心，不要自轻自贱，应公正执法，严明赏罚，这也是诸葛亮治国的大原则。他深知刘禅这样的庸君，在贤良的辅佐下，远离奸佞，国家还是有希望的，所以他反复强调广开言路，接受忠言。为此必须信任与依靠贤良。诸葛亮从历史上论证亲贤远小的极端重要性，还列举了值得信任的人。明提的有侍中郭攸之和费祎，侍郎董允，将军向宠。提到官职的还有尚书陈震、长史张裔和参军蒋琬。应该指出，诸葛亮提到的人都是蜀汉朝廷的忠臣栋梁之材，历史证明，诸葛亮具知人之明。从君臣之礼、纲常之序出发，诸葛亮以大臣的身份谏嘱后主，他总是以宜做什么、不宜做什么的委婉口气陈述，叮咛周至。《出师表》语重心长，虽含蓄却透彻，读起来令人感动，可以看出两朝开济的老臣满腔热忱，全身心地治国平天下的忧思。

诸葛亮希望后主赋予他“讨贼兴复”的大任，如果没有成效，则“治臣之罪”。讨贼兴复的治平大事，始终萦绕在他的心里。他对文武百官已有总体评价：“侍卫之臣不懈于内，忠志之士忘身于外。”但仍明确地提出：“斟酌损益，进尽忠言。”要求大臣们准备在后主向他们咨询宫中与营中之事时，及时提出正确的意见和建议，而且，还应随时筹画并提出有利于国家的策略，给皇帝进上忠言。

在表文的下半部分，诸葛亮满怀深情地回顾了个人的经历。当初他淡泊明志，躬耕南阳，不愿在各路诸侯间奔走，求得闻达。经先帝三顾草庐，不但为他的礼贤下士的谦逊态度所感动，而且为他的仁德，为兴复汉室、统一天下、拯民于水火的志向所折服。因为孔明的志向也在于治平，所以他把全部精力都用在为完成先主遗愿、实现他自己的志向上。

诸葛亮的《出师表》不仅感动了当时的朝野，为当时的人所称颂，也为历代的士民所称颂。《文心雕龙》的作者刘勰，从文学评论的角度，说它“志尽文畅”，乃章表中的优秀代表。在吴楚材、吴调侯叔侄所选的《古文观止》里，同样对《出师表》给予了高度赞颂。《出师表》成了历代文人的必读文章，成了我国价值极高的文化遗产。它激励着历代民族英雄和文人骚客，他们在歌颂《出师表》的同时抒发自己的情怀。陆游写了多首歌颂诸葛亮的诗。在他的《书愤》诗中，有"出师一表真名世，千载谁堪伯仲间"的诗句。他在《游诸葛武侯读书台》的诗中，歌颂《出师表》"出师一表千载无，远比管乐尚有余"。的确，诸葛亮的功绩和影响远远超过了管仲和乐毅。民族英雄文天祥在《怀孔明》的诗中由衷地写出"至今出师表，读之泪沾胸"。明朝文人沈周在《读出师表》的诗中，写出"两篇忠告慷慨辞，字字中间有涕洟……不朽文章千载事，后人能鉴乃能悲"的诗句。限于篇幅，我们不可能把历代有关的评论、诗词一一列出，读者如有兴趣，可参考专门的著作。

虽然诸葛亮不是以文学驰名古今，但是他的《出师表》在中国浩瀚的文学宝库里，确实已成为不朽的杰作。之所以如此，还不完全取决于"志尽文畅"的写作技巧，也不完全取决于他有经世之才，有超人的智慧，而是因为他的人格力量、高尚的道德情操、言行一致的实践，使表文志尽意畅，感动了三国时代以来的一代代士民。

诸葛亮的道德情操表现在多方面，但集中体现在他所倡导的"非淡泊无以明志，非宁静无以致远"上。今人薛遒在赏析《前出师表》时，有突出的论述。至于他赏析的全文，可参考《古文观止、续古文观止鉴赏辞典》①，现摘录有关章句于下：

> 淡泊、宁静二旨，自古至今，向被文人学士乃至食精厌肥的高官厚禄者流所津津乐道，然而，这芸芸众生中，附庸淡泊、宁静而以"清高"自慰或自鸣于世以求"推销"自己者多，真能得淡泊、宁静之意趣而乐在其中求"明"求"远"者少。至于借淡泊、宁静而盗利猎名者，更属人中下品，等而下之，不足道哉了。
>
> 昔诸葛亮以布衣之身，屈居于草庐之中，坐论淡泊、宁静，则腐儒辈讥之为"侈言自慰"，是足可欺世人之心的，然而，"出师一表真名士，千载谁堪伯仲间。"（陆游《书愤》）当诸葛亮一人之下、万人之上、位极人臣、权倾朝野之时，以其出师一表，令蜀前蜀后、千代万代无与比肩者，探其微，不能不归结到

① 关永礼：《古文观止、续古文观止鉴赏辞典》，同济大学出版社 1990 年版，第 396～399 页。

得自然之精蕴的淡泊、宁静二旨，昭彰于后主、蜀人、天下人并垂百世而至今的这个原因。《出师表》，是淡泊、宁静的结晶，是明志、致远的诠释，是古代知识分子的最高理想——帝王师的最集中的反映。

二、失街亭，斩马谡，自贬责

——诸葛亮出祁山，第一次伐魏

按 出兵北伐前的程序，第一步诸葛亮上《出师表》，在北伐的大事上，取得朝臣的共识与皇帝的批准；第二步以后主的名义，颁发讨逆檄文，这就是历史上留传下来的诸葛亮文《为后帝伐魏诏》；接下来，便是选择适当的时机，亲率大军，进驻汉中，北伐讨贼了。

在这一节，我们将介绍诸葛亮第一次北伐战事。上一节已比较详细地评述了诸葛亮的出师表文，即《前出师表》。在叙述他出祁山作战之前，我们先简单地提一下《为后帝伐魏诏》这篇檄文。这里就不给出全文，有兴趣的读者，可参考《诸葛亮文集》或《三国志·蜀书·后主传》注引《诸葛亮集》。历来檄文之颁发，在于阐述以正义讨伐不义的道理，说明战胜敌人的根据，露布天下，以鼓舞和激励士气，争取可能响应的力量。《为后帝伐魏诏》也不例外。诏书首先回顾汉室倾颓，曹氏篡夺之罪。先帝英烈而过早崩殂，朕刘禅年幼，修养仁德，继志讨贼，授权丞相诸葛亮，除患宁乱。而后，援引历史正义讨伐残暴而取胜的事例，明确政策，号召响应，而对助纣为虐者严惩不贷云云。文中除提出善昌祸殃的自然道理外，也有“龚行天罚”、“庶凭炎精祖宗威灵相助之福”这种带迷信色彩的词句，这是封建时代官民的思想，其号召作用，在当时是不可或缺亦无可厚非的，当然，这仅是客观地反映当时的时代特点而已。

建兴五年(227)三月，诸葛亮作了北伐的人事安排和部署，留守成都丞相府的官员是长史张裔和参军蒋琬。这一重任主要是保障后方安宁,并全力支援前方。诸葛亮深知后主平庸,所以安排在宫中、府中和营中的大员,都是经过考验的干练之才,都是他在《出师表》中一再谏嘱后主信任的贤臣。他率大军进驻汉中地区,大将魏延为督前部,领丞相司马、凉州刺史的官职,随诸葛亮北伐;丞相府参军、署府事杨仪也随同北上。魏延骁勇善战,屡立战功;杨仪办事干练,很有章法。但二人不和,势同水火。诸葛亮十分爱惜两人的才干,不忍有所偏废,但以不能使二人合作为憾。

诸葛亮驻军汉中的军事态势是:秦岭以北的雍州和凉州(今甘肃、宁夏和青海一带),都是曹魏的地盘。诸葛亮的战略是兵出祁山,占领凉州的东部地区,以巩固后方,因为从这里可穿过阴平而进入益州。在后方无忧的形势下,向东攻取长安,东过潼关,攻取洛阳。魏延不止一次地提出出奇兵子午谷、奔袭长安的策略。在南郑(今陕西省南郑县),诸葛亮召集重要的军事会议,魏延提议:长安主将夏侯渊之子夏侯楙,虽是魏主驸马,但年少无谋,由魏延率精兵万人,其中五千人作战,五千人背粮,沿秦岭向东,循子午谷向北,十日可抵长安。夏侯楙必弃城而逃,一举而取长安,军粮可从长安粮库取用。与此同时,丞相诸葛亮率大军,从西侧的褒斜谷北上,可在曹魏援军到达之前,与魏延会师,一举而定关中地区。诸葛亮没有采纳魏延的建议,魏延当然不高兴,心里不满。后也有人认为魏延这一策略乃奇谋也,如果采纳,说不定历史是另外一种写法了。

魏延的主张确实也是一步险棋。从最好的结果看,长安防守松弛,主将懦弱,后援不继。魏延万人一举成功,诸葛亮大军也一路破关斩将,会师长安,从而为北伐打胜关键的一役,其功确伟。但从最坏的结果看,曹魏设重兵在合肥一带防吴,准备攻吴;在长安一带防蜀,也准备攻蜀,是不可能不派重兵的。夏侯楙只是主将,其下有能人战将,也是毫无疑问的。魏延万人全军覆没的可能性很大,诸葛亮大军届时不能救助,再受阻于途,这将严重影响北伐的士气,魏因此反攻南进,亦不无可能。

魏延的勇气和胆量,今天看来,还是令人钦敬的。不过,当年主帅是诸葛亮,他是一位谨慎、持重的人。他以疲惫的益州一隅为基地,讨伐地占九州、人口多于蜀、兵将也远多于蜀的曹魏，他没有按魏延主张出奇兵冒险的资本。因此，他只能采取一步一个脚印、稳扎稳打、巩固基地、以保后方无虞的战略，他要为蜀的前途负责。作为统帅，不仅要征求帐下诸将的意见，而且最后要拍板定夺。史书上没有其他将领附和魏延主张、力劝丞相采纳的记载，他坚持“不如安从坦途，可以平取陇右”的战略。魏延因自己的奇谋不被采用，心里很是不满，认为诸葛亮胆量不够。其实诸葛亮老成持重，他自己的主张确是稳妥可靠的。他不接受魏延的建议，既不是胆怯，更不是对魏延的不信任，而是以他自己的判断为根据，由他的性格所决定的。认为魏延的建议必定成功的判断，是没有充分理由的。我们书归正传，叙述诸葛亮第一次北伐，出祁山作战的历史。

诸葛亮按既定方针，于建兴六年(228)初，命老将赵云和中监军、扬武将军邓芝，虚张声势，扬言由斜谷道取眉县。其实是命他们作为疑军占据箕谷，以牵制曹魏的军力。而诸葛亮则亲率大军，从西北向，进攻祁山。斜谷又称褒斜谷，是秦岭山脉中褒水流经的谷地，南口为褒，在今陕西省勉县境内，北口称斜，在今陕西省眉县西南，全长有四五百里，而箕谷在今陕西省太白县境内。果然，魏将曹真兵临箕谷。

诸葛亮率主力出兵祁山，祁山即指今甘肃省礼县东、西和县北的祁山堡一带。诸葛大军“戎陈整齐，赏罚肃而号令明”，是一支训练有素、作战英勇、赏罚分明的部队，南安、天水和安定三郡，分别叛魏投降。南安郡的治所豲道，在今甘肃省陇西县东北；天水郡的治所冀县，在今甘肃省甘谷县境内；安定郡治所临泾，在今甘肃镇原县境内。

诸葛大军出祁山伐魏，声威俱震，三郡纷纷响应，叛魏归降。也有坚持不降者，如天水太守马遵。正因为纷纷投降，马遵对手下的将吏也不信任了。当时他正出巡在外，姜维时为天水参军，与功曹梁绪、主簿尹赏、主记梁虔等人一起从行。马遵听说蜀军快到了，诸县归降，认为姜维等人也不可靠了，于是甩开他们，连夜逃到上邽(今甘肃省天水市)。姜维等人去追，到城下，城门紧闭，不予接纳。他们又转移到冀县，也闭门不纳，于是他们就向诸葛亮投降了。诸葛亮发现姜维是个将才，而且志向忠纯，决心培养他。

诸葛亮兵出祁山之初，魏国上下为之惊畏。魏主曹叡亲自到长安坐镇,命右将军张郃率军五万抵御诸葛大军。诸葛一方本来形势大好,然而一步棋走错,导致第一次北伐失败。诸葛亮不用魏延、吴懿等为先锋,而以参军马谡督军在前,以裨将军王平为副。在街亭(今甘肃省秦安县与庄浪县之间的陇城镇,属庄浪县)阻击魏军。马谡自恃才高,又熟读兵书,违背了诸葛亮的部署,让大军驻扎在山上,远离水源。这一部署不符合诸葛亮行军据守城池的原则。王平有实战经验,深知大军驻扎山上,一旦切断水源,不战自乱。所以,他反复向马谡劝谏,但马谡坚持错误决定。张郃大军一到,先切断蜀军水源,果然蜀军没有饮水,乱了阵脚,马谡也指挥不了溃军,于是大败,街亭失守。王平所率千余兵士临危不乱,擂鼓守险,列阵以待。张郃疑有伏兵,未敢出击。王平指挥部下徐徐撤退,一路上收集被击溃的蜀军,安全返回大本营。

马谡失街亭时,诸葛亮屯兵西县,在今甘肃省天水市西南一百二十里处。马谡战败,损兵折将,街亭失守,诸葛亮就没有根据地进兵了。一来,大军远来,粮草有限,利在速战,街亭既失,进攻不能,守也不能持久;二来,南安等三郡在张郃获胜的鼓舞下,又被魏军占领,蜀军腹背受敌,诸葛亮被迫撤军。他把西县里的一千多户人家迁往汉中地区,他也率军回到汉中。赵云和邓芝在箕谷与曹真作战同样失利。由于他们在撤兵时作了周密部署,老将赵云亲自断后,因此兵将物资都没有大的损失,他们也撤退到汉中。这样,诸葛亮第一次出祁山北伐就失败了。

诸葛亮依军法杀了马谡和其部下将军张休、李盛。马谡本属于智能之士,平时提了不少有益的建议,议论兵事,讲得头头是道,深得诸葛亮的器重,他们之间不仅有上下级的关系,也有友情。杀了马谡,诸葛亮亲自祭奠,为之流泪,抚养他的后代。后来,蒋琬至汉中,认为杀了智能之士实在可惜。诸葛亮流着眼泪说:"孙武所以能制胜于天下者,用法明也。是以杨干乱法,魏绛戮其仆。四海分裂,兵交方始,若复废法,何用讨贼邪!"①

诸葛亮严明法纪,在法律面前,人人平等,无可例外。这无疑是正确的,他的伟大之处也在此。蒋琬为马谡之死感到惋惜,这是可以理解的。晋人习凿齿以杀智能之士,责备诸葛亮"不量才节任,随器付业;

① 《三国志·蜀书·马良传》注引《襄阳记》,第984页。

知之大过,则违明主之诫,裁之失中,即杀有益之人”,埋怨诸葛的一番话是有一定道理的。马谡失街亭,固然是他没有作战经验,又不接受忠言的结果。但是,任命马谡为前锋对敌,则是诸葛亮不可推卸的责任和重大的失误。因为,在这么重大的关头,不用久经考验的魏延、吴懿等人,而用没有实战经验的马谡,这与众将领的意见也不会相符。再联系先帝刘备曾有马谡言过其实、不可大用的判断,孔明之失更为后世所憾。诸葛亮是知人善任,有知人之明的,误用马谡真是一个例外,说明诸葛亮是人,不是神,智者千虑,也难免一失。

诸葛亮的伟大之处,在于勇于承担责任,承认失误,街亭之失罪在马谡,而自己用人失察是难辞其咎的。他给后主上书,请求贬官三等。其《街亭自贬疏》说:“臣以弱才,叨窃非据,亲秉旄钺以厉三军,不能训章明法,临事而惧,至有街亭违命之阙,箕谷不戒之失,咎皆在臣授任无方。臣明不知人,恤事多暗。《春秋》责帅,臣职是当。请自贬三等,以督厥咎。”①诸葛亮把马谡在街亭违抗军令造成的失败,赵云在箕谷防备不周的错误,都归结为自己“明不知人”和“授任无方”的失误上,请求贬抑。后主接受了诸葛亮的请求,贬三等,降为右将军,仍代行丞相之职权。

上疏自贬,是对上(皇帝)作检查,诸葛亮对下也有交待。他劝将士多指出自己的过失,在《劝将士勤攻己阙教》的教令里写道:“大军在祁山、箕谷,皆多于贼,而不能破贼为贼所破者,则此病不在兵少也,在一人耳。今欲减兵省将,明罚思过,校变通之道于将来;若不能然者,虽兵多何益!自今已后,诸有忠虑于国,但勤攻吾之阙,则事可定,贼可死,功可跻足而待矣。”②在这篇不长的教令里,诸葛亮首先承认,街亭之失,箕谷之败,不是兵少,而是自己作为主帅的过失。提出要精简将士,严明赏罚,反省过失,随形势的变化而采取变通的策略,以打好以后的战争。号召大家忠心报国,及时指出自己的缺点与失误,才能取得成功。

我们认为,世上不论多么伟大的人,都难免会犯错误。人的真正伟

① 《三国志·蜀书·诸葛亮传》,第922页。
② 《三国志·蜀书·诸葛亮传》注引《汉晋春秋》,第923页。

大之处在于他能承认自己犯了错误，并勇于承担相应的责任，汲取教训，不再犯类似的错误。

还应指出，诸葛亮的失误是很少的，任用马谡的错误是几乎仅有的一次重大失误。

赵云在箕谷兵败，是因为警惕性不高，准备不周之故。既然打仗失利，就应受到相应的惩罚，赵云由镇东将军贬为镇军将军。同是将军，称谓不同，级别亦略有差异。赵云之贬，多少带有象征意义。虽然赵云兵败，但是，因敛众固守，组织有秩序的撤退，兵无大损。诸葛亮问道："街亭兵败，兵将不能相顾，而箕谷退军，兵将没有损失，是什么原因呢?"邓芝回答道："赵云将军亲自断后，军用物资没有丢弃，将士也没有失散。"赵云、邓芝从箕谷撤军，有剩余的绢帛，诸葛亮想分给赵云的将士，以鼓励他们有秩序的撤退。赵云说："既然没有打胜仗，而且是失利撤军，为什么还要奖赏呢？请上交到赤岸府库，留待冬季再分发吧!"诸葛亮非常赞赏赵云之德行。[①] 赤岸府库在今陕西省勉县老道寺乡，原属褒城县。赤岸府库不是赵云从箕谷撤军时曾退守的赤崖。赤崖位近前线，而赤岸位于汉中附近的后方。

街亭之役，王平不但规谏马谡，不应兵扎山上，应在要道据城防守，而且在马谡兵败之后，临阵不乱，鸣鼓壮威，使部下兵将无损，还收集溃败士兵从容撤退，表现了大将的勇气和风格，从而受到诸葛亮的赏识。诸葛亮在斩了马谡、张休、李盛，夺了将军黄袭等人兵权后，对王平特殊地给予提拔，加拜参军，统五部兼当营事，进位讨寇将军，封亭侯。王平统率五部兵马，兼管营屯事宜。王平并没有受到惩处，实在是兵败之责不在他，他是兵败中的有功之将。我们看到的京剧《斩马谡》，诸葛亮处分马谡后，还要责打王平四十大板，感到不可理解，替王将军不平。历史上没有这情节，演义里也没有这事，戏剧里加上了，不知编剧者加上的道理何在。

老将赵云，有勇有谋，为人持重，道德高尚；大将魏延骁勇善战，兼有谋略。两人都是久经实践考验的将军。街亭之役证明，王平也是有胆量、勇气和谋略的大将之才。而马谡虽有学识，知兵法，但无实践经

① 参见《三国志·蜀书·赵云传》注引《云别传》，第950页。

验，理论不能联系实际，只宜做参谋，不能担大将之任。如果诸葛亮兵出祁山，不选马谡督前部，而选赵云、魏延或王平，也许都会取得成功的吧！

诸葛亮严明法纪，因失街亭而斩马谡，这已是妇孺皆知的事。但在陈寿的《三国志》里，却出现了马谡的三种结局。在《诸葛亮传》和《王平传》里，十分明确地写明，“戮谡以谢众”、“丞相既诛马谡……”，而且，除了马谡被斩外，其部下将军张休和李盛也被斩。在《马良传》里，对马谡之死，却记载：“谡下狱物故，亮为之流涕。”即马谡死在狱里。而在《向朗传》里，又说马谡逃匿，向朗知情不报，被诸葛亮处分，免官还成都。历来修史，以简赅为原则，有时过简，就造成了混淆和矛盾。另外，也不排除陈寿在核对历史资料上，出现误记而造成不协调的结果。

笔者认为，诸葛亮因马谡失街亭而斩之，在《三国志·蜀书·诸葛亮传》里已清楚写明，这已是历来为大家所承认的史实。以诸葛执法之严明，这是顺理成章的事，何况马谡还是违反军事部署，是抗命战败呢！历来史书如《资治通鉴》等，都采纳这个结果。习凿齿在《襄阳记》里，记载了马谡死前给诸葛亮的一封信，信中说到：“愿深惟殛鲧兴禹之义，使平生之交不亏于此。”其中引用传说，虞舜因鲧治水失败，才杀了鲧，起用鲧的儿子禹的。蒋琬到汉中，还以杀了智能之士，而感到惋惜。那么，又如何解释陈寿的另两处陈述呢？马谡畏罪潜逃是不可能的。打了败仗先下狱待决，是一般程序。陈寿把马谡的被斩，说成在狱中“物故”，这是他的失误。向朗为马谡辩解或隐瞒了什么重要的事，从而导致被解职回成都。而说隐瞒马谡逃亡是不可能的，同样是陈寿误写。我们认为这桩公案已有定论，不应再视为疑案。

现在，我们再用一点篇幅，来谈谈演义的事。首先，讨论无人不晓的“空城计”。街亭之役，魏主将是张郃，不是司马懿。诸葛亮第一次北伐，出祁山时，司马懿督师荆州，驻扎在宛县（今河南省南阳市）。他与汉中地区发生关系，是两年以后的事。

马谡失街亭时，诸葛亮驻扎在西县，在今甘肃省天水市西南一百二十里处。西县城，也可称西城。当年这一带是人口较多的地方，经济相对发达。诸葛亮出祁山时，曾向后主汇报前线简况说：“祁山去沮县五百里，有民万户。瞩其丘墟，信为殷矣。”沮县在今陕西省略阳县东边。祁山一带人口稠密，农业发达。西城离祁山较近，离街亭较远。街亭既失，进退无据，乃让西城一千多户人家，跟随大军撤往汉中地区。

西城由于军民都撤走了，从而成为空城，这也就是空城计的由来。魏将张郃在占领街亭之后，没有向西城进军。司马懿也没有来到这里，怎么《三国演义》会有“马谡拒谏失街亭，武侯弹琴退仲达”的呢？

原来晋朝初年，扶风王司马骏镇关中，与部下议论诸葛亮。郭冲为了说明诸葛亮权智英略，讲了五件诸葛亮的轶事，其中第三件事是空城计的根据。他说，当年诸葛亮屯兵阳平，派遣魏延等人率军东进，诸葛亮留万人守城。司马懿率二十万大军与诸葛亮作战，与魏延大军走岔了路，竟来到离阳平六十里处。哨兵告诉司马懿说，诸葛亮城内兵不多。诸葛亮也知道司马懿大兵迫近，欲追赶魏延大军已来不及，将士吓得面如土色。诸葛亮镇静不惊，令偃旗息鼓，大开四门，扫地洒水，以待司马兵到。司马懿见势，疑有埋伏，引军而退。南朝宋代裴松之为《三国志》作注，力辩郭冲所陈不实。他从史料上、情理上都说明这是不可能的。这里不复述他的论据，有兴趣的读者可参阅《三国志·蜀书·诸葛亮传》中的裴注。阳平关在今陕西省勉县境内，是诸葛亮北伐在汉中地区的后方基地。有人据此认为空城计应在这一带，这是错误的。司马懿拒抗诸葛亮，从来没有到达过诸葛亮在汉中的基地。郭冲所言只是一种传说，百姓们引申发挥，认为司马懿不敢与诸葛亮正面交锋，以至率二十万大军都不敢进攻诸葛亮的空城。

但是，《三国演义》的作者把空城由阳平搬到西城，让司马懿代替张郃，成为攻打街亭的主帅。他在西城外见到四门大开，城外有老军打扫，城上诸葛亮在焚香弹琴。于是判断诸葛亮平生谨慎不弄险，城内一定有埋伏，便撤兵了。小说描写得有声有色。各种戏剧，特别是京剧，把它搬上舞台。诸葛亮在堞楼，还请司马懿上城，共享羊羔美酒，一起谈心，以酬知音。那才叫戏剧性呢！京剧《失街亭》、《空城计》、《斩马谡》三出戏，简称“失、空、斩”，其中最精彩的唱段在《空城计》，几乎老生各个流派都有《空城计》的唱段，唱腔脍炙人口，经久不衰。即使一些唱词，如“凭阴阳，如反掌，保定乾坤”不切实际，不能反映诸葛亮的人品和性格，但是，我们听的是那个味儿，欣赏的是诸葛亮临危不乱、镇定潇洒的派头。总而言之,“空城计”的故事还会一直流传下去,《空城计》的戏也还要唱下去。毕竟历史、演义、戏剧,各领风骚。让我们知道了历史事实之后,再去欣赏演义的故事、戏剧的表演,品味其精彩的唱段吧!

接下来,我们笼统地议论一下演义故事,而不再逐例分析哪些是可信的,哪些是不可信的。比如,史书只简略地记载了诸葛亮兵出祁山,戎阵整齐,号令明肃,天水、南安、安定皆叛魏应亮。是大兵一出、兵不血刃、三郡皆降呢,还是经过了一些战斗后,三郡才叛魏归降的呢?由于历史没有详述,因此演义的作者虚构一些战斗的故事,尽可能细致地描写诸葛亮的智慧和计谋,形成了诸葛亮“智取三城”的具体情节。为了突出姜维少年英勇和谋略,铺叙他战胜了蜀的大将,甚至破解了诸葛亮的计谋,才被诸葛亮看中,诸葛亮必欲招降他、培养他,使他能接起伐魏的大旗。于是寥寥几行历史的记载,铺叙成大家爱读的故事,而且《收姜维》的戏曲演出也随之产生了。

“武乡侯骂死王朗”,同样是小说作者编造的故事。王朗是曹魏的重臣,他一直在魏王朝内尽心尽力,陈寿说他“文博富赡”。刘备病逝,王朗曾致书劝降诸葛亮,被诸葛亮公开驳斥。他在建兴六年(228)去世。正是那一年,诸葛亮出祁山北伐。王朗没有到祁山前线,也没有想一举说服孔明,当然孔明也没有骂死王朗。像王朗、华歆这样助曹篡汉的人,《三国演义》的作者不喜欢,故安排了他在阵前被诸葛亮骂死的情节,虽非史实,但读来大快人心。

最后,我们议论一下随诸葛亮北上汉中,一起参加第一次出祁山北伐的将领。在《三国演义》第九十一回“伐中原武侯上表”里,罗列了几十位(三十四位,后加赵云)。我们在此不一一考证哪些人确实参加,哪些人没有参加。仅举数例,比如参加的人包括魏延、杨仪、赵云、邓芝、马谡、王平、刘琰等人。但在列出的官将里,其实马忠并没有参加,平定南中后,马忠任牂牁太守,和抚夷越,他于建兴八年(230)才被任命为丞相参军,这已是街亭失利后两年了。在北伐将领名单里,有征南将军刘巴,这个刘巴不应是字子初的那个刘巴,因为刘子初已在章武二年(222)去世了。那么,关兴和张苞随武侯北伐了吗?

关兴和张苞均少年夭折。关兴,字安国,大将关羽之子,少年时有很好的名声，是智能之属，诸葛亮对他十分信任和器重，二十岁不到，任侍中和中监军，但没有几年就去世了。张苞是大将张飞的长子，早夭。张苞不可能参加北伐。关兴虽然活到了二十多岁，但因具体的生卒年不详，即使诸葛亮北驻汉中时，他仍然在世，侍中为皇宫中的官，外调参加战争的可能性不大。可以有把握地说，关兴和张苞均没赶上北伐战争。

但是，由于关羽、张飞二人具有勇猛、忠义和诚信的品德，人们喜爱他们，因此惠及子孙，何况历史上还记载关兴"少有令问，丞相诸葛亮深器异之"。[①]《三国演义》的作者，就让他们分别以龙骧将军和虎翼将军的官职，兼作为诸葛丞相的左右侍卫，驰骋疆场，智慧、勇猛地为国建功立业。这对痛于关羽、张飞两员大将的死于非命的人们，多少有些许的慰藉。在后代建造的武侯祠内，如最早修建的勉县武侯祠，就有关兴、张苞的塑像，二小将侍立在武侯的两侧，供后人瞻仰怀念。

三、关于《后出师表》与第二次伐魏

诸葛亮第一次北伐，出祁山，战败于街亭，退兵到汉中。魏打了胜仗，让曹真督师凉州的军事。历史上的曹真并不像《三国演义》所描写的那样，似乎是无能之将。虽然在两军对垒上，他不是诸葛亮的对手，但他是一位有一定谋略、能治军的将才。诸葛亮退军后，曹真又平定了叛魏归蜀的南安、天水和安定三郡。而且，他估计，下一次诸葛出兵，要攻打陈仓（今陕西省宝鸡市）了，他派将军郝昭、王双等驻守陈仓，加固城池。与此同时，魏主曹叡以徐邈为凉州刺史。徐邈在凉州鼓励农业，注重教育，奖善罚恶，注意改善与羌胡少数民族的关系，所以凉州地区没有大的乱子。这给诸葛亮出师祁山增加

① 《三国志·蜀书·关羽传》，第942页。

了一定的难度，也从另一侧面说明魏延主张的出师子午谷、奇袭长安的计谋，确实有很大的危险性。

诸葛亮兵败街亭，毫不气馁。最令人感动的是，他不仅亲自承担了战败的责任，而且把自己的失误向国人公布。而后，踏踏实实地再做北伐的准备工作。他严明赏罚，考核奖励有功与壮烈的将士；精简队伍，讲武练兵，不仅很快恢复了士气，而且恢复了信心，人们不再把打了败仗的事记在心里。

诸葛亮这种败不馁、胜不骄的品德，是他志在恢复汉室、统一天下、报答知遇之恩的体现，也是他人格魅力的体现。即使在大兵北上、三郡响应、天下震动之时，他对属下的祝贺还是感到愧疚。他说："普天之下，莫非汉民，国家威力未举，使百姓困于豺狼之吻。一夫有死，皆亮之罪，以此相贺，能不为愧。"①

在前线和在朝中一样，诸葛亮自己不搞特权，也不允许部下有特权。这种一视同仁、惟贤才是任的品德，是他受后代尊仰的又一重要方面。他的儿子诸葛瞻在建兴五年(227)才出生。诸葛亮老年得子。因他早年无子，过继了诸葛瑾的次子诸葛乔为子。诸葛亮北伐，进驻汉中，诸葛乔与诸将领的子弟，在高山深谷中转运粮草，大家同样辛勤地为国出力，没有特殊。诸葛亮在给哥哥诸葛瑾的信中提到："乔儿本来应回到成都，而诸将军的子弟们都在执行后勤运输任务，乔儿应和大家同甘共苦，故让他率领五六百兵，与诸子弟一起，转运山中。"诸葛乔在建兴六年(228)病逝，年仅二十五岁。

姜维归降时，诸葛亮与他几次交谈，认为他是个将才，那年姜维二十七岁。他不仅会用兵，而且有胆有识。姜维幼年丧父，母亲把他抚育成人。他少年时读书刻苦，钻研过儒学大家郑玄的经学，立志宏大。诸葛亮不断地从姜维身上看到他的优点，决心培养他。诸葛亮给留守成都的相府长史张裔和参军蒋琬写信，这样评价姜维："他对国家大事忠诚勤劳，考虑问题细致周到。他的才干超过了李邵和马良，乃凉州的一流人才。"而李邵和马良都是去世不久的蜀中贤德之士。诸葛亮让姜维任仓曹掾，加奉义将军，封为当阳亭侯。他安排姜维去成都见皇上，

① 《三国志·蜀书·诸葛亮传》注引"郭冲四事"，第922页。

经受锻炼，逐步到军队领导的关键岗位上。他还给张裔和蒋琬写信：“姜维到成都后，先让他训练一支五六千人的中虎步兵（京城的卫戍部队）。姜维擅长军事，具有胆略，深明大义，通晓兵法。他不仅立志兴复汉室，而且才智过人。等他训练部队之后，要让他去皇宫拜见后帝。”以后，又让他任中监军，提升为征西将军。诸葛亮培养、提拔姜维，既是知贤善任，也是为了继续北伐做好人才上的准备。

本来，在隆中对策中，诸葛亮的复兴战略是一路大军北上宛、洛，一路大军进攻秦川。后来，因为孙权背盟，关羽兵败麦城，荆州落入孙权之手，刘备又伐吴失败。这就使兵向宛、洛和秦川的对魏钳形攻势不再可能。现在，诸葛亮不得不亲率大军北伐中原，从兵力上看，确实是以弱攻强。吴、蜀既然早已重申盟好，在与魏作战上，东西策应是很重要的。但这又存在两大问题：首先，既是两国，就不同于命令部下，两边不一定有同时出兵的内外形势；其次，往来协商，互通信息，不是很快能做到的，时间一长，形势变化，也影响同时共举的效果。

诸葛亮北出祁山之时，孙权没有同时出兵伐魏。这就少了东西呼应的效果。建兴六年(228)五月，诸葛亮仍在汉中作战后整顿之时，东吴有了一次攻打魏的东路大将曹休的机会。魏大将军曹休为扬州牧（扬州的治所在寿春，今安徽省寿县）。吴鄱阳（鄱阳郡治所在鄱阳，今江西省波阳县）太守周鲂向曹休下诈降书，并割发以表诚意。曹休信以为真，率十万大军南下皖城（今安徽省潜山县一带）接应周鲂。吴派陆逊为主帅，逊自为中部，以朱桓、全综为左右翼，也统率近十万人，于八月三路并进，猛击中计的曹休，把曹休打得大败。虽然曹休损失严重，吴人士气大振，但仍没有影响双方的战略地位。

建兴六年十一月，诸葛亮在汉中整顿，恢复了元气，又知道了东吴陆逊大破曹休于皖城，认为再挥师北伐的时机已经到来。但是，很多人认为年初败于街亭，尚不到一年；曹魏地广人多，力量强大，与其出兵进攻，不如据险固守，以求无事。加上后帝之庸弱，更乏破釜沉舟的勇气。如果说，诸葛亮第一次伐魏前，大家基本上取得了北伐的共识，但失利之后，反对的声音就强了。诸葛亮需要花更多的精力和口舌来说服大家，尤其需要说服后帝，让他们知道北伐的必要性，这便是撰写《后出师表》的重点所在。由于后人对此表有争议，这里先录下表文，而后谈论观点。

后出师表

先帝虑汉、贼不两立，王业不偏安，故托臣以讨贼也。以先帝之明，量臣之才，故知臣伐贼才弱敌强也；然不伐贼，王业亦亡，惟坐待亡，孰与伐之？是故托臣而弗疑也。臣受命之日，寝不安席，食不甘味，思惟北伐，宜先入南，故五月渡泸，深入不毛，并日而食。臣非不自惜也，顾王业不得偏全于蜀都，故冒危难以奉先帝之遗意也，而议者谓为非计。今贼适疲于西，又务于东，兵法乘劳，此进趋之时也。谨陈其事如左：

高帝明并日月，谋臣渊深，然涉险被创，危然后安。今陛下未及高帝，谋臣不如良、平，而欲以长计取胜，坐定天下，此臣之未解一也。刘繇、王朗各据州郡，论安言计，动引圣人，群疑满腹，众难塞胸，今岁不战，明年不征，使孙策坐大，遂并江东，此臣之未解二也。曹操智计殊绝于人，其用兵也，仿佛孙、吴，然困于南阳，险于乌巢，危于祁连，逼于黎阳，几败北山，殆死潼关，然后伪定一时耳，况臣才弱，而欲以不危而定之，此臣之未解三也。曹操五攻昌霸不下，四越巢湖不成，任用李服而李服图之，委夏侯而夏侯败亡，先帝每称操为能，犹有此失，况臣驽下，何能必胜？此臣之未解四也。自臣到汉中，中间期年耳，然丧赵云、阳群、马玉、阎芝、丁立、白寿、刘郃、邓铜等及曲长屯将七十余人，突将无前。赍叟、青羌散骑、武骑一千余人，此皆数十年之内所纠合四方之精锐，非一州之所有，若复数年，则损三分之二也，当何以图敌？此臣之未解五也。今民穷兵疲，而事不可息，事不可息，则住与行劳费正等，而不及今图之，欲以一州之地与贼持久，此臣之未解六也。

夫难平者，事也。昔先帝败军于楚，当此时，曹操附手谓，天下已定。然后先帝东连吴、越，西取巴、蜀，举兵北征，夏侯授首，此操之失计而汉事将成也。然后吴更违盟，关羽毁败，秭归蹉跌，曹丕称帝。凡事如是，难可逆见。臣鞠躬尽力，死而后已，至于成败利钝，非臣之明所能逆睹也。

这篇《后出师表》为阐述北伐必要性的表文，在《三国志·蜀书·

诸葛亮传》里没有记载；在《诸葛亮文集》里没有收录；在其他地方，如后主传或其他传记里也没有提到它。只是在裴松之的补注里，给出了全文，并注明这篇表文出自张俨的著作《默记》。[①] 张俨是东吴的高官。《昭明文选》收录了《前出师表》，只以《出师表》为题目，给以极高的评价，并没有选入《后出师表》。习凿齿在《汉晋春秋》里，认为此表是建兴六年十一月，诸葛亮从汉中北进，在攻陈仓前，给后主呈上的表文。《资治通鉴》也附和这个说法。在历史上文人的咏颂里，也有提"出师一表"的，如陆游诗里有"出师一表天下无"，"出师一表真名世"。但也有肯定两表的，如沈周诗有"老臣虚己六未解"，这分明是指《后出师表》。

关于《后出师表》的真伪存在疑义：

有一部分历史学者认为《后出师表》是伪作，其根据除上面提到的外，从文章本身分析有下列几个疑点：第一，表中提到的赵云卒年与《三国志·蜀书·赵云传》里记载的不符。《后出师表》里，赵云卒于建兴六年，而《三国志·蜀书·赵云传》记载是建兴七年。第二，表中提到李服，在史书记载里无李服其人。第三，文章调子低沉，信心不足，与诸葛亮《前出师表》的风格有异，不符合诸葛亮的作风。这篇表文既出自张俨的著作，有可能是他假托诸葛亮而作的。

也有一部分历史学者认为此表文不是伪作，认为张俨乃吴国高官，他伪作诸葛亮文，写"使孙策坐大，遂并江东"是不可能的。赵云卒于建兴六年，诸葛亮既在表文里写清楚，不会有错，是陈寿在《三国志·蜀书·赵云传》里写错了。至于李服，乃王子服，是王子服的误写。王子服曾与董承合谋诛杀曹操，以"解放"汉献帝，事泄被害。至于格调问题，文章坚持北伐，与《前出师表》精神一致。

这两种意见似均无确凿证据使之成立。笔者提出看法如下，也只是揣测，并无可靠的考证。在《三国志·吴书·诸葛恪传》里，诸葛恪在议论与敌人不两立时写道："近见家叔父表陈与贼争竞之计，未尝不喟然叹息也。"他指的是《后出师表》，因《前出师表》主要是安排后方大事，谏嘱后主，而在《后出师表》里，才主要在"汉、贼不两立"的前提下，

① 《三国志·蜀书·诸葛亮传》注引《汉晋春秋》，第923~924页。

论述与贼争竞的道路并不平坦，以及准备战争的危难与艰苦。

《后出师表》是以上表后主的口气写的。有可能并未上呈，因为诸葛大军已出师，驻扎汉中。现在是择机向魏进攻。由于街亭之失，朝廷议论战争之事，不少人反对出兵，诸葛亮此表乃论述出兵之必要性。当得到众议趋同的结果，并获得赴前线作战之允诺时，则不必再进表了。如此，《三国志·蜀书·诸葛亮传》和《诸葛亮文集》里，没有《后出师表》就可以理解了。后来，表文或其副本或口述，辗转到东吴是很有可能的，辗转的途径很多，更可能是在诸葛亮病逝以后，表文传到东吴后，被张俨保留，并记载于书里。这样，《后出师表》之名就不完全符实了。但它反映了在第一次伐魏失利后，诸葛亮认为有继续北伐的必要性，并估计到战争的复杂特点，作好了不屈不挠的心理准备，直到"鞠躬尽力，死而后已"。

以下，我们对《后出师表》略加分析和评论。第一段点明"汉、贼不两立"的立场，满怀感情地表明伐贼的决心。依然从先帝的决心开始，先帝嘱托讨贼，所以，自己呕心沥血，辛劳艰苦地平定了南中，以为北伐作准备。自谦才弱敌强，但不能坐以待毙，必须北伐。中国人的谦逊态度是有传统的，刘备曾明确肯定："君才十倍曹丕，必能安国，终定大事。"但诸葛亮还是说："故知臣伐贼才弱敌强也。"第二段列举六件实例，反驳反对北伐的主张，反复说明战而后强、思危而后安的实践明证，指出苟安一隅是不可能的。第三段接着第二段的论述，提出天下大势变化莫测，又举数例，说明形势的反复。但事在人为，要尽全力争取复兴汉室的成效。"鞠躬尽力，死而后已"的千古名言，是他的内心意志，也是终生的实践，令人感慨之外，颇多崇仰之思。附带一提，裴注里是"鞠躬尽力"，但后世文选，多用"鞠躬尽瘁"，后者为大家所熟记了。

下面，再分析一下《后出师表》给我们的启迪：

第一，关于信心问题。这份表文是在第一次北伐失利后，再次出征前写的，用很大篇幅说明北伐的必要性和不可能一帆风顺的道理。诸葛亮深知曹魏强大，在战斗的实践中，也了解了敌方的军队战斗力和力量的部署。因立足于进攻，故未预料何时可以成功。这正是诸葛亮谦虚、谨慎的作风。他有十足的决心，并没有表示有十足的把握。在这个意义下，《后出师表》与《前出师表》的风格略有不同。只有小说和戏剧，才说诸葛亮有先见之明，“算就了汉家的业，鼎足三分”，把后来的出师未捷归结到天命上去了。即使在《前出师表》里，诸葛亮也只是要求后主“托臣以讨贼兴复之效；不效，则治臣之罪，以告先帝之灵”，而没有表明必效之意。所以，谨慎而留有余地，不等于信心不足。

第二，诸葛亮北伐的战略思想是他以攻为守的思想体现。他开头就明确，以一州之地，难以对抗已占九州之地的曹魏，不能坐以待亡，要在进攻中求生存，求胜利。北伐，一方面给敌人以威胁，消耗敌人的有生力量，打击敌人的心理；另一方面，也是为了使国人、朝野振奋起来。如果采取守势，容易兹生妄自菲薄与贪图安逸的弊病。

第三，以弱敌强，体现诸葛亮履行先帝讨贼之托、矢志不渝的精神。后主虽平庸，但在诸葛亮的辅佐下，在不懈于内的侍卫之臣与忘身于外的忠志之士的努力下，敢于北伐强敌，志在恢复汉室。诸葛亮的这一精神鼓励和激发了后世无数志士仁人的爱国志气与情怀。又使人们不禁想起南宋时赵构与其一班苟延求和的权势们，有着半壁江山，不敢也不愿北伐强敌，与诸葛亮大无畏的精神相比，显得是多么卑微鄙陋呀！

总之，在第一次北伐失利之后，诸葛亮坚持以复兴汉室、统一天下为目的的北伐战争；在反对苟安一隅、阐述北伐必要性的同时，他充分估计到以弱伐强，道路不会平坦，曲折和挫折难免，准备“鞠躬尽力，死而后已”。因此，不论《后出师表》是否已上呈，我们相信，表文反映了他的上述思想。

在诸葛亮第一次出祁山伐魏的同年，即建兴六年（228）十二月，诸葛第二次出师北伐。他亲率兵数万，出散关（今称大散关，宋以后一直用今名，在陕西省宝鸡市西南，为秦岭西段的咽喉要道），围攻陈仓（今宝鸡市）。陈仓守将郝昭已有准备，加固了城池。这是大将军曹真在街亭之役后作的精心安排。城中守军也不可能像《魏略》所说，只有千人。诸葛亮派郝昭的同乡人靳祥，到陈仓城下，劝郝昭献城投降。郝昭坚定地回绝。诸葛亮派靳祥再去劝说，晓以利害，免得玉石俱焚，郝昭依然不为所动。诸葛亮强攻不下，包括使用云梯、填土攀城、挖地道入城等多种办法，均被郝昭用有效的对策破解了。就这样昼夜相持有二十天。魏方派张郃和费曜驰援陈仓，诸葛亮没有攻下陈仓，而军粮将尽，决定撤军。魏大将王双率军追击撤退的蜀军，被诸葛亮在半途设下的伏军杀死。这样,第二次伐魏的时间很短,没有取得进展,粮尽撤兵。

在战争中,粮草十分重要。俗话说:“兵马未到,粮草先行。”古时的粮草,犹如现在包括石油在内的后勤支持。诸葛亮北上,从川入陕,山地栈道,运输艰难,粮草供应始终是诸葛亮进军中的大事。如果粮草充裕,那么即使在围攻陈仓的同时,仍可抽调大军,打击增援的张郃、费曜。

四、诸葛亮第三、第四次伐魏

诸葛亮第二次北伐,进攻陈仓城不下,又因粮草不继,而撤军汉中。没过几个月,建兴七年(229),诸葛亮第三次北伐。他先派将军陈式率军攻武都和阴平(武都在今甘肃省成县西,阴平在今甘肃省文县西北)。曹魏在这一带紧靠益州北部地区,设置武都、阴平两郡,一方面是为了便于行政治理,另一方面将这两郡作为防范与进攻的基地。诸葛亮北伐时,始终从汉中西进和北进,夺取陇右是稳妥的做法,主要是为了避免曹魏从这里偷袭益州。

曹魏的雍州刺史郭淮率军迎敌。诸葛亮派陈式进攻武都和阴平的同时,他自己率军进驻建威(今甘肃省成县西北),对郭淮形成后路包抄之势。郭淮不敢贸然深入,引兵撤退。这样,诸葛亮就占领了武都和阴平,取得了战役的胜利。因为北伐取得了进展,后主恢复了诸葛亮的丞相职位。

正在这时,李严劝诸葛亮接受九锡的赏赐,进爵封王。李严本是一位很能干的蜀国高官,诸葛亮把他看做是可以协助自己、赋以重任的文武全才。但在个人德操上,李严远不够高尚。他劝诸葛亮封王,加九锡,他自己也可以跟进,获得更高的封赠。九锡乃赐王爵的九种器物,象征最高的奖赏,包括衣服、车马、乐则、朱户(红漆大门)、纳陛(特许的台阶)、虎贲(卫士)、弓矢、斧钺和秬鬯(一种酒)。凭当时诸葛亮的名望和权势，争取封王加九锡是可能的。当年曹操不仅进爵魏王，后来竟可以享用天子的仪仗，他离篡汉只差半步，所以历史上把曹操与王莽并称，而为后世所非议。诸葛亮与曹操完全是两类人，他自己没有追求权势，更未存心"如其不才，君可自取"的想法。他的高远之志，就是治理好国家，复兴汉室，以报答知己。所以，他对李严的劝告给予了严肃的回答，藉以再次表达心意，并规劝李严全力为国，以统一大业为重。为此，他在写给李严的信里，有这样的话语："今讨贼未效，知己未答，而方宠齐、晋，坐自贵大，非其义也。"①

也是在这一年，孙权称帝。诸葛亮力排众议，主张维持汉、吴同盟，并上表《绝盟好议》。随后派陈震使吴，祝贺孙权称帝，重申盟好。有关的事已在第五章第三节里仔细叙述过了，这里不再复述。

诸葛亮坚持北伐强敌，取得主动的有利地位，争取胜利，以复兴汉室。但他深知敌人强大，随时可能反攻，所以，他也在积极准备，防御敌人进攻。这一年冬季，他在汉中地区建造两座城池，作为保卫汉中的堡垒。一座为汉城，在今陕西省勉县南约二十五公里的牟加营；另一座为乐城，在今陕西省城固县西北十五公里处。

果然，第二年，即建兴八年(230)七月，魏作了大规模攻打汉中的部署。大司马曹真向魏明帝曹叡上表说，汉人几次进犯，今魏从斜谷出击，几路并进可以成功。魏于是作出了攻打汉中的计划，在合肥建造了新城，防备孙权进攻；同时准备几路大军与相应的战争物资，拟会师汉中。第一路大军可称西路大军，由曹真率领，由斜谷南下。这一路线即诸葛亮第一次出兵祁山，命赵云和邓芝为疑兵，出斜谷以牵制曹真的路线。第二路大军可称中路大军，由张郃率领，由子午谷南下。这一路线就是魏延欲亲率万人，去奇袭长安的路线，因过于冒险，诸葛亮当时没有同意。第三路大军，可称东路大军，由司马懿率领，从驻地襄阳沿汉水西进，由西城(今陕西省安康市一带)直取汉中。

诸葛亮一直密切注视着曹魏的军事调动，知道曹魏大军要分几路攻打汉中，除在兴建的汉、乐两城作一定的兵力部署外，他把主力部署在赤坂(今陕西省洋县以东二十公里处)。此地可以袭击曹魏三路进

① 《三国志·蜀书·李严传》注引《诸葛亮集》，第999页。

攻大军的任何一路。诸葛亮还调遣李严率两万兵马，从江州（今重庆市）进驻汉中，并上表让李严之子李丰为江州都督，接替其父的任务。

魏、汉双方都做好了大战的准备。魏方率兵者都是久经考验的大将，曹真、司马懿和张郃等人，估计每路军人马均接近十万。诸葛亮沉着应战，作了周密部署，专等痛击来犯敌军。可惜因大雨连绵一个月，没办法行军，仗根本打不成。魏方三路人马都要经过高山深谷、山间小道，而架起来的栈道被大雨冲垮，不能使用。人尚且不能行，何况军粮辎重。魏大臣华歆等人接连上书，谏魏主下令退军。此时，大军已行在半途，势甚狼狈。散骑常侍王肃（王朗之子）上书中有这样的话："又况于深入阻险，凿路而前，则其为劳必相百也。今又加之以霖雨，山坂峻滑，众逼而不展，粮远而难继，实行军者之大忌也。闻曹真发已逾月而行裁半谷，治道功夫，战士悉作。是贼偏得以逸而待劳，乃兵家之所惮也。"[①]王肃在奏折中，讲了大雨中行军之艰难。双方均称对方为贼，不足怪也。九月，魏主下诏，各路撤军。本来可能成为历史上的大战役，就因大雨而烟消云散了。

这件因大雨而未发生的战事，《三国演义》是怎么演义的呢？魏主命曹真和司马懿分别为征西大都督和副都督，刘晔为军师，率军四十万，来到陈仓，要从陈仓南下，攻取汉中。这时诸葛亮尚在成都，派将军张嶷和王平，提兵一千，去守陈仓古道。二人不敢以一千兵对抗四十万大军。孔明笑曰："吾昨夜仰观天文，见毕星躔于太阴之分，此月内必有大雨淋漓；魏兵虽有四十万，安敢深入山险之地？因此不用多军，决不受害。吾将大军皆在汉中安居一月，待魏兵退，那时以大兵掩之：以逸待劳，吾十万之众可胜魏兵四十万也。"（第九十九回）随后孔明统率大军出汉中。小说作者为神化诸葛亮，又一次让他仰观天文，"见毕星躔于太阴之分"。今日看来，这实在是一句不知所云的话。毕星是二十八宿之一，即金牛星座的星。太阴是月亮，月亮在毕星附近，与地面上的气象有什么关系呢？小说只是故弄玄虚，令人匪夷所思。后来司马懿也见到了这一天象，料定将有连绵阴雨。总之，这也是一系列"夜观天象"的神话而已。

---

① 《三国志·魏书·王肃传》，第414页。

在建兴八年(230),诸葛亮在羌中南安郡(今甘肃省陇西县一带,在渭水的上游)发动了一次进攻,可以说是第四次伐魏的战役。诸葛亮派大将魏延和吴懿率兵攻打阳溪(在南安郡一带),这场战争把魏雍州刺史郭淮和后将军费曜的军队打得大败。由于这次战役的胜利,魏延升官至前军师征西大将军,假节,进封南郑侯。持符节出巡,是一种地位高的象征,此时,魏延可以假节出巡。吴懿也因打了胜仗而得到升迁,升为左将军,由亭侯进封高阳乡侯。

在这一年十二月,东吴孙权也有一次北伐的举动,可算与汉的东西策应。孙权派大军北上,声言攻打合肥。魏征东将军满宠上表,调集兖、豫诸军到合肥。吴收兵不进,魏主诏满宠也罢兵,回驻原地。满宠认为吴大举进而复退,有诈,欲魏退而乘虚掩攻,故上表暂不罢兵。果然,十几天后,吴大军又到合肥,未能攻克,孙权退兵。

在这一段时间里,魏分兵东、西,与吴、汉交战,三方都没有取得突破性的胜利,属于战略相持阶段。在进一步陈述与诸葛亮有关的军政大事之前,先把他出师北伐与传说中的六出祁山的事作一比较说明,兼作对演义的赏析。

《三国演义》描写诸葛亮六出祁山。《三国志·诸葛亮传》记载诸葛亮五次伐魏;如果把《三国志》中的《魏延传》和《吴懿补传》的记载算在内,诸葛亮六次伐魏。我们先叙述历史再赏析演义。

建兴六年(228),诸葛亮率军由汉中攻打祁山,当时魏的两路主将分别是张郃和曹真。由于马谡违背诸葛亮部署,在街亭被打败;赵云、邓芝亦兵败箕谷。诸葛亮撤军回到汉中。这是第一次北伐,兵出祁山。

同年十二月,诸葛亮北上散关,兵围陈仓,曹真安排了郝昭守城。诸葛亮未能攻克,粮尽撤兵。这是第二次北伐,时间较短。陈仓不在祁山,严格而言,未出祁山。

建兴七年(229),诸葛亮派陈式攻下武都和阴平,自己率军进驻建威,魏将郭淮被打败。诸葛亮得胜班师,并未北上祁山,这是诸葛亮第三次北伐。

建兴八年(230),大雨阻断了魏三路对汉中的进攻。诸葛亮派魏延和吴懿西向深入羌中,再次大败魏军,负责魏方军事指挥的仍是郭淮。这是诸葛亮第四次北伐。

率军北伐

以上的四次北伐战争，在本章的第二、三两节和本节前半部分已陈述过了，这里只作简单归纳，不再复述。

建兴九年(231)二月，诸葛亮再次北征，这是第二次出祁山，大败魏主将司马懿。六月，因粮草不继，兵退汉中。这是诸葛亮的第五次北伐。

经过几年休整和解决粮草运输问题，建兴十二年(234)，诸葛亮再次北伐，在五丈原渭水之滨，与司马懿对垒，司马懿坚守不战。诸葛亮病逝于军营。这是诸葛亮第六次(也是最后一次)北伐。

五、六两次北伐，都与司马懿对垒，这将在随后两节仔细评述。《三国演义》的五出、六出祁山的描写，也将在后面再予赏析。这里，我们回顾一下《三国演义》中诸葛亮前面四出祁山的故事。

演义故事中，诸葛亮第一次出祁山的故事，几乎占了第九十二回到第九十六回共五回的篇幅。也是按历史记载:北出祁山，魏三郡响应，姜维归降，马谡失街亭，诸葛亮撤军、斩马谡与自贬责的顺序，历史中些微的记载，都让演义的作者大加发挥，人物的参与都可凭空调换或编造。这样，故事场面宏阔，人物形象生动感人。

因为在诸葛亮出师北伐之初，魏驸马夏侯楙都督关中，镇守长安，诸葛亮出祁山时，魏天水等三郡叛魏应亮。所以，演义故事让夏侯楙率军御敌，三郡之克，也经历了一定的战斗过程，才有第九十二回“赵子龙力斩五将，诸葛亮智取三城”的演义故事。读者看到，老将军赵云英勇如初，与西凉大将韩德父子五人交锋，都是几个回合，或斩或擒，淋漓痛快。在历史上，赵云是智勇双全、才德两俱的将军。经过演义的一番描写，成就了“三国战将勇，首指赵子龙”的后人歌咏。天水、安定和南安三郡也并非望风而降，而是因诸葛亮的计谋奇策，三郡守将才显得那样容易中计，不堪一击。收服姜维，也并非一帆风顺，而是经过了一系列战斗，甚至诸葛亮的计谋亦失效，战无不胜的赵云也未能打败姜维。这一切，小说都为了显示姜维文武兼备的才能，为诸葛亮慧眼识才，将来要委姜以重任而作张本。

小说描写诸葛亮攻下三郡，大败魏兵，前出祁山，兵临渭水，洛阳曹魏朝廷震惊，司徒王朗推荐大将军曹真。于是曹真为帅，郭淮为副将，王朗为军师，率大军到长安。在两军第一次对阵时，王朗原本以为下一番说词,诸葛亮就会翻然归魏,不战而胜。没想到,被诸葛亮痛斥一顿,气满胸膛,死在阵前。这一情节,已在第二节里议论过了。随后双方又在两军互测对方乘机劫寨上,多用计谋,诸葛亮毕竟计高一筹,曹真、郭淮又被打得大败,只得往羌中求援,又引出"诸葛亮乘雪破羌兵"的故事。曹真再一次被打败,不得已上表洛阳朝廷,让司马懿此时出场。

《三国志》注引郭冲的五事之三说,诸葛亮率军进汉中,司马懿统二十万大军拒亮,与魏延大军走岔了道,迫近诸葛亮的阳平,诸葛亮不得已使用了空城计,吓退司马大军。虽然这一传说已被裴松之考证,不是事实,但为《三国演义》作者所采用,故事构思、编造得十分精彩。同时,《三国演义》把孟达起事的日期推迟了一年。在诸葛亮进驻汉中后,孟达起兵,正好此时曹军兵败求救,魏主起用司马懿。司马懿在应诏之际,立即发兵,平定了孟达之变,随后出兵关中,迎战诸葛亮。

司马懿兵发街亭,小说安排其子司马昭前去街亭打探,知是马谡把守,而且兵扎山上,犯了兵家大忌。司马懿认为:"(马谡)徒有虚名,乃庸才耳!孔明用如此人物,如何不误事!"这也是小说为了突出司马懿的才能给予的评语。司马懿乃令张郃引军挡住王平来路,命申耽、申仪引两路兵围山,先断汲水道路。如此,方有街亭的攻守大战。所有出场的两国将领和战事的设计,都是小说作者刻意编排的。不仅出场人物真真假假相混淆,而且所列地名也往往真假不辨,这就是演义不同于历史的地方。我们欣赏演义故事,除欣赏战争场面的热闹外,还要通过人物的思想感情和行动,来判断他们的优劣与善恶。

诸葛亮街亭失败,经历了空城计的风险,诸葛大军撤回汉中。这才完成了《三国演义》诸葛亮第一次出祁山伐魏的描写。

《三国演义》描写诸葛亮二出祁山,也是从攻打陈仓开始的。魏守将郝昭坚守城池,诸葛亮派人说降,没有效果,又用各种办法攻城,仍没有攻下。这段描写与《三国志》叙述大体相同,只是小说作者把举荐郝昭坚守陈仓的功劳算在司马懿的头上了。在对待曹真和司马懿这两大魏国重臣上,小说作者扬司马而抑曹真。

小说的二出祁山是这样叙述的:鉴于屡攻陈仓不下,姜维向诸葛亮献计说:"陈仓城池坚固,郝昭守御甚密,又得王双相助,实不可取。不若令一大将,依山傍水,下寨固守;再令良将把守要道,以防街亭之攻;

却统大军去袭祁山，某却如此如此用计，可捉曹真也。”（第九十七回）姜维向曹真献诈降书，使曹真中计，损兵折将，遭到重大挫败。“孔明连夜驱兵，直出祁山前下寨。”

由于又经历一场双方在粮草上针锋相对的用计，曹真的部下再次被打败，损失惨重，于是曹真坚守大寨，不再出战。诸葛亮看到不能速战，粮草不继，决定撤兵。并在撤兵过程中，用计让魏延斩了魏方大将王双。这就完成了《三国演义》二出祁山伐魏的故事描写。

《三国演义》描写诸葛亮三出祁山，从攻克陈仓城开始。《三国志·魏书·明帝纪》裴注引《魏略》说，郝昭守住陈仓，魏主“仍欲大用之。会病亡”。而《三国演义》的作者写孔明趁其病重，一举攻下了陈仓城。孔明攻下陈仓后，一方面派大将王平和姜维分别去取阴平和武都（特别指出：史书记载应是陈式攻克立下战功），自己率大军复出祁山。

陈仓失守，郝昭身亡，诸葛亮又出祁山。此时大将军曹真病体未愈。《三国演义》叙述司马懿都师关中，魏主曹叡“遂封懿为大都督，总摄陇西诸路军马”。以张郃为先锋，戴陵为副将，分兵十万到祁山，于渭水之南下寨。司马懿在与诸葛亮的斗智中，一再处于下风。先是司马懿料定，诸葛亮可能攻取武都和阴平，派兵马奔袭蜀兵之后，未想武都、阴平已被攻克，正等魏兵来战，魏军大败。而后，司马懿又料想，诸葛亮必定安民在外，不在营中，命大军乘虚攻营劫寨，再一次中计，魏军大败。司马懿接连两次失败，乃坚守不战。

诸葛亮看到司马懿坚守不战，便用每日撤退三十里的缓兵之计，诱司马懿出战。果然，在张郃等人一再请战下，司马懿派大军追击。汉军马忠、张嶷、吴懿和吴班四将，引诱张郃、戴陵来围攻，王平、张翼两军杀出，又遭司马懿大军的围困。汉军势危之时，姜维和廖化引军偷袭司马懿大营。司马懿赶紧撤兵，魏军大败，汉军大胜。司马懿回营点将，痛责诸将请战之咎，于是坚守不出。

诸葛亮得胜收兵，忽报张苞身死。孔明悲痛而病，乃暗暗拔寨，大军撤回汉中，诸葛亮回成都养病。这就是《三国演义》描写的诸葛亮三出祁山的故事梗概。

《三国演义》编写的诸葛亮四出祁山的故事，是按历史记载安排在魏拟三路大军攻打汉中之后。曹真、司马懿和张郃等三路大军进军汉中途中，因大雨逾月，而奉诏退兵。只不过演义说，曹真、司马懿皆在陈仓遇雨，而诸葛亮如历史所记载，其大军驻扎在赤坂（小说写赤坡）。孔明曰："司马懿善能用兵，今军退必有埋伏。吾若追之，必中其计。不如纵他远去，吾却分兵径出斜谷而取祁山，使魏人不提防也。"于是，令魏延、陈式等率军出箕谷；马岱、王平等率军出斜谷；孔明自率大军，随后进发，俱会于祁山。就这样诸葛亮四出祁山。

这一次在祁山与诸葛亮对阵的是曹真和司马懿两路大军。魏延和陈式两人骄纵无礼，不听军令，以致在箕谷被司马一路军打败；而另一路军，在关兴、廖化、吴班、吴懿的指挥下，与马岱、王平和马忠、张翼合围，攻下曹真大营。曹真大败，在司马懿的救助下，得以保全。在诸葛大营内，陈式由于违抗军令，致使蜀军一路大败，而被正以军法。笔者一直不明白，《三国演义》的作者，为何把陈式攻克武都和阴平之功，算在王平和姜维头上；而在四出祁山时，陈式又因战败而被杀。不知这个演义的情节是有所依据，还是随便杜撰的故事。不管什么原因，在《三国演义》的读者眼中，陈式是不怎么光彩的角色。

随后的两个故事分别写孔明对付曹真和司马懿。曹真病重，诸葛亮给他写了一封信，对他加以讥刺，果然他恨气填胸，死于军中。这当然不是历史上的曹真的实际结局。诸葛亮不会气死周瑜，也不会骂死王朗，更不会一封信致曹真于死地。历史上的诸葛亮与小说里的诸葛亮是不同的。另一个故事是写诸葛亮对付司马懿的。曹真既死，司马懿出战。两军对阵，颇有戏剧性，诸葛亮先问司马懿："汝欲斗将，斗兵，还是斗阵法？"司马懿决定"先斗阵法"。诸葛亮识破了司马懿布下的"混元一气阵"，随后布了"八卦阵"，激起司马懿打阵。而诸葛亮布的八卦阵带着很玄虚的神话色彩，尤其是有"愁云漠漠，惨雾蒙蒙"，魏军一个个都被缚，然后被解除武装遣送回魏营。司马懿亲率大军掠阵，仍然被打得大败，只得再次坚守不出。

此次兵出祁山，由于李严手下都尉苟安好酒误事。贻误军粮时限，苟安畏罪投敌，散布谣言，致使诸葛亮不得不班师回朝。诸葛亮运用增灶之计骗过司马懿，安全撤退。这就是《三国演义》描写诸葛亮四出祁山的故事梗概。

五、诸葛亮再出祁山，第五次伐魏

建兴七年(229)和建兴八年，诸葛亮先后两次伐魏，攻下了城池，打败了敌军，取得了战役的胜利，但没有深入陇西和关中，只收到了增强信心和鼓舞士气的作用。在这两次胜利之后，诸葛亮决定于建兴九年(231)再出祁山，第五次伐魏。他为了全身心地投入北伐，让李严代替他负责后方的军政大事，并从江州(今重庆市)调到汉中。留守汉中，不仅是为了防止魏军偷袭，更主要的是为了保障前方的粮草供应。李严不太愿意干这个更为艰苦而责任重大的差事，只想获取更多的特权。诸葛亮提升了他的儿子李丰做江州都督，在一定程度上满足了李严的个人愿望。前一年，任命蒋琬为丞相府长史，接替去世的张裔。蒋琬不仅把支援前线的后勤工作完成得很好，在贯彻“耕战”政策、减轻民众负担上，也做得很出色。

建兴九年二月，诸葛亮率军北进，围攻祁山。诸葛亮第一次出兵祁山，街亭失利退军后，祁山一直在魏方手中。此次随诸葛亮出征的大将有征西大将军、南郑侯魏延，左将军、高阳乡侯吴懿，右将军、玄乡侯高翔，后将军、安乐亭侯吴班和讨寇将军王平等将领。魏方大将军曹真病重(这一年的三月病逝)，代替曹真到前线与诸葛亮对阵的是司马懿，魏主曹叡命司马懿西屯长安，这是司马懿第一次直接与诸葛亮交战。他手下大将有张郃、费曜、戴陵和郭淮等人。

司马懿从长安西移到天水郡的上邽县(在今甘肃省天水市西南，现已不存上邽的县名)，诸葛亮军驻在祁山(今甘肃省礼县城东，大约三十公里处的汉水北岸)。诸葛亮知道司马懿大军来到上邽，便命王平攻打祁山，他自己带领大军到上邽找司马懿决战。司马懿让费曜和戴陵留精兵四千，驻守上邽，他也亲率大军，西救祁山，与诸葛亮决战。在军事部署上，张郃曾建议司马懿分兵驻守雍、郿(今陕西省凤翔、眉县一带，尚在陈仓之东)，此建议有过分持重之意，意在确保后方无虞。司马懿认为分兵后，西进兵力不够雄厚，易被攻破，乃大军西进。

诸葛亮大军直指上邽，费曜和郭淮的几千人不是诸葛大军的对手，很快就被打败了。而这时，不知司马懿大军是想迂回西进呢，还是先避诸葛之锋退避三舍呢，他们不是向西南方向的祁山行进，而是向上邽东面行军。诸葛亮在上邽打败了费曜和郭淮后，乘机大割上邽一带的小麦，以资军粮。随后大军向东，追寻司马大军。司马懿不肯交锋，收军据险而守。诸葛亮寻战不成，退军到祁山一带。司马懿又率兵追踪诸葛亮到卤城(在今甘肃省天水西南，现已不存此地名)。张郃又向司马懿建议说："诸葛亮来迎战我们，见我们不与之战，就知道我们利在不战，要坚持消耗其力量。我方祁山守军知大军在附近，心底自安。可屯兵不动，而分出奇兵攻击敌人后方，不应尾随敌人后面，又不与之交锋，这样会失掉民心。今诸葛亮孤军深入，粮草不继，也要撤军了。"①司马懿不接受张郃建议，还是追寻诸葛亮主力，似乎要决一死战。等到接近诸葛亮大军了，又不肯战，占据山头，安营扎寨，坚守不出。监军贾栩、大将魏平几次请战，甚至说出这样的话："你怕蜀像怕老虎一样，就不怕世人笑话吗?"我们无从知道司马懿是什么心理状态，第一次与鼎鼎大名的诸葛亮有对阵的机会，他竟然一再避战。然而，当他听了"公畏蜀如虎"的话后又很感不自在，在诸将纷纷请战下，尽管有点勉强，还是决定一战。于是，在五月辛巳日，司马懿命令张郃攻无当，监视、围困祁山的王平；自己亲率大军迎战诸葛亮。诸葛亮则命令大将魏延、吴班和高翔分别率军围攻司马懿统率的大军。估计双方兵力各有几万。司马懿的兵当然也不是窝囊废，但诸葛亮的兵更有战斗力。史书上没有记载战斗的具体过程，也不可能像舞台上那般将对将地武打。这场大战，司马懿虽然没有被打得全军覆没，片甲不留，但是被打得大败而逃，只差主将被俘获了。《三国志·蜀书·诸葛亮传》裴注引《汉晋春秋》的记载："(诸葛亮)大破之(指司马懿)，获甲首三千级，玄铠五千领，角弩三千一百张，宣王(指司马懿)还保营。"说明司马懿只身获免，落荒

① 参见《三国志·蜀书·诸葛亮传》注引《汉晋春秋》，第925页。

逃走,留下了三千颗魏军头领的首级,五千套盔甲,三千一百张弓弩。这一点史书记载很详细。

就第一次与司马懿在祁山的上邽大战而言,诸葛亮确实是治军的高手、知兵的军事家。首先,他治军犹如治国,以公正无私、严明法纪为前提,《三国志·蜀书·诸葛亮传》裴注引《袁子》的评论:"亮法令明,赏罚信,士卒用命,赴险而不顾,此所以能斗也。"赏罚分明,令行禁止,仁义诚信,是诸葛亮的品德所决定的。《三国志·蜀书·诸葛亮传》裴注引"郭冲五事"之五曾记载,诸葛亮在此次祁山战斗中的故事,虽然裴松之认为不可靠,仍可简述于下,以昭示诸葛诚信所产生的非常战斗力。郭冲说,这一年(231),诸葛亮出祁山,司马懿、张郃等统兵三十万直逼诸葛亮阵地。诸葛亮率十万众,内八万人本应该轮换,但接替将士未到,而司马大兵已近。有人认为应暂停轮换,以壮声势。诸葛亮认为:"吾统武行师,以大信为本,得原失信,古人所惜;去者束装以待期,妻子鹤望而计日,虽临征难,义所不废。"诸葛亮话中,引用了一个典故:晋文公为了不失信,宁愿放弃攻取原国的故事。坚持按约定日期,让战士返回。战士们十分感动,要求留下作战,临战之日,莫不拔刃争先,以一当十,杀了张郃,打退了司马懿,此诚信之效果也。

郭冲所记这第五件事,有些漏洞。郭说这次拒蜀,魏主亲临长安。裴松之认为其言"乖刺",另有地名混淆。但郭说杀了张郃,确是事实,下面还要叙述张郃之死。另外,诸葛亮在训练兵士行军布阵、作战上,还有一整套的办法。《袁子》记述,诸葛亮用兵"止如山,进退如风","率数万之众,其所兴造,若数十万之功"。这说明,蜀军特别能战斗,主帅指挥有方,将士行动迅速,英勇善战。一支"止如山,进退如风"的队伍是战无不胜的。

但是,如果据险坚守,加以士兵多,物资广,在古代的山险地势下,就是靠进退如风的有限兵力,也是不容易攻克战胜敌人的。司马懿懂得这个道理,他便恃兵多将广,粮草无虑,而据险死守了。在随后的一个月里,双方没有什么大的战事。

诸葛亮北伐的头等大事是粮草问题。在第五次出师北伐时,已经采用木牛运粮了。木牛流马是诸葛亮的创造改进,或在他领导下,由著名的专家蒲元等人创造和改进的人力运输工具。木牛流马在历史上是十分有名的,可惜制作方法没有流传下来,也没有出土的有关文物。《三国演义》的一番渲染,使木牛流马带有神秘的色彩。

今日陕西省勉县东三十里,有黄沙镇,镇东有河叫五丈溪。据说溪侧是诸葛亮所开发的黄沙屯。诸葛亮制作木牛流马处,就在今日黄沙镇。今镇附近建有一亭,亭内碑刻为“汉诸葛武侯制木牛流马处”。黄沙镇的人,也不知道木牛流马到底是什么样的运输工具。

虽然有了木牛(几年以后有了流马)运粮,但它并未能从根本上解决粮草的供给问题。要维持前线大约十万人马的粮草,运输的压力十分沉重;运输道路崎岖,限制了大量粮食的同时运输,木牛流马可以解决这方面问题,但不能彻底解决;天气问题往往也对运输产生限制;负责后勤工作大吏的能力与责任心也有影响。孔明这一次兵出祁山大败司马懿后,司马懿又采取了避免接触交锋的策略。而正在此时,负责后方事务的汉中留守李严,向诸葛亮报告说,由于大雨阻断了交通,军粮供应不上,请诸葛亮考虑撤兵。这既有天气原因,也有人为因素,稍后再叙。

既然粮草不继,诸葛亮只得撤军,时间在六月。司马懿命令张郃追击撤退的蜀军,在木门地方,张郃遭遇诸葛亮预先设置的埋伏,中箭身亡。木门又称木门堡,据《诸葛亮文集》“遗迹篇”引《秦州志》说:“祁山东十余里,外曰盐官,盐官外曰木门堡,即诸葛武侯设伏射张郃之处。”木门应在祁山附近的山中。《三国演义》说“奔剑阁张郃中计”,在诸葛亮的进军路线上,把陈仓、散关和剑阁相连叙述。应予指出,此剑阁不可能是川北的剑阁。因张郃绝不可能越过汉中,而深入到剑门关以内。演义中的剑阁约略就是木门一地。

就这样,诸葛亮大军从祁山前线撤回汉中,结束了他第五次伐魏的战争。诸葛亮回到汉中后,对粮草供应问题作了调查了解,认为下雨确实影响了运输,但并非不可克服。李严的一系列做法,引起了诸葛亮的怀疑。李严写信,说粮草运不过去,要诸葛亮撤兵。诸葛亮撤兵后,李严感到事态严重,故作惊讶地说:“军粮是充足的,怎么撤军了呢?”李想杀军粮的督运将领岑述,以掩盖自己运粮不力的责任;又上书后主,说丞相撤兵是计,在于诱贼出战。他这一系列的举动都在于推卸自己的责任,而不顾前后矛盾的说词。诸葛亮把李严的书信、奏折和言论汇集在一起，与他当面对质，在事实面前，李严自知理亏，承认错误，愿受处罚。经过一定的程序，李严被免去了一切职务，也被剥夺了封号和封邑，贬为庶人，迁移到梓潼居住。

处分李严不是一件小事，作为托孤大臣，李严又是掌握实权、地位很高的高官，他也具有能办事、有魄力的长处。现在，他犯了不能赦免的大错。对他的处分，不是诸葛亮一声令下，免去本兼各职，贬为庶人，下放到梓潼就行了。因为这个权力在皇帝，诸葛亮又是执法严谨、礼数周到的人。在这件事上，也反映了他做事认真，不循私情，责己从严的好作风。

诸葛亮首先把事实调查清楚，上表后主，承认自己在对待李严的态度上有迁就的错误，引咎自责。他给后主上表说："自先帝逝世后，李严追逐名利，为自己和家庭考虑得多，为国家大事考虑得少。我要北伐，需要李严率其兵镇守汉中，他百般推谢，不想调动，而要划郡设州为刺史。去年，我兵出祁山，想令李严都督汉中，他又引喻要求条件。我为了战务的需要，推荐其子李丰督江州，迁就了李严。群臣怪我待李严过厚，我当时想，大事未定，汉室倾危，批评其短，不如表扬其长。谁知他竟倾情于荣利，颠倒是非到如此地步。此事咎在我失察，没有处理好。现在不能再拖延迁就了。"①

对李严的处分仍寓有挽救、让其自省改正之意。诸葛亮是在与多位文武大臣共同商议后采取的决定，从现在的观点看，为了避免个人专断，而采取了民主的办法。联名上书的有大将军魏延、左将军吴懿、右将军高翔、长史杨仪、中监军邓芝、行中护军偏将军费祎等二十余人。

因为李严出事之前，陈震（字孝起）曾向诸葛亮反映过李严的问题，但没有引起诸葛亮的重视，诸葛亮仍认为对李严应避其短而重用其长。李严犯了大错之后，诸葛亮在深自反省之下，也想到了陈震的正确意见。他通过蒋琬和董允，向陈震表达了自责之意。这实际上也是对一心为公的部下的一种鼓励和表扬。

诸葛亮对李严处分后，并没有改变对其子李丰的信任和重用。李严自己也对诸葛亮的处理心悦诚服，期待改正后，重新得到任用。有关

---

① 参见《三国志·蜀书·李严传》，第999～1000页。

的情节已在第五章中叙述过了，不再重复。

《三国演义》对诸葛亮五出祁山的描写，与历史记载的诸葛亮第二次出祁山，即第五次伐魏战争相比较，在地点和情节上，没有太大的差异。在历史记载的上邽战役中，诸葛亮大破司马懿。由此，小说作者受到启发，安排诸葛亮在斗阵法中大辱司马懿；而且，把斗阵法放在演义的四出祁山之后。其实，诸葛亮第四次北伐，没有出兵祁山，司马懿也没有来到关中坐镇。

《三国演义》对诸葛亮五出祁山的战斗描写，主要是第一百一回“出陇上诸葛妆神，奔剑阁张郃中计”中的两则故事。只是安排司马懿离开上邽，在避免交锋的一段时间内，诸葛亮击溃了上邽守军，而把割芟其麦的事，改在卤城与司马斗法后。这里，割麦前后，两军斗智斗勇，演义渲染了诸葛妆神的场面，使司马懿大感迷惑。诸葛亮趁司马懿闭门不敢出兵期间，完成了割麦的任务。后来，司马懿知道了并无神兵，只是诸葛亮与其部将的扮演而已。但在随后的斗智中，司马懿料想诸葛亮不在城中而采取攻城的计谋又被诸葛亮看穿了，诸葛亮于麦田里伏兵，大败魏军。

小说把《三国志》注引郭冲所记五事放在此处，孙礼引雍、凉人马二十万前来助战，诸葛亮以信义激励将士，再一次大败司马懿几十万大军。而把李严运粮不至，致使孔明撤军的事，说成吴与魏勾结，欲兴兵攻川，迫使诸葛亮不得不兵退汉中。演义这样陈述，使李严因运粮延搁的事，先行回避，而以东吴欲犯境为借口，诸葛亮回师后，再以军粮之充足来责问李严无中生有、谎报东吴犯境的行为，是在情理之中的。

至于张郃中伏，被射死木门一事，演义编述了魏延诱敌的战斗故事，一步步把张郃引诱入木门道中，作为战争小说，读来引人入胜。

六、出师未捷身先死，长使英雄泪满襟

——诸葛亮第六次伐魏

建兴九年(231)六月，诸葛亮第五次伐魏，兵出祁山，因粮尽退兵。就在当年十月，吴与魏在东线扬州有一次小的战争，但对三方的战争形势没有影响，也算是东吴对诸葛亮北伐的策应。孙权让中郎将孙布施诈降计，诱扬州刺史王凌，而孙权埋伏于阜陵。孙布派人告诉王凌，道路远，怕中途有失，请求派兵接应。王凌要求兵马去接应，而掌兵权的满宠认为其中有诈，不予派兵。王凌只得自己派出督将率七百骑兵去接应孙布。孙布乘夜突袭，魏督将逃走，骑兵损失过半。这样的小冲突，于大局毫无影响。但也说明，孙权不是不想北进，只是其力量尚不足以扭转北强南弱的形势。

在诸葛亮第六次伐魏的前一年，即建兴十一年(233)，孙权亲自率军，企图攻打曹魏所建的新城合肥。因大军沿江湖乘船而进，而合肥新城远离江湖，孙权怕深入陆地，处于不利地位，所以二十余日未敢下船。他得知曹魏守将满宠军队驻扎在新城之外，于是准备下船上岸以壮声威，鼓舞士气，但不准备攻城。他的这一想法被满宠猜到，满宠在隐蔽处埋伏大军，趁吴军上岸不备发动突袭。造成了一些吴军伤亡，挫伤了吴军的锐气，孙权又一次师出无功而还。后派全综攻打六安，也没有攻克。

诸葛亮从祁山撤军之后，处理了李严事件。他一面密切注视吴、魏的战争形势，一面积极准备再一次北伐，“劝农讲武”。这实际上是一方面抓农业生产，另一方面抓练兵战备，让老百姓和将士们养精蓄锐，为战争作好准备。更直接的准备是修筑道路，运输粮草。在这段时间里，制作木牛流马，制作中心就在今天陕西省勉县的黄沙一带。他修复治理斜谷一线的栈道和驿站，把粮草运输到斜谷口，这次要从斜谷北上了。

对这一次北伐，诸葛亮作了较长时间的准备，汲取以前总是粮草不继而不得不撤军的教训。他不仅用木牛流马提前运粮到接近前线处，先行仓储，而且准备在前线一带屯田种粮，以图长久，以利战事。为了使曹魏东西受敌，分散兵力，他再次上书吴主孙权，请求他尽同盟之责，同时北上，共图中原。信中写道："汉室不幸，王纲失纪，曹贼篡逆，蔓延及今。皆思剿灭，未遂同盟。亮受昭烈皇帝寄托之重，敢不竭力尽忠。今大兵已会于祁山，狂寇将亡于渭水。伏望执事以同盟之义，命将北征，共靖中原，同匡汉室。书不尽言，万希昭鉴。"[①]对此信作以下几点说明，"皆思剿灭，未遂同盟"，是指汉、吴同盟，志在剿灭曹魏，尚未成功。此次出兵，不是直指祁山，而是在祁山之东的五丈原一带。信中说已会于祁山，应是泛指，说诸葛亮北伐，往往和出祁山为一义，此亦可见一斑。诸葛亮写此信之时，孙权已称帝，国号为吴。诸葛亮信中所书"同匡汉室"，似乎是说吴、蜀共同努力，复兴汉室。而孙权称帝意并不在复汉。这里，似乎存在着双方未加深究的模糊界限。

建兴十二年(234)二月，诸葛亮率十万大军，由汉中出发，沿褒斜谷北上。褒谷和斜谷相连接，褒水沿山谷南下，褒斜谷全长四百七十里，山路险峻崎岖，行军运粮极其艰难。曹操曾经此谷南下汉中，称它为"五百里天狱"。诸葛亮率军穿过褒斜谷后，让信使把行军情况上报成都，大意是：将士们长途跋涉，穿过褒斜谷，十分艰苦难行，所幸部队都安全无恙。

诸葛亮大军穿出斜谷口，屯于武功县的五丈原。以魏延为先锋，以张翼为前军都督，领扶风太守。东汉时的武功县治所在今陕西省眉县西南，不在今日的武功县。五丈原在渭水之南，也在今陕西省岐山县以南，故武功与五丈原应指同一地区。魏主派司马懿率大军从长安西进，到郿县(今陕西省眉县)一带，跨过渭水，在南岸背水为营，与诸葛亮对垒。

司马懿对其将领说，如果诸葛亮出武功，沿山向东屯驻，则实堪忧虑；若出武功向西在五丈原屯驻，则无大危险。诸葛亮果然屯兵五丈

① 张澍辑，方家常译注：《诸葛亮文集全译》，第102页。

原。何以司马懿有这样的判断呢？因为如果诸葛亮向东进，则应采取速战的进攻势态，战斗会来得更迅猛。诸葛亮何尝不知道呢？他兵屯五丈原，乃是持重稳妥的办法，其目的不是要速战，而是要在巩固根据地、保障粮草供应的条件下，再东进以歼灭司马懿的有生力量。这再一次说明诸葛亮不作冒险的兵力部署。

郭淮向司马懿建议：诸葛亮很可能北渡渭水，争占北原(可能在今陕西省眉县与扶风一带)，这样，在北山驻兵，可以阻断魏军与陇西的交通，对魏不利。司马懿派郭淮去驻守北原，营垒尚未建好，汉军已至，汉军见有军驻守，乃退军。几日后，诸葛亮采用"声东击西"的策略，大军西行佯攻西围，而实攻阳遂，郭淮有备，也没有成功。

司马懿要与诸葛亮对阵，却总也占不了便宜。诸葛亮派虎步监孟琰，占据武功水东(疑在今陕西省眉县境内)，正值水涨。司马懿认为，孟琰的援军不可能东渡，乃派出万人攻击孟琰营寨。但诸葛亮迅速架起竹桥，援军跨河射敌，魏兵见桥成，援军到，乃引军撤退。

吴主孙权接受诸葛亮同盟之义的要求，准备北伐。这一年五月，孙权派出三路大军北伐，以策应诸葛亮北进武功之举。孙权自己亲率大军十万，从巢湖登船北上，直向合肥新城，这是中路；令陆逊、诸葛瑾率兵万人入江夏、沔口，直指襄阳，这是西路；命将军孙韶、张承率兵入淮，北向广陵(今江苏省扬州)、淮阴，这是东路。魏坚守合肥新城，满宠为前线指挥。七月，魏主曹叡率军东征；满宠招募壮士，烧了吴军战具，又射杀了吴主侄子孙泰。孙权这一路出师不利，战士多患疾病。孙权没料到魏主亲率大军到，遂退兵。孙韶这一路也跟着撤退了。而陆逊和诸葛瑾这一路，上报的兵力部署和作战计划被魏人截获。诸葛瑾十分惊慌，而陆逊沉着、果敢，战船直开向襄阳，魏人赶快回防，陆逊和诸葛瑾挥师江夏、安陆，斩获千余人，班师而还。总之，孙吴此次在东面策应诸葛亮的进攻，无功而返。

魏主曹叡在东征之际，又派将军秦朗率骑兵两万，增援司马懿，以抵御诸葛亮，并告诫司马懿："但坚壁拒守以挫其锋，彼进不得志，退无与战，久停则粮尽，虏略无所获，则必走矣。走而追之，以逸待劳，全胜之道也。”[1]这一告诫，与司马懿的策略是一致的。

诸葛亮也深谙此道。这一次分兵屯田，为久驻之计。诸葛亮军纪严明，兵士与当地居民共同耕耘于渭水之滨，军不扰民，百姓安居乐业。就这样，两军对垒百余日。诸葛亮是进攻的一方，他的目的在于使司马懿从坚守的营垒中出来交战，以便歼灭之。诸葛亮多次向司马懿挑战，司马懿坚守不出。据说，为了激怒司马懿出兵交战，诸葛亮曾给司马懿送去女人的衣物和饰品，讥讽他比女人还胆小。有人认为，诸葛亮不会运用这种无聊的手段。但在《三国志》裴松之注引的《魏氏春秋》里，确实这样记载着：“亮既屡遣使交书，又致巾帼妇人之饰，以怒宣王。”

司马懿心里有数，他撑得住。但部下不堪其辱，被蜀汉如此奚落，有些将士受不了，纷纷要求出战。司马懿以上谕为由，假装向上请示一下，可否出战。魏主自然体会司马懿的用意，派三公级大臣卫尉辛毗，持节，为军师，不许出战。连姜维都认为辛毗来了，司马懿出战不可能了。诸葛亮告诉他，司马懿本来不想出战，之所以要请示出战，是为了告诉部下：“我也要打。”按旧时军规，将在外，君命有所不受。请示不过是个借口，他若能打汉军，也无须千里请战呀！

在两军对垒之际，也还是可以互派信使，传递信息的。所谓两国交战，不斩来使。有一次，司马懿问使者有关诸葛亮的饮食、睡眠和工作情况，而不涉及双方军旅与战争事宜，似乎很关心对方主帅的身体。《三国志·蜀书·诸葛亮传》注引《魏氏春秋》记载：“亮使至，问其寝食及其事之烦简，不问戎事。使对曰：‘诸葛公夙兴夜寐，罚二十以上，皆亲揽焉；所噉食不至数升。’”司马懿听后对诸将说：诸葛孔明食少事烦，怎么能持久呢？

确实，诸葛亮太累了。他真是把全部精力都用在治平的大事上了，全然没有为个人的身体健康操过心。

自当年四五月间，诸葛亮亲赴渭水前线，到八月里，就一病不起了。他自知病已不治，安排了撤军大事。在诸葛亮病重期间，后帝刘禅派尚书仆射（为尚书令的副手）李福到前线看望慰问，并请教国家大计。李慰问后返程，却忘了请示继承人选的大事，几天后，又回到前线。诸葛

---

① 《三国志·魏书·明帝纪》，第103页。

亮知道李福的来意，对他说："吾已知公复来之意。"李福说："福奉天子命，问丞相百年后，谁可任大事者？"孔明说："吾死之后，可任大事者，蒋公琰其宜也。"李福再问："蒋琬之后，谁可以继之？"诸葛亮说："费文伟可以继之。"再问其次，诸葛亮就不回答了。①

在撤军问题上，诸葛亮与杨仪、费祎和姜维密商，让魏延和姜维断后。杨仪为丞相长史，相当于秘书长；费祎为丞相司马，相当于参谋长；姜维为中监军，在诸葛亮身边，他是诸葛亮所信任的人。时魏延驻守前沿阵地，未参与退军节度事宜。诸葛亮深知魏延脾气，有所顾虑，考虑到他有可能不服从命令，但撤军必须按计划执行。

在此，我们先说说杨仪和魏延这两位诸葛亮手下的重要人物。两人的优缺点都十分突出。杨仪工作能力强，出主意，作安排，迅速有效；但心地狭窄，缺乏气度。魏延胆气豪壮，作战勇猛；但骄矜不逊，不善于团结。俗话说："江山易改，秉性难移。"杨仪与魏延的性格不合，二人势同水火。魏延善战，诸将也让他三分，偏偏杨仪针锋相对，不让他，而魏延也不买杨仪的账。诸葛亮在时，二人矛盾尚可掩盖不爆发。诸葛亮深深爱惜两人的才干，尽量发挥他们的长处，也想让他们和好起来，曾写《甘戚论》加以劝解，但始终没能解决这对矛盾。可见脾气之难改，连孔明的才智与品德都无能为力。

杨仪和魏延的性格竟名声在外，连吴主孙权都很了解。在费祎以前出使东吴时，吴主酒后对费祎说："杨仪和魏延都是牧竖小人，虽都有才干，既得到重任，会得寸进尺。一旦诸葛丞相不在，他们必会引起祸端，你们还昏昏然蒙在鼓里，不知提防，岂不是国家以后的祸患？"孙权过分强调了二人的缺点，而费祎体会到诸葛亮深知二人之长，会发挥他们的作用，乃答道："二人不和是成见太深，他们并不是像黥布、韩信那样野心太大、难以驾驭之人。当今要消灭曹魏，统一华夏，应广纳智能之士。如果因此弃用他们，正像因防备水上风急而放弃舟楫一样，不是好策略呀。"②后来诸葛亮也认为回答得体，符合事实。

就在这一年八月里，诸葛亮终于因病重不治而去世。享年五十三

① 参见《资治通鉴》卷七十二，第2296页。

② 参见《资治通鉴》卷七十二，第2297页。

岁，虚岁五十四岁。诚如杜甫诗云：“出师未捷身先死，长使英雄泪满襟。”如此忠贞智能之士，仁义道德之人，竟不能长寿，即使是一般的士人黎庶，也会为之落泪长叹的呀！据《三国志·蜀书·诸葛亮传》裴松之注引的《晋阳秋》记载：“有星赤而芒角，自东北西南流，投于亮营，三投再还，往大还小，俄而亮卒。”时代发展至今，人们都知道流星陨石经常出现于天空，那不是天上的恒星。在诸葛亮逝世之际，有光芒的红色大流星出现在五丈原汉军军营附近，史载附会为孔明逝世的将星之落，这是人民对这位杰出的政治家和军事家，出于钦敬和热爱而作的比喻和联想。自然现象巧现于诸葛亮逝世之际，人民不联想到他还能联想到谁呢？

杨仪、费祎和姜维按诸葛亮生前部署，统大军撤退。百姓把孔明逝世的消息告诉了司马懿，司马懿率兵来追。姜维和杨仪返旗鸣鼓，要回师作战。司马懿惧怕，不敢再追。大军从五丈原的渭水之滨，有条不紊地撤回斜谷之内，而后发丧。有人告诉司马懿，他说：“我料其生，不料其死。”看来，诸葛亮在世一天，司马懿坚守一日，不敢出战，惟待其死，才放下心来。所以老百姓谚云“死诸葛走生仲达”，也不无根据。司马懿在汉军撤退后，观察诸葛亮在五丈原一带所遗留的营垒，赞叹不已，称诸葛亮乃“天下奇才也”。据《资治通鉴》记载，司马懿等汉军已退，再“追至赤岸，不及而还”。这不可靠，赤岸府库在汉中附近，他不可能深入当时诸葛亮的汉中总根据地，他可能到了斜谷口，顶多军到箕谷的赤崖。这是诸葛亮第一次兵出祁山时，赵云与邓芝北上之地。

诸葛亮逝世后，魏延与杨仪之争更加尖锐。诸葛亮病逝，杨仪和费祎等秘不发丧，先由费祎前往魏延营中，告诉魏延丞相逝世的噩耗，并说明丞相生前的撤军部署，由魏延断后，大军撤回汉中。魏延不赞成撤军，他主张派人把丞相灵柩送回汉中或成都，大军不撤，我魏延可以接下来攻打司马懿。他把他自己的军队部署方案和作战计划告诉费祎，让费祎以丞相司马的名义下令按他的方案办，他宣称不会给杨仪这种人作断后。费祎说杨仪不懂军事，你可以说服杨仪接受你的方案。费祎出门，快马加鞭而走。魏延后悔放走了费祎，再去追赶费祎，已经来不及了。费祎显然不支持魏延，而与杨仪站在一起。诸葛亮病重布置撤军之事时，并没有召集魏延到会，这表明他对魏延有疑虑，在他病重之时，魏延如果提出不同意见，并带兵坚持，诸葛亮是不好控制局势的。主帅病逝，大军撤回，这是形势使然。下一步的事，如丞相继承人，日后的战守政策，都需君臣商议。魏延的主张，其动机可嘉，实不可行。费祎是清楚的，费祎对杨仪的优缺点也是了解的。此时，他只有按丞相遗嘱，让大军安全撤回汉中，才是惟一可行之事。所以，责备费祎远魏近杨，似乎也不恰当。

魏延派人观察杨仪、费祎等人的行为，发现他们正按照诸葛亮的遗嘱与成规，各营依次撤退。魏延大怒，抢在杨仪之先南下，破坏杨仪要经过的道路、桥梁。同时上表后主，控告杨仪反叛，陈述自己的行动方案。杨仪也上表，说魏延不服从命令，烧毁栈道，实为叛乱。一日之内，羽檄交至。后主无从分辨，向侍中董允和长史蒋琬征求意见。二人都怀疑魏延，而替杨仪担保。蒋琬亲率宿卫诸营（相当于首都的卫戍部队）北上以备不测。

杨仪和魏延都各自率军南行，魏延先到了斜谷南口，占据谷口，派兵攻击后至的杨仪等人。杨仪令大将何平首往迎战。何平此时举足轻重，他站在杨仪和费祎的一边，责备魏延说："丞相身亡，尸骨未寒，你怎么竟敢做出这样的事来?"魏延部下感到道理不在魏延这一方，都不战而散去。魏延只与数人逃奔汉中。杨仪命马岱追上魏延并斩杀之。蒋琬军行不远，听到此消息，就回成都了。

再看长史杨仪的所作所为。丞相病逝，在大军回撤的问题上，他与前军师魏延意见分歧，按丞相遗嘱和当时形势，先行撤军是对的。但置魏延于死地，而且亲踏其头，骂曰："庸奴！复能作恶不?"[①]又夷其三族，这就太过分了。蒋琬接替诸葛亮主政，杨仪十分不满。他自认为：年资高于蒋琬，他做尚书时，蒋琬才是尚书郎；二人都是丞相长史，而他总跟随丞相出征，劳苦功高；才能也在蒋琬之上，他应继丞相之位。于是怨恨形于色，牢骚不断，当时大家都不敢和他交往，只有费祎去慰问他。可是他又对费祎大放厥辞，甚至说："往者丞相亡没之际，吾若举大军以就魏氏，处世宁当落度如此邪！令人追悔不可复及。"[②]杨仪竟

---

① 《三国志·蜀书·杨仪传》，第1004页。

② 同上，第1005页。

沦落到全然不顾大局，不以国为重的地步。后来，杨仪被撤官职，流放为民。他仍然上书诽谤，辞语激烈。朝廷派人去逮捕他，他自杀了。魏延固然死得冤枉，很不值得；杨仪的死也是咎由自取。

魏延与杨仪闹矛盾，并没想叛乱投敌，否则他不会南奔汉中，而应北投司马了。由于两个人过于任性，互相欲置对方于死地，也都想在丞相死后能掌大权，最后造成魏延被杀、家族被诛的结果。魏延死得冤枉，杨仪最后也没有好结果。两个能力高强的文武重量级人物，竟然由于各自的严重缺点，而导致了令人慨叹的悲剧。还是陈寿所评不无道理："魏延以勇略任，杨仪以当官显……览其举措，迹其规矩，招祸取咎，无不自己也。"[①]他把悲剧结局归结为他们本人自取。连诸葛亮这么有智慧的人，都没能在生前解开绕在杨仪与魏延之间的死结，后人也只能为之扼腕叹息了。

《三国演义》描写魏延十分勇猛，但是生来有反骨，注定要叛变，沿这个思路描写魏延，也就冤枉了这位犯了错误的勇猛将军了。明明吴主酒后贬抑了杨仪和魏延两人，但小说把杨仪删去了。就在杜撰的诸葛禳星的场面里，也让魏延踢翻了"七星灯"，致使禳星失败。连马岱杀了魏延都是诸葛亮预设的锦囊妙计。这些情节都不符合历史事实，也有悖于诸葛亮任人惟贤、宽容大度的品德。我们希望，在读演义之后，读者能回过来，对历史事实有清楚的认识，从而实事求是地评价古人。

诸葛亮在世时，曾给后主上表，说自己初奉先帝，资仰于官，不自治生。"成都有桑八百株，薄田十五顷，子弟衣食，自有余饶。至于臣在外任，无别调度，随身衣食，悉仰于官，不别治生，以长尺寸。若臣死之日，不使内有余帛，外有赢财，以负陛下。"[②]及诸葛亮逝世后，事实证明了一切都如他所说的。诸葛亮不以权谋私，不贪图财富，全心全意治理国家、兴复汉室，一直到死。这是多么伟大的襟怀，多么高尚的品德呀！应该指出，在当时地广人稀的条件下，对一位丞相的家庭来说，有桑八百株，薄田十五顷，实在是不算多的。

---

① 《三国志·蜀书·杨仪传》，第 1005～1006 页。

② 《三国志·蜀书·诸葛亮传》，第 927 页。

诸葛亮临终，遗命葬在汉中定军山（在今陕西省勉县境内），“因山为坟，冢足容棺，敛以时服，不须器物”。诸葛亮只要求有可以放得进棺材的墓穴，只要求穿上平时的衣服，不要任何随葬品。在盲目厚葬的汉代，在帝王将相、富贵人家都崇尚厚葬的封建时代，诸葛亮的这种崇高品德，是多么令人钦敬和景仰啊！这不仅仅反映了他俭朴崇高的作风，也反映了他正确的生死观。

晋人袁准在《袁子》一书中赞叹诸葛亮：“（刘备）因以为佐相，而群臣悦服，刘备足信、亮足重故也。及其受六尺之孤，摄一国之政，事凡庸之君，专权而不失礼，行君事而国人不疑，如此即以为君臣百姓之心欣戴之矣。”①百姓的崇仰之意，下一章还要议论。我们从后主颁布的祭奠诸葛亮的诏告里，可以看到君臣们的评论。诏文不长，转录于下：

> 惟君体资文武，明睿笃诚，受遗托孤，匡辅朕躬，继绝兴微，志存靖乱；爰整六师，无岁不征，神武赫然，威震八荒，将建殊功于季汉，参伊、周之巨勋。如何不吊，事临垂克，遘疾陨丧！朕用伤悼，肝心若裂。夫崇德序功，纪行命谥，所以光昭将来，刊载不朽。今使使持节左中郎将杜琼，赠君丞相武乡侯印绶，谥君为忠武侯。魂而有灵，嘉兹宠荣。呜呼哀哉！呜呼哀哉！②

开头两句颂扬诸葛亮，兼俱文武的天资与才干，又有英明智慧和忠诚敦厚的好品德，中间说明他的功勋与商朝的伊尹和周朝的周公相同。这样的评论和后代的评论是一致的，并没有溢美之辞。谥忠武，也是合适的，对于像诸葛亮这样出将入相、功高德著的重臣，按封建的谥名标准，很配得上忠武的谥号。

最后，简单地分析一下《三国演义》对诸葛亮第六次出祁山的故事描写。从历史的简单记述看，确实存在编写故事的广阔空间，“以木牛流马运”，“相持百余日”，简单的十余字的历史记载，竟然写出那么丰富具体的与战争有关的情节！感谢《三国演义》的作者，为读者提供了联想和附会的故事，也使几百年来的各种戏曲，生动感人地把诸葛亮和

---

① 《三国志·蜀书·诸葛亮传》，第 934 页。

② 同上，第 927 页。

其他人物搬上舞台,使我们崇敬的人物形象,通过舞台得到再现。

演义对诸葛亮第六次兵出祁山,是这样开头的:孔明引蜀兵三十四万,分五路而进,令姜维、魏延为先锋,皆出祁山取齐;令李恢先运粮草于斜谷口伺候。司马懿即日到长安,聚集各处军马共四十万,皆来渭滨下寨。

由于演义内容既有史书记载的事,又有似乎可信的推测,还有杜撰的情节,因此这里不作一一分辨。我们拟赏析下列有关演义编撰的情节,或其修改后突出的故事。

木牛流马运粮引起魏兵的关注,司马懿决心派人抢几匹以仿造。诸葛亮将计就计,使敌方与我运粮。演义说牛舌旋转,可以使木牛或动或止。这类似于锁的装置,倒不是十分复杂的机关。只是演义的描写带有玄妙的特色。再加上扮演的六丁六甲神兵,鬼头兽身,妆作怪异之状,魏方损兵折将,又送给蜀方驮运着粮食的许多木牛流马。

史有记载:魏主派秦朗率步骑两万,去协助司马懿,抵抗诸葛亮,自然让他出阵打仗。小说描写司马懿派郑文向汉营诈降,郑文与秦朗只一回合,便斩了魏方挑战将领秦朗。此举被诸葛亮看出破绽,所杀之人实为秦朗之弟秦明。于是诸葛亮迫郑文致书司马懿,前来劫营。秦朗为前部,司马懿催兵接应,结果中计,秦朗死于乱军之中。只是小说又编撰了诸葛亮仗剑步罡,使“阴云四合,黑气漫空”。可见几百年前的演义作者,热衷于相信这种怪异之事。“上方谷司马受困”这一段故事,是小说作者编出一段“谋事在人,成事在天”的典型事例:诸葛亮用计,诱使司马懿父子进入葫芦状的峡谷——上方谷,而在谷中埋置地雷、干柴等物,从山上射下火箭,丢下火把,引燃干柴,引爆地雷,司马氏父子自以为必死无疑。可惜在此时,“忽然狂风大作,黑气漫空,一声霹雳响处,骤雨倾盆”。天降大雨,挽救了司马氏父子。孔明叹曰:“‘谋事在人,成事在天’。不可强也!”《三国演义》写葫芦谷在祁山附近,但在今天的五丈原北面的高唐镇,有个状如葫芦的山谷,叫葫芦峪。据说《三国演义》写的上方谷就是指这里。

第八章

大星陨落以后

诸葛亮的逝世，在蜀汉朝野产生了巨大的震惊和悲伤，因为他的道德高尚，业绩辉煌，举国上下无不怀念他、赞颂他。诸葛亮逝世一千七百多年来，他的影响深远，超出了中华民族的范围。他的伟大精神和人格，属于熠熠生辉的世界文化的一部分。

千百年来，诸葛亮之所以为广大人民所爱戴，而且经久不衰，其原因除了他的丰功伟绩和超人的智慧外，还因为他集中体现了中华民族的传统美德：第一，忠贞效国、恪尽职守的高尚情操；第二，大公无私、任人惟贤的坦白襟怀；第三，虚心纳谏和严于律己的高尚风格；第四，宁静致远、淡泊明志和言行一致的高超品德；第五，百折不挠、勇于进取和鞠躬尽瘁的崇高精神；第六，学以致用、谆谆育人的伟大风范。总之，他的高风亮节垂范后世，一代伟人将永远受到人民的热爱。

一、大星陨落，朝野怀思

诸葛亮的逝世，在蜀汉朝野产生了巨大的震惊和悲伤，因为他的道德高尚，业绩辉煌，举国上下无不怀念他、赞颂他。诸葛亮逝世一千七百多年来，他的影响深远，超出了中华民族的范围。他的伟大精神和人格，属于熠熠生辉的世界文化的一部分。

本节叙述蜀汉朝野对诸葛亮的歌颂和怀思。陈寿在《三国志·诸葛亮传》中是这样记载和评论的："（诸葛亮）其秋病卒，黎庶追思，以为口实。至今梁、益之民，咨述亮者，言犹在耳，虽《甘棠》之咏召公，郑人之歌子产，无以远譬也。"①这段话的意思是：诸葛亮在建兴十二年（234）秋天，因病去世。老百姓追忆他，怀念他，把他的事迹作为日常谈话的资料，直到现在（指陈寿撰写《三国志》的时候），还常常听到梁、益两州人民怀念和歌颂他，他们的话仿佛还在耳边。即使《甘棠》赞颂召公，郑国人歌颂子产，也远远不能与之相比呀！陈寿所说的"梁、益"，就是指当年蜀汉控制的地区，因为在蜀被灭后，魏把原汉中及其周围地区设立为梁州。对今天的中国人来说，几乎没有不知道诸葛亮的，而知道召公和子产的人就不多了。我们顺带对《甘棠》咏召公、郑人歌子产的历史故事，加以简略介绍。召公又称召伯，曾辅佐周武王讨伐商纣。成王时，为太保，做过有利于老百姓的事。他曾施布文王的德政，宿在甘棠之下，后人怀念他，不忍伤害其树。《诗·召南》有《甘棠》篇，歌颂其德。春秋时，郑国人公孙侨字子产，在郑简公时执政，实行改革，有利人民；保护乡校以听取国人的意见……郑国人民歌颂他，怀念他。今日看来，用《甘棠》之咏召公，郑人之歌子产，确实不足以比喻长期以来人民对诸葛亮的赞颂了。

---

① 《三国志·蜀书·诸葛亮传》，第931页。

人民怀念、歌颂诸葛亮，在于他在严格的法制下，施德政于民。其结果如陈寿所记述：“于是外连东吴，内平南越，立法施度，整理戎旅，工械技巧，物究其极，科教严明，赏罚必信，无恶不惩，无善不显，至于吏不容奸，人怀自厉，道不拾遗，强不侵弱，风化肃然也。”[①]诸葛亮“工械技巧，物究其极”，说明他聪明好钻研，有创造发明，这暂且不说。如果在一个社会内，法令严明，赏罚必信，作恶的人没有不受到惩罚的，为善的人没有不受到表彰的，最后就能达到官吏不敢奸诈虚伪，人人严格约束自己，强不欺弱，路不拾遗，风俗教化肃然有序。这是令人向往的社会，诸葛亮能做到这一步，难道还不值得追思怀念吗？他之所以做到这一步，从其主观上看，除了他靠天分能力外，主要在于他能“开诚心，布公道”。开诚布公，这是诸葛亮为后世留下的极其珍贵的德治文化遗产。如果各级官吏都能在严格的法制下，“开诚心，布公道”，为老百姓办事、办案，老百姓能不心怀感激地赞扬他们吗？

陈寿对诸葛亮治国治军的评论是中肯的。他亲历了诸葛亮治理的年代，又听到和看到老百姓对诸葛亮的怀念与颂扬之情。人民的追思远远超出《甘棠》之咏召公与郑人之歌子产。陈寿的评价既无溢美之辞，也无贬抑之语。但是，与陈寿同时代的和其后的评论家仍然认为，他对诸葛亮的评论不够高，存在私心，这是为什么呢？因为他对诸葛亮的评价有“应变将略，非其所长”的评语。《史通·曲笔篇》有：“蜀老犹存，知诸葛亮之多枉。”《困学纪闻》说：“武侯事迹，湮没多矣！”蜀国遗老认为陈寿评价不公。而《晋书·陈寿传》更明确指出：“寿父为马谡参军，谡为诸葛亮所诛，寿父亦坐被髡……寿为亮立传，谓亮将略非长，无应敌之才……议者以此少之。”这段话认为，陈寿之父因马谡失街亭，连带受到处罚（把头发割掉），才说诸葛亮“将略非长”的话，属于报复，陈寿也因此被评论家批评。这话写在史书的陈寿传记里，可见批评的声音不小。我们不知道陈寿有无此嫌，但他在这方面的评论中，犯了以成败论英雄的错误。论打仗，司马懿没有战胜过诸葛亮，而诸葛亮确是打败过司马懿。从战略观点上分析，因魏强蜀弱，诸葛亮采取的是持重而不冒险的策略，他出祁山，是为了在巩固后方以保无虞的形势下，

---

① 《三国志·蜀书·诸葛亮传》，第930页。

以求突破魏人的防线。后人评论说,如果不是诸葛亮病逝,还不知道鹿死谁手呢。

其实,陈寿对诸葛亮连年动众,而“出师未捷身先死”的结果,也给出了他的解释,认为理由有三:第一,“所与对敌,或值人杰”,也就是说,诸葛亮的对手司马懿,不是等闲之辈。第二,“众寡不侔,攻守异体”,即诸葛亮作为攻的一方,兵马少,力量弱;而守的一方兵马多,力量强,相差太多。第三,“昔萧何荐韩信,管仲举王子城父,皆忖己之长,未能兼有故也”。意即,诸葛亮比得上管仲和萧何,但没有像王子城父和韩信这样的大将帮助他。说得不无道理。但陈寿用上了“应变将略,非其所长”的评语,却是以后的评论家,尤其是喜爱诸葛亮的人所不同意的。

大家都认为后主刘禅是个昏君,所谓“扶不起的刘阿斗”。我们来看看,他是如何对待诸葛丞相逝世的。在他颁发的诏书里,对丞相病逝,除哀悼外,他给予了很高的赞颂和评价,并谥忠武。这固然是有关大臣们的议谏,也反映了他自己的感情立场与赞颂之情。另外,他对李邈的处理,也可以作为佐证。李邈,字汝南,为刘璋旧吏,刘备攻占益州后,他曾因直言批评刘备,出言不逊,有关部门认为当斩。诸葛亮请求赦免了他,还让他做过犍为太守、丞相参军等官。街亭之败,按律马谡当斩,他曾建议赦免,而且引喻失当,被诸葛亮黜罢回蜀。诸葛亮病逝,后主素服发哀三日,李邈竟然幸灾乐祸,认为国家避免了大祸。他的理由是“诸葛亮拥兵在外,对皇帝和众臣都是威胁。诸葛亮既逝,宗族得以保全,上下应该欢庆。”这对兢兢业业、鞠躬尽瘁,直至死在战争前线的老臣来说,实在是污蔑。后主大怒,把李邈投入监狱,诛之。从这件事上看,后主刘禅对其相父之死是真的哀伤,他对丞相的信任和尊敬也是发自内心的。

后主刘禅毕竟是平庸之主,是没有出息的皇帝。陈寿评论“后主任贤相则为循理之君,惑阉竖则为昏暗之后”①,是有道理的。诸葛亮在世,严明法纪,南征北战,把国家治理得吏不容奸,人怀自厉,与刘禅循理有关。如果他是残暴之君,他一定百般阻碍,千方百计驱逐贤良,

---

① 《三国志·蜀书·后主传》,第902页。

而致使群小猖狂，那么诸葛亮再贤能，也要受到极大的牵制。另外，正因为刘禅是平庸没出息的皇帝，其最后的灭国结局，也是不可避免的。

但是，刘禅和其一些下属在对待诸葛亮逝世的态度上，也有顽固和不通情理的一面。据《三国志》裴松之注引《襄阳记》里的记载：诸葛亮病逝，老百姓怀念他，各地都要求为他立庙。这是人民纪念、爱戴诸葛亮最理想的方式，通过祭奠，可以寄托人民的哀思与怀念之情。朝臣议论，以不合礼秩，而不予采纳。有人谏言，可以在成都立一个庙，后主也不接受，认为祠庙逼近刘备陵墓。于是百姓就按一定的节日，在道路和田间祭奠他们所爱戴的诸葛丞相。南中的彝、羌等少数民族也在山里、野地里来祭祀。这种“百姓巷祭，戎夷野祀”的现象竟然一直不断。

步兵校尉习隆、中书郎向充向后主提出了折衷的建议。他们说：“周朝的人怀念召伯，就不砍伐甘棠；越王思念范蠡的功绩，铸铜像来纪念他。汉取代秦以来，因小善小德而画像立庙者多了。而丞相诸葛亮品德名播远近，他的功绩也没人能比。国家能存在，实在是仰仗着他呀。现在，只是在私下里祭祀他，庙像都空缺着，没有建立。百姓只能巷祭，戎夷只能野祀，这并不是追思道德功勋之人、怀念先贤的办法。”接着，他们只能说：如果完全按照民意，似不合礼典；建在成都又逼近宗庙，我们建议把庙建在沔阳丞相墓的附近。这个建议终于被接受了，等到沔阳（今陕西省勉县）武侯庙建成，已是炎兴元年（263），蜀之被灭已近在眼前了。

定军山本来也没有高峻雄奇的特色，但因为定军山一役，黄忠斩了夏侯渊，使刘备攻占了汉中；特别是，因为诸葛武侯的墓在定军山麓，从而让定军山出了名。武侯墓在定军山西北，今陕西省勉县城西南，山环水绕，绿树葱茏，景色幽深。在墓旁东侧为武侯庙。墓后有古桂两株，据说有一千多年的树龄，这就是闻名遐迩的“护墓双桂”，又称“双桂流芬”。明学者薛瑄有武侯墓的诗篇：

丞相孤坟何处寻，褒城西出汉江阴。
青芜漠漠烟横野，翠柏萧萧风满林。
尚忆出师当日表，空歌梁甫旧时吟。
中原未复星先坠，长使英雄慨古今。

诗中的褒城为旧时县名，今已并入勉县。汉江在陕南的一段又称沔水。

明朝为祭祀方便，在县城近郊建武侯祠，现称陕南武侯祠，在今日的勉县城西，有七个院落五十六间庙宇，规模宏伟。

笔者曾专程到陕西省勉县谒祠拜墓，瞻仰这位伟大的贤哲。在武侯墓地，不禁联想到诸葛亮的高风亮节，写了一首诗以抒发感情：

十里军山禁采薪，武侯陵墓沔江滨。
苍松古桂流芬处，绿水青山护老臣。
经济全才邦有序，文章两表史无伦。
先生风范光千古，亦励英雄亦励民。

诸葛亮不仅在蜀汉朝野获得极高的崇敬与爱戴，也获得蜀以外，甚至敌国人士的崇敬。与他打了几年仗的司马懿，也止不住赞叹他为天下奇才；蜀汉末年，魏派钟会征蜀，占领汉中一带，亲自祭祀武侯之墓，下令禁止在墓地周围樵采与狩猎。出于对诸葛亮的尊仰，历代都明令禁止在墓地周围打柴砍伐。现在，人们心目中多了一层保护环境与生态的意识，禁止打猎砍伐，更是理所当然的事。

诸葛亮未能统一中原、复兴汉室，固然十分惋惜，想到他“出师未捷身先死”，“长使英雄泪满襟”，不是英雄也会泪满襟的。诸葛亮的人格精神永远激励与鼓舞着后人。

诸葛亮逝世后，包括少数民族夷戎在内，益州老百姓巷祭野祀，以寄托哀思，他们头戴白巾，说是为诸葛亮戴孝，来怀念他们所爱戴的丞相。一代代沿袭下来，现已成为习俗了。唐宋以后的笔记随录一类的书籍里，还记录了不少有关的情景。黎东方在《细说三国》中介绍，他于 1938 年还在川北见到很多人头缠白巾，那些人告诉他，“祖先为诸葛亮戴孝戴久了，缠白巾成了习惯，不缠就会头部受凉，因此而永远缠下去，子孙相沿，直到今天”。笔者虽然没有亲眼见到为诸葛亮戴孝的人群，但了解到，在诸葛亮去世后，益州人民以各种方式表达他们对诸葛亮的爱戴之心与怀念之情。这些方式被扩展得很远，延伸得很久。

《汉晋春秋》记载了与诸葛亮有关的一件事。晋武帝司马炎问他的给事中（顾问一类的官名）樊建，诸葛亮如何治理国家，樊建回答说：“诸葛亮听到批评他的错误他一定会改正，而不掩饰错误；赏罚之严明诚信，简直可以感动天地。”司马炎说：“好呀，如果我要有诸葛亮的辅佐,那就可以轻松多了。"[①]这说明,不仅蜀汉朝野怀念诸葛亮,连晋朝的君臣也怀念他了。

东晋时代,距蜀亡已经六七十年了,诸葛亮去世都快一百年了。桓温入蜀,见到一位百余岁的老人,这位老人曾在蜀汉时期当过小官。桓温问这位老者:"在诸葛亮以后的年代里,有哪一位宰辅人物,在才德上可以比得上诸葛亮?"这位老者回答说:"诸葛亮在位时,似乎没感到他有什么特殊之处,但至今却没有人能比得上他。"老人说明了这样一个真理:社会可比喻为人体,身体健康之时,人们并未认识到健康有什么特殊珍贵处,一旦肌体有病,便会切实体会到健康的可贵了。在诸葛亮的治理之下,蜀国政通人和,犹如健康之肌体。其后,没有了这样的局面,人民不能不怀念好的领袖,但很难找到可相比的人物。

我们还不能不重提一下李严和廖立对诸葛亮逝世的反应。他们一方面对一位严明赏罚、大公无私的领导去世感到哀痛,另一方面,又因这位开诚布公的宰相的逝去,别的人再不可能想到犯过错误的他们,他们为自己今后再无出头之日而感到哀伤。李严竟然悲愤发病而死;廖立也只能终老山林。历史学家晋人习凿齿对此事有专门的评论。他说:"昔管仲夺伯氏骈邑三百,没齿而无怨言,圣人以为难。诸葛亮之使廖立垂泣,李平(严)致死,岂徒无怨言而已哉!夫水至平而邪者取法,镜至明而丑者无怒,水镜之所以能穷物而无怨者,以其无私也。水镜无私,犹以免谤,况大人君子怀乐生之心,流矜恕之德,法行于不可不用,刑加乎自犯之罪,爵之而非私,诛之而不怒,天下有不服者乎!诸葛亮于是可谓能用刑矣,自秦、汉以来未之有也。"[②]

习凿齿的论点,指出了诸葛亮办事、办案,至公至平,如水镜一般,因为他没有私心杂念,所以邪者取法,丑者无怒。习还进一步评价,诸葛亮在公平之外,确实能惩前毖后,所以犯过者抱有复出的希望。这就是法治与仁政的结合,也是为什么历史上的法家认为诸葛亮属于法家范畴,而儒家认为诸葛亮乃纯正大儒的原因所在。

---

① 参见《三国志·蜀书·诸葛亮传》注引《汉晋春秋》,第933页。

② 《三国志·蜀书·李严传》注引,第1001页。

二、两朝开济老臣心

——后诸葛亮时代的蜀汉

诸葛亮病逝以后，蜀汉政权的运作和诸葛亮后代的表现，本节将给出总括性的评述，而有关《三国演义》的故事，不再予以赏析。

不论是在和平时期还是在战争时期，治理好国家的关键都在于用人，掌权的人德才兼备，吏治清明，才能治理好国家，才可外御侵扰。要识别奸贤也是很难的，司马光说：“为治之要，莫先于用人，而知人之道，圣贤所难也。是故求之于毁誉，则爱憎竞进而善恶混淆；考之于功状，则巧诈横生而真伪相冒。要之，其本在于至公至明而已矣。为人上者至公至明，则群下之能否焯然形于目中，无所复逃矣。苟为不公不明，则考课之法，适足为曲私欺罔之资也。”①

司马光的这段论述，不仅在封建时代适用，在民主法治的当代，也仍然是正确的。选择人才，要至公至明，不为个人的好恶和一些表面上的好坏所左右，这确实是很难的，而这也是诸葛亮的用人与荐人之道。他在临终，把国家大事交给蒋琬和费祎，而不是交给杨仪或魏延，是其公而明的体现。他深知杨仪心地狭窄，魏延骄横专断。他在世时，充分发挥他们的长处，使他们能扬长避短。他了解蒋琬严谨公正，费祎宽厚大度，都忠心为国。诸葛亮之所以能觉察到文武大臣的优缺点，是因为他具有至公至明的品德。

后主刘禅接受诸葛亮的密表推荐，亮逝，让蒋琬从丞相长史，提升为尚书令。次年，建兴十三年(235)，蒋琬升为大将军、录尚书事，相当于丞相的职权。同时，假节，领益州刺史，加行都护。蒋琬不仅有了军权，而且兼管益州的地方大事。

---

① 《资治通鉴》卷七十三，第2329页。

蒋琬表现如何呢？诸葛丞相刚刚去世，远近惊惧。蒋琬出类拔萃，临事镇静，既不过度悲伤，也不喜形于色，像平时一样地处理公务，慢慢地，大家对他了解并信服了。他的下属，管人事的东曹掾杨戏生性傲慢、寡言，蒋琬跟他说话，他常不回答。有人在蒋琬面前告杨的状，说他不尊重领导，做得太过分了。蒋琬说："就像各人面貌不同一样，各人性格也不相同。如果当面说是，而背后说非，这是古人所不赞同的。杨戏同意我的意见吧，不是他本心；反对吧，又显示出我的错误。他不说话，倒是他的实在处。"管农事的督农杨敏，背后曾非议蒋琬："做事糊里糊涂，实在不如前人。"有人向蒋琬告发，主管的官员要求追究和惩罚杨敏。蒋琬说："我确实不如前人，何必追究。"主管官员又要求，让杨敏拿出糊里糊涂办事的证据。蒋琬说："如果不如前人，办的事就不合情理，不合情理，就是糊里糊涂，还问什么呢？"后来，因犯罪，杨敏入狱，大家认为必死无疑。可是蒋琬办事公正，没有私心，杨敏的重罪得免。[①] 这个例子说明蒋琬的品德高尚，诸葛亮有知人之明。

蒋琬几乎完全继承了诸葛亮的对内对外政策，犹如西汉曹参不改变萧何制定的法度一样，即所谓"萧规曹随"。维持并巩固与吴国的联盟关系，把军力放在对付曹魏一线上。与诸葛亮连续北伐，或以攻为守的策略有所不同的是，蒋琬当政期间，总的说来，采取了以防守为主的策略。一方面，由于过去连年征伐，人力、物力都需要休养补充；另一方面，蒋琬本人卧病时间也不短，影响了进攻的部署，此外与吴国在东西策应上也总不够协调。

蒋琬于延熙元年(238)率大军进驻汉中，时大将王平为汉中太守，督汉中，兼署大将军府事，相当于大将军蒋琬的秘书长。蒋琬在汉中的五六年间，并没有组织兵力北伐。在蒋琬驻军汉中的延熙四年(241)，孙权派全琮攻魏芍陂(今安徽省寿县南)，朱然攻樊城(今湖北省襄樊市)，诸葛瑾攻柤中(今湖北省南漳县东南)，都没有大的胜利，蒋琬也没有出兵策应。

蒋琬考虑到诸葛亮或出祁山，或出斜谷，均因山路艰难、运粮不继，导致无功而返。他拟改变攻敌路线，改由汉水沿江而东，攻打魏兴、上

---

① 参见《三国志·蜀书·蒋琬传》，第1058页。

庸(今湖北省竹山县西南)等处,于是打造战船,做进攻准备工作。蜀国文武认为这一策略有危险,易进难退,不是保全之策。后主派尚书令费祎和中监军姜维前往汉中,把大家的顾虑告诉蒋琬。正值蒋琬旧病发作,他于延熙六年(243),把主力撤回到涪县(今四川省绵阳)。他给后主上表,保荐姜维为凉州刺史,去经营河右一带,做好胡、羌少数民族的工作,与魏相抗衡;而自己则驻军涪县,可以随时出兵支援。后主接受了他的建议。

在与东吴联盟配合攻魏方面,联盟还是巩固的,但在共同作战上,蜀、吴始终没能十分协调。蒋琬有些抱怨,他看到吴用兵的时间不及时,也没取得成果,于是,蜀方也没有大的举动。东吴的重臣,如朱然与步骘,对蒋琬持有怀疑,认为他没有配合出兵北伐,是否与魏暗中有约。孙权却没怀疑,愿为蒋琬作保,他坚信汉、吴联盟牢固。

蒋琬在位之日,与曹魏也有过一次战事,不是主动而是被动的。延熙七年(244),魏派大将军曹爽步骑十多万,杀向汉中地区,前锋已抵骆谷(今陕西省周至县西南)。当时汉中防守兵士不足三万,诸将十分惊慌,主张固守汉、乐二城,这两城就是当年诸葛亮为防魏入侵而修建的。王平不同意,他认为,如让曹军长驱直入,后果堪忧。他让护军刘敏和参军杜祺据守兴势(今陕西省洋县北),王平自率千人为援。在兴势,汉军打了胜仗,费祎率领大军从成都赶到汉中,魏方撤兵,战事平息。

蒋琬在任丞相的十余年间,保持了诸葛亮治理的大好局面。包括蒋琬在内,经过诸葛亮选拔的一批文武才俊,分别起着独挡一面的作用。王平北在汉中,抗击着曹魏的压力;邓芝在东,维系着与东吴的联盟;马忠在南,和抚夷越,保持后方的安定。蒋琬不是专权恋权的人,早在他接任大将军、录尚书事时,就把尚书令的职务让与费祎。到延熙六年(243),蒋琬把主力撤回涪县,他自己旧病复发,为了更好地处理军政大事,他推荐费祎为大将军、录尚书事,实际上让费祎行使丞相职权。本来,他在丞相职位上时,就经常与费祎商议军政大事,此时,他索性让费祎承担起筹划国家军政的任务了。直到延熙九年(246)蒋琬病逝,治理蜀汉的重担,就完全落在费祎身上了。延熙十年(247),姜维升为卫将军,与大将军费祎共录尚书事。他们分担了蜀汉朝廷内外的军政重务。

费祎是很早就被诸葛亮重视的蜀中人才。诸葛亮当年北驻汉中时,把费祎从皇宫侍中的职位上调为丞相参军,转为中护军,后又为司马。费祎除协助诸葛亮处理军务外,还不时地出使东吴,圆满地完成了东和孙吴的外交任务。杨仪与魏延不和,各不相让,有时坐在一起争论。魏延急了的时候,要举刀杀杨仪。杨仪本是文官,无法持刃对抗,不免还要流泪。此时费祎常入坐其间劝架,缓解矛盾,开导他们,协助诸葛亮让魏延和杨仪各自很好地发挥专长,直到诸葛亮逝世,没有发生变故。

费祎除了具备宽厚仁爱的优点外,还识悟过人,颇具聪明天赋。他阅读的速度比常人快好几倍,而且迅速领会要旨,始终铭记不忘。他主政时,军政事务,多而繁杂,他在办理政务的间隙,常接待宾客,饮食、娱乐、下棋……一点也不影响正事。后来,董允代费祎为尚书令,成为费祎的副手,也想学他的作息方式,但十余天后,就有公务积压下来,感叹说:“人才力相悬若此甚远,此非吾之所及也。”①

延熙七年(244),曹爽率大军入犯汉中之际,费祎奉命驰援。临行时,战报频至,人马待发,气氛紧张。光禄大夫来敏前来送行,还要和费祎下围棋。费祎照弈不误,临事沉静不乱,面无倦色。来敏说:“我是来考验你的,你是可以信赖的,必能打败敌人。”由于王平已作了妥善的部署,费祎大军到,曹爽撤退。

在对待曹魏的策略上,费祎完全以防守为主。蒋琬主政时,虽未主动出击,但也还考虑要从汉江东下,进攻曹魏的上庸等郡。只是准备尚不充分,形势也尚有不利。而费祎则采取防守战略,所以他自己没有亲率大军北征的打算,同时限制姜维,不让姜维有大的举动。据《三国志》裴注引《汉晋春秋》记载,费祎对姜维说:“我们远比不上诸葛丞相,丞相还不能攻下中原,何况我们。最好保国治民,敬守社稷。复兴大业,可等待以后能人。不要寄希望于一战而能定胜负。如果失败,后悔就来不及了。”

因费祎有上述思想,不思进取,一意守成。所以,黎东方在《细说

---

① 《三国志·蜀书·费祎传》注引《祎别传》,第1061页。

三国》里，批评费祎为失败主义者。也许，蒋琬和费祎继承了诸葛亮的谦虚谨慎、保全而不冒险的精神；而姜维则继承了诸葛亮的勇于进取、百折不挠的精神。

在费祎主政六年左右的时间里，虽然未能有所开拓，但也没有出什么乱子。他的宽厚、博爱，固然有利于团结更多的部下，但如果失去了警惕，在三国敌对的形势下，就容易受到暗算。就在延熙十六年(253)，于庆祝新年之际，他喝醉了酒，被从魏投降来的奸人郭修杀死。

蒋琬和费祎先后继诸葛亮之后出任丞相(录尚书事)，但都没有继诸葛亮之后北伐强敌，如何评论他们的作为呢？当时的形势确实是魏远比汉、吴强大，而其内部并没有衰败的因素。诸葛亮在世时，了解敌我形势，他总采取平出陇右，采取不冒险的策略，也是基于对敌我形势的分析。他逝世前的安排，包括人事和撤军部署，都没有明确号召接着北伐曹魏，这与刘备逝世前托孤时所云诸葛亮“必能安国，终定大事”有所不同。诸葛亮留给继承人以根据形势决定攻守策略的余地。所以，蒋、费根据内外形势和力量的对比，作出以防守为主的战略，似亦无可厚非。由于他们的品德和政绩，蜀汉百姓也怀念他们，称诸葛亮、蒋琬、费祎和董允为“四相”。虽然董允没有做到录尚书事，但在百姓心里，对他也有国之宰辅的印象。

董允只是在延熙六年(243)，以皇宫侍中的官职，兼守尚书令，并加官辅国将军，在延熙九年(246)，费祎尚在世时，他就逝世了。如果董允能够长寿，必然可以约束刘禅的行为，也不会让奸宦黄皓为非作歹。这是后人所惋惜的事。当初，后主没有远大志向，不懂励精图治，而要广采民间美女，以充实后宫，董允坚决不同意，据理力阻，后主也只得作罢。至于黄皓，更惧怕董允的威严，做事不敢放肆。

延熙十年(247)，姜维与费祎共录尚书事，掌有丞相的权力，实际上，姜维要出兵伐魏的打算，还受到费祎很大的牵制，有一两次举动也不成功。费祎于延熙十六年(253)遇害后，姜维的作战计划受到的限制才少了一些。但当时的形势和大臣们的舆论，已不利于出师北伐了，与蒋琬、费祎主政的时代已不同，与当年诸葛亮出兵伐魏的形势相比，更是不可同日而语了。

于此，先简略地归纳一下当时三国的形势。

从蜀汉看，蒋琬、董允和费祎相继去世后，蜀国太平无事的局势尚在延续，姜维大致具有出将入相的作用；朝内也尚有董厥、吕乂、诸葛瞻等德才文臣。但他们的才能比诸葛亮已大为逊色。后主刘禅老而昏暗，尚书令陈祇和宦官黄皓相互勾结，加上还有一个迷信天命、随时准备投降的老臣谯周的唠叨，蜀汉不仅复兴无望，覆灭也是早晚的事了。

魏主明帝曹叡死后，几个小皇帝被掌权的大臣控制，已成傀儡。司马懿父子成了实权人物，随时可以废曹自立，这颇像当年曹操玩献帝于掌心。司马懿在雄才大略、争霸于群雄之间的气派上，不如曹操；但在心狠手辣、残忍杀戮上，与曹操不相上下；在狐媚欺骗、不讲信义上，还要超过曹操一筹。正当曹氏被司马氏迫害、杀戮之际，夏侯氏也遭到株连，夏侯渊的一个儿子夏侯霸向汉投诚，成为姜维伐魏的一个得力助手。司马氏掌权的魏国力量，并没有削弱，在三国后期的争雄过程中，始终掌握着主动。

三国形势在变化，统治者年老后，也会变得不那么明智。吴国孙权经历了年轻有为的阶段，虽有过被人憎恨的背信弃义、袭夺荆州的不光彩行为，总的说来，在青壮年时期，刑法苛峻，仁政不够，仍不乏豪俊之誉。但年老乖戾，做事昏愦。在继承人上一再更易，潜伏着衰败之机。汉、吴同盟，共定中原之誓，已成空话。吴国末帝孙皓，既昏且暴，竟能苟延残喘了十多年，当然是由于司马氏之晋欲休养生息，也算暴君暂时的幸运了。

现在，回过头来叙述姜维的举止。本书评赞诸葛亮的品德和功绩，必然涉及后诸葛亮时代蜀汉政权的核心人物。诸葛亮在世时，姜维已成为可以参与军政大事的将领了。

诸葛亮在姜维归降后，就开始重用和培养他了。诸葛亮病逝，姜维与杨仪、费祎等人，按诸葛亮逝世前的部署，果敢地上演了“死诸葛走生仲达”的战剧，把大军撤回汉中。姜维回成都后，被升为右监军、辅汉将军，统诸军。在蒋琬驻守汉中期间，以姜维为司马，几次率偏军（不是主力部队）西入，在于争取羌、胡少数民族，以巩固防守阵势。延熙六年（243），升为镇西大将军，领凉州刺史，凉州包括今甘肃、青海省和宁夏地区，而为汉控制的地盘有限。姜维在和费祎共录尚书事时，以及费祎遇害后，他先后九次伐魏，即“九伐中原”。以下，作流水账式的说明。

由于《三国演义》和三国戏剧几乎家喻户晓，大家习惯说诸葛亮“六出祁山”，姜维“九伐中原”。此说虽然与历史都不严丝合缝，但作一些注解后，也未尝不可以用。诸葛亮两次兵出祁山，但他的战略思想，是从陇右进军，稳扎稳打，确保后方无虞。所以，不算他积极防守魏的三路进攻，因雨中断的那次，他六次伐魏，除一次出斜谷屯五丈原外，均在陇右作战，而五丈原也西望祁山不远，所以，说“六出祁山”也还不算离谱。姜维主动、被动指挥了九次对魏作战，因魏据九州，统治中原。如果说与魏作战的最后目的在于攻克中原，而中原也可以代表魏的话，与魏九次作战，说九伐中原，也就不算离谱了。既然人们这么说惯了，那么，只要明确其实际历史和地理，使用什么名称倒也不是什么大事。

费祎主政期间，姜维有两次与魏作战，因费祎不愿意大举出兵，他压制姜维，每次带兵不过万人。第一次在延熙十二年(249)，姜维出兵攻打陇西郡(今甘肃省陇西和临洮一带。汉时陇西郡治所在狄道，今临洮南；魏把治所放在襄武，今陇西县南)，魏邓艾据守，不克而还。第二次伐魏，姜维远出西平(今青海省西宁一带)，也没有攻克。姜维因为深谙西凉风俗，又身兼文武之才，他认为可以争取那里的人民向汉，事实上也取得了一定的成果。

在费祎逝世的当年，延熙十六年(253)，姜维率数万兵(已不止万人)第三次伐魏，围攻南安城(在豲道，今甘肃省陇西县渭水西岸)，在他尚未攻克时，魏雍州刺史陈泰率兵来救，姜维只得粮尽退兵。

延熙十七年(254)，姜维第四次伐魏，他攻克了狄道和襄武两县，并把狄道、临洮与河关的三县人民迁到西蜀。当时地广人稀，各方都希望有移民迁入，以增产粮食，提供兵丁。

延熙十八年(255)，姜维在夏侯霸的协助下，第五次伐魏，复出兵狄道，与魏方雍州刺史王经大战于洮西，把王经打得大败，斩、获敌兵以万计。魏方派征西将军陈泰和安西将军邓艾率大军来救，姜维率军东撤到钟题(今甘肃省成县与西和县之间)。看来，靠当时的汉军力量，把攻克之城守下来，再北进或东进，还是有困难的。

延熙十九年(256)，姜维晋升为大将军，与接替他为镇西大将军的胡济，第六次伐魏。相约会师于祁山东面的上邽(今甘肃省天水市)，胡济的兵没能按时抵达,姜维被邓艾的兵打败,损失很重。姜维自请处分,改任代大将军之职。

延熙二十年(257),魏征东大将军、司空诸葛诞造了司马昭的反,在寿春(今安徽省寿县)起事。得到这个消息,姜维第七次出兵伐魏。这一次不在陇西一带行动,改在汉中出骆谷(今陕西省周至县南的山谷)。魏守将司马望坚守在沈岭所修的一段城墙,邓艾又从陇西赶来相助,任凭挑战,坚守不出。相持到次年,姜维听说诸葛诞兵败被杀,也就把兵撤回到汉中,自己回成都述职。后主恢复了他的大将军之职。

姜维多次出兵,没有什么成果。蜀中大臣大多反对进攻。而从力量对比和形势分析,此时也应注意加强防守,进攻需待时机。在延熙十八年(255),征西大将军张翼在朝廷上论辩,认为国家小,常出征则劳民伤财。姜维不接受此建议,而且,要求张翼一起出征。后来,景耀元年(258),姜维又要出征,车骑将军廖化批评他说:"智力并不比敌人高明,而力量比敌人弱小,用兵无厌,将来如何保存呢?"他们所说是有道理的。但姜维也受到一定的牵制,在随后的第八、第九两次与魏之战争上,被迫不得不战了。

宦官黄皓与右大将军阎宇内外勾结,对姜维造成威胁。姜维在景耀五年(262)向后主建议,除掉黄皓。如果此建议在董允为尚书令时提出,或许还有可能实行,但那时黄皓罪行尚不昭彰。此时,后主不但不接受此建议,还认为是小题大作,连过去董允约束黄皓的事,都重提出来,抱怨不止。后主把姜维之话告诉了黄皓,让黄皓向姜维谢罪,讲清楚。姜维自知失言,怕受暗算,就又带兵到陇西洮阳,这是他第八次与魏作战,但被邓艾打败。他不敢回成都,在沓中(今甘肃省舟曲以西,岷县以南地区)驻扎屯垦。

第二年,炎兴元年(263),司马昭派大军分三路进入西蜀,迫使在沓中的姜维参加了第九次对魏作战。这时,由于力量悬殊,腹背受敌,似乎只能招架了。司马昭的三路大军的第一路为西路,由邓艾率三万人,在陇西牵制姜维在沓中的军队;第二路为中路,由诸葛绪率三万大军,由祁山南下,以阻断姜维东归汉中之路;第三路为东路,由钟会率领十几万大军分别由子午谷、骆谷和斜谷,翻越秦岭大山,杀向汉中。

对司马昭的二十多万大军来说,蜀汉处于劣势。后主昏庸,黄皓捣乱，谯周唠叨，如果不是姜维避祸在外，局势还是可以收拾的。另外，诸葛亮在世时，特别担心阴平向南的险峻山路无人把守，总留兵以备万一。而此时，姜维听说汉中失守，便甩掉诸葛绪的纠缠，回师东进，与张翼部会合，把守剑阁。他却疏忽了邓艾可以穿阴平小路而直驱成都了。这条十分险峻难行的山路，由甘肃文县南下，翻越岷山，经四川平武、江油、绵阳而接近成都，这条险路在剑阁入川之路的西边，如有重兵据守，是难以逾越的。邓艾既已长驱直入，局势十分严重。这时，朝中重臣董厥、诸葛瞻、樊建等，虽是忠贞之士，但因受黄皓干扰，无能为力，外与姜维又不能及时协调。邓艾向成都进发时，诸葛瞻为行都护（指挥军队）、卫将军，与大将军董厥共平尚书事（略具丞相实权）。他率诸军御敌，在涪县（今四川省绵阳）遇阻，先锋败退，诸葛瞻退守绵竹（今四川省德阳黄曲镇）。邓艾派使以琅琊王的官职许愿劝降。诸葛瞻大怒，斩来使，与邓艾大战，战败阵亡。瞻子诸葛尚也在保卫战中英勇就义。诸葛瞻死时三十七岁，而诸葛尚仅为弱冠之年。

后主刘禅接受光禄大夫谯周建议，向邓艾投降。刘禅，庸主也，黄皓乃可恨的小人，谯周是没骨气的老朽，俱无足多论。

这时姜维率军从剑阁向成都撤退，在路上，接到后主下令投降的诏书，将士十分气忿。钟会大军追赶到涪县，姜维投降。姜维投降本是权宜之计，他仍在想办法扭转局势，因受到钟会的信任，姜维先劝钟会除掉邓艾，而后鼓励钟会造反，后来的事不顺利，司马昭派大军来镇压，钟会部下兵变，钟会和姜维都被杀了。

姜维自从跟随诸葛亮，东征西讨，一心为国，屡败屡战，百折不挠，直到国覆，仍奋力挽救，确实可算忠义之士。他与诸葛亮相比，显得不够慎重和周到；另外，因为对形势判断不够正确，所以攻守都没有成功。不以成败论英雄，姜伯约也应在英雄之列。何况他一生清廉，乐学不倦，自身品德修养高尚，可谓得孔明的师传了。

最后，再来叙述诸葛亮的后世。诸葛亮去世时，其子诸葛瞻尚小。他很聪明，工书画，博闻善记。蜀人思念诸葛亮，就更加爱惜诸葛瞻的才华。朝廷的善政好事，虽非诸葛瞻的倡导，百姓也往往算在他的头上。《三国志·蜀书·诸葛亮传》裴注引干宝的评论："瞻虽智不足以扶危，勇不足以拒敌，而能外不负国，内不改父之志，忠孝存焉。"诸葛瞻的长子诸葛尚少年忠烈，英勇战死，也不负祖和父的高尚品德。在成都武侯祠殿内，诸葛瞻与诸葛尚从祀左右。一副楹联的上联为“勤王事大好儿孙，三世忠贞，史笔犹褒陈庶子”。陈寿作过庶子的官职，他写《三国志》，对诸葛亮和其后代都作了肯定的评论。

诸葛瞻的幼子诸葛京因年纪小，不能参加保卫战。当他长大以后，做了晋朝郿县（今陕西省眉县）的县令，后来升做东宫舍人，外调任江州刺史。

开始给诸葛亮做继子的诸葛乔，本是诸葛瑾的次子，年轻的时候病死了。他的儿子叫诸葛攀，诸葛瑾的长子诸葛恪在东吴被杀，并被灭族后，诸葛攀从益州回到东吴，接续诸葛瑾的一支。

诸葛亮的弟弟诸葛均，跟随诸葛亮到了益州，做了长水校尉的官，他和他的后世未见史书记载。现在姓诸葛的人，一般都自认为是诸葛亮的后代。浙江省金华有一诸葛村，又称诸葛八卦村，已成为旅游胜地。村内姓诸葛的居民，都认为自己是诸葛亮的嫡传后裔。

三、高风亮节，永垂千古

——论三代而下，以义为之，只有一个诸葛孔明

诸葛亮已经去世快一千八百年了，但是各族人民对他的崇敬和爱戴，随时空而扩延。由荆、益的巴蜀之地，扩展到全中国，再扩展到海外；由三国时代，已延续近一千八百年，还将继续延伸下去。这正如大诗人杜甫之诗所咏：“诸葛大名垂宇宙，宗臣遗像肃清高。”当参谒各地武侯祠时，人们不禁联想到这位大智、大仁、大勇的千古永垂的贤哲，从内心对他肃然起敬。

中国地域辽阔，历史悠久，永垂青史的杰出人物数不胜数。但是，为大家所崇敬、所喜爱的人物就不多了，而被各阶层和各种不同观点的人都接受、都喜爱的人物就更不多了，诸葛亮就是这样屈指可数的杰出人物之一。这是什么道理呢？古人把立德、立功和立言作为人物永垂

不朽的评论标准。“大上有立德，其次有立功，其次有立言，虽久不废，此之谓不朽。”①一个人可以在事业上轰轰烈烈，也就是说立了功，是时虽久而终不废的，但是他或她能让人崇敬和热爱吗？不一定。比如，秦始皇嬴政统一了中国，其功确伟，名震中外。然而，很少有人喜爱他。因为他焚书坑儒，滥杀无辜，以残暴为后世所憎畏。难道人民能崇敬和喜爱这样的君主吗？在不朽的标准里，把立德放在首位。一位永垂青史的杰出人物，需有立德、立功和立言的不朽事迹，特别是在立德上表现突出，并在立功、立言上彪炳青史，为士民百姓所称道，这样，他才能为历代各阶层人民所敬仰、所喜爱，并引以为楷模。

什么是德？道德的标准随时代的发展而有所变迁。评论一位古人，显然不能完全依照现代的标准。比如说，古代的法制与现代民主体制下的法制是有所不同的。我们应用历史的观点来分析和判断，仁政（或德政）与暴政是有着大家公认的分野的。另一个不可忽视的方面在于，古今中外有相当多相同或相近的道德准则，我们不作专门深入探讨道德与伦理的课题，但不妨结合对诸葛亮的评论，稍作讨论。

诸葛亮属于大智、大仁、大勇的人物，在成都武侯祠内，冯玉祥题有“大仁大智”的横匾，赞美诸葛亮高尚的道德和过人的智慧，当然，他那大无畏的以弱敌强的精神，是勇的最好的诠释。历来智、仁、勇被认为是崇高的道德范畴，稍加扩充，“仁、义、礼、智、信”或“忠孝、仁爱、信义、和平”等等，均属于传统的道德范畴，略加注解，仍然是我们今日的道德信念。与此相比较，我国目前倡导的公民道德“爱国守法，明礼诚信，敬业奉献，勤俭自强，团结友善”，与传统道德有不少重合处，而且更贴近一般百姓。

从上面所举出的道德信条里，“仁”和“义”可以说最突出、最为人们所尊崇了。在中国的传统道德范畴里，不论怎么排，仁、义总是包括其中。按儒家道德的范畴，仁和义可以认为是道德的最高要求。仁是指博爱和对人的尊重，所谓“泛爱众，而亲仁”②；而义则指正义，指对人对事公平公正，符合大众认为合乎情理的标准。诸葛亮一生的行为达

① 《左传》。见《十三经注疏》，中华书局 1979 年版，第 1979 页。

② 《论语》。同上，第 2458 页。

到了仁和义的道德高度。其实，上面列举的道德信条，都可以在诸葛亮的身体力行中找到它们的根据与体现。

让我们从历代对诸葛亮在立德、立功、立言方面的不朽功绩的颂扬中，来认识他的高风亮节，使我们获得启迪和鼓励。

三国和晋朝一些史学家和评论家如陈寿、习凿齿、袁准，对诸葛亮的高度评赞，已在本书前面的章节里，穿插着引用过了。现在简略地介绍杨戏和袁宏的赞辞。在上一节，与蒋琬的事迹相关，曾提到杨戏其人，他像陈寿一样，亲历诸葛亮的治蜀过程和目睹诸葛亮的风范。他赞扬诸葛亮"修武崇文，广施德政与教化，理民治物，移风易俗，贤愚效力，奋不顾身，国家安宁，人民乐业……"①，充分反映了诸葛亮的功德业绩。袁宏赞美诸葛亮说："治国以礼，民无怨声，刑罚不滥，没有余泣。虽古之遗爱，何以加兹！""及其临终顾托，受遗作相，刘备授之无疑心，武侯处之无惧色，继体纳之无二情，百姓信之无异辞，君臣之际，良可咏矣。"他们的评赞，与陈寿作本传的评语大体无二，但亦有补充。读者欲了解赞语全文以及其他的赞颂之文，可参见张澍所辑《诸葛亮文集全译·附录卷二》。

也有晋人在诸葛亮立德、立言方面，给予充分的肯定，认为足以为后世学习效法。东晋时西凉公李暠写诸葛武侯训诫，以勉励子弟。他认为诸葛亮训诫符合周公、孔子的学说精神，用来治国，可以使国泰民安；用来修身，可以功成名就。② 我们推测李暠根据的是陈寿编纂的二十四篇《诸葛亮文集》。虽然文集失传，但后代重新搜集编纂的《诸葛亮文集》中，很多文章仍让我们受到极大的教益，获得很多的启发。像"静以修身，俭以养德，非淡泊无以明志，非宁静无以致远"，"志当存高远"，"夫学须静也，才须学也，非学无以广才，非志无以成学"等等，都是学习与修身的至理名言。像"集众思广忠益"等诸葛亮的语录，也同样使后人受到极大的教益。

立言仍然不能脱离立德。一个人必须言行一致，做出榜样，身体力行，才能让人佩服，受人崇敬；他的言论才能成为教诲、鼓励后人学习的

① 参见《三国志·蜀书·杨戏传》，第1080页。

② 参见《资治通鉴》卷一百一十四，第3587～3588页。

座右铭。如果一个人以先贤名言为附庸风雅的招牌，自己浮躁而贪婪，纵然百般强调宁静和淡泊，也是不足论的。

由于诸葛亮大智、大仁、大勇，公平公正，他一心为国，赏罚分明，诚信忠守，足以感动神明，因此历代的皇帝也都赞颂他，希望自己的大臣能像诸葛亮那样办事，具有诸葛亮那样的品德。唐太宗李世民称赞诸葛亮为“宰相之贤者”。他认为，在力量强大的敌人的压力下，蜀汉能在益州一地，有清明的吏治，百姓安乐，内治国家，外抗大敌，这都是诸葛亮发扬德才的结果，他号召大臣们要向诸葛亮学习。从封建的道德伦理上看，诸葛亮享有千古名相的佳誉，为帝王所赞颂；同时，又是所有人臣学习的榜样和奋斗的目标。这确实不是偶然的。

至于历史上有极个别的异议，往往是由于在以成败论英雄的前提下，模糊了德的概念所导致的。如崔浩之个例，他以魏为尊，对诸葛亮伐魏横加指责；对其出师未捷予以讥刺。此诚不足为训，这与魏之重臣劝降孔明，对孔明给予谴责之举，似同出一辙。后来做了唐朝宰相的裴度，撰文高度赞颂诸葛亮的才德，并顺带驳斥了崔浩的异论。现在，裴度的文章《蜀丞相诸葛武侯祠堂碑铭并序》，立碑于成都武侯祠之内。

裴度在文章开头提出，自古以来的贤哲里，有的人有“秉事君之节”而“无开国之才”，即能和皇帝搞好关系，却不具备开创国家的才能；“得立身之道”而“无治人之术”，即自己可以立足于朝廷，而没有治理国家和人民的办法。诸葛亮却是具备这四方面才德的人，是永垂青史、“大名盖天地”的人物。他颂扬诸葛亮受顾出山，制定联吴抗魏的战略，“刑政达于荒外，道化行乎域中”，把国家治理得井然有序，都是事在人为，是诸葛亮人为的结果。裴度批评了陈寿关于“诸葛亮伐魏没有成功是将略奇谋非其所长”的说法，也驳斥了崔浩以诸葛亮未捷而贬低他的异论，认为他们是以“变诈之略，论节制之师”，“以进取之方，语化成之道”。裴度认为诸葛亮的部队是训练有素、纪律严明的部队，不靠投机侥幸获取成功；取得胜利，靠有教化的部队，以德服人，而不是不择手段。而陈寿和崔浩恰恰没看到这一根本点。按诸葛亮的战略方针，如果他能活得长一些，复兴汉室，统一天下，并非不可能。

在铭文里，裴度把诸葛亮赞为“尚父作周，阿衡佐商，兼齐管、晏，揔汉萧、张”。与功彪青史的人物相比，诸葛亮有姜尚开周之功，伊尹佐商之绩，同时具有齐国管仲和晏婴的本事，也兼具汉朝萧何和张良的才能。在与历史人物相提并论上，裴度与陈寿等晋代学者倒是想到一起了。

由于裴度的文章情理兼具，立论坚实，“文体纯正，不华不俚”，实在是一篇歌颂伟人的好文章。作为附录，放在本章之末，以供需要阅读全文的读者参考。书写碑文的是唐朝著名书法家柳公权的哥哥柳公绰，柳公绰做过兵部尚书，是一位著名的书法家，以“端肃浑厚，结构严谨”而著称。碑文的作者裴度是著名的宰相，也是一位文学家；文章歌颂的是伟大的贤哲诸葛亮。所以此碑又称“三绝碑”。这一价值极高的碑刻，列在全国重点保护文物之内。凡是参观成都武侯祠的人，没有不在碑前驻足欣赏的。

唐朝的大诗人李白、杜甫等人都有咏赞诸葛亮的诗篇，杜甫咏诸葛孔明的诗有十多首。他们都是关心国家大事、深谙历史的大文学家。诗人们对诸葛亮的赞颂，一方面是怀念、追思先贤，抒发情感，而为诗文；另一方面是企望出现像诸葛亮这样的宰辅人物治理国家，其本人也有参与贡献的愿望。特别是杜甫，感情真挚，辞句激昂，十分感人。以下录其两首七律，与读者共欣赏。

蜀　相

丞相祠堂何处寻？锦官城外柏森森。
映阶碧草自春色，隔叶黄鹂空好音。
三顾频烦天下计，两朝开济老臣心。
出师未捷身先死，长使英雄泪满襟。

五、六两句是对诸葛亮志向和功业的高度概括，特别是第六句，写明诸葛亮辅佐先帝开创基业，辅佐后主治理国家；他兼具开国宰相与治国宰相的共同功业。七、八两句引起所有读者的共同情感，对诸葛亮的未捷先死，深感无限的惋惜和伤悲。

颂武侯

诸葛大名垂宇宙，宗臣遗像肃清高。
三分割据纡筹策，万古云霄一羽毛。
伯仲之间见伊吕，指挥若定失萧曹。

运移汉祚终难复，志决身歼军务劳。

诸葛亮被杜甫称为宗臣，是后世所崇敬宗仰的宰辅重臣，应是当之无愧的。杜甫也把诸葛亮比做伊尹和吕尚（吕尚即大家熟知的姜子牙）；指挥军队，防守进攻，使萧何和曹参为之逊色。用曹参代替张良，论治国，还是合适的，杜甫更可能是为了韵脚而用曹字的。正如黎东方所说，三、四两句费解。在三分割据的复杂形势下，诸葛亮运筹帷幄，殚尽辛劳。一羽何指？是指其手持一羽扇呢，还是指“威风一羽”直冲云霄，或是比喻鸾凤翱翔高空？我们可本着类似的解释，加以体会吧。唐代诗人咏赞诸葛亮的诗很多，他们从不同的侧面，来抒发对诸葛亮的崇敬感情。

到了宋代，尤其是偏安一隅的南宋时期，有志之士盼复中原，更加深深地怀念和崇仰志在复兴汉室的诸葛亮。大诗人陆游可以作为代表。他有多首诗作，饱含情感地讴歌为复兴汉室而鞠躬尽瘁的诸葛亮。我们录其一首以窥一斑。

诸葛武侯读书台

沔阳道中草离离，卧龙往矣空遗祠。
当时典午称猾贼，气丧不敢当王师。
定军山前寒食路，至今人祠丞相墓。
秋风想象梁甫吟，尚忆幡然答三顾。
出师一表千载无，远比管乐尚有余。
世上俗儒能辨此，高台当日读何书？

在陕西省勉县，即当初的沔阳地域，有一古迹，人称诸葛亮的读书台，是当年诸葛亮兵屯汉中时读书之处。诸葛亮在当年戎马倥偬之际、运筹帷幄之时，是否有这一读书台呢？老百姓愿意附会，也没什么不好。陆游志在恢复中原，他并未受到重视，想起《出师表》的奇文，怎能不追念这位伟大的人物呢？诗人立场鲜明，把司马懿（典午）称为猾贼，讥讽他不敢出兵对阵。他对《出师表》十分推崇，因为表文反映了诸葛亮的品德、志向和决心。他在另一首诗里有诗句：“出师一表真名世，千载谁堪伯仲间。”表达了同样的情感。诸葛亮当时在读书台读什么书呢？我们只能推测他的目的在经邦济世，复兴汉室，也许读的是

《兵要》或《六韬》,而不只是吟咏词句吧。

朱熹更多地从哲理上深入研究诸葛亮的为人、事迹和后人崇仰他的深层次的道理。他曾说过:“论三代而下,以义为之,只有一个诸葛孔明。”在隆中武侯祠的石牌坊处,有“三代下一人”的横匾,就是引用朱熹的评论。义字所指,已在本节开头讨论过了。正义、忠义、仁义,都是诸葛亮品德的写照。朱熹还说:“(孔明)正大之气,经纶之蕴,固已得于天资,然窃意其智虑之所以日益精明,威望之所以日益隆重者,则寡欲养心之助为多焉。”在成都武侯祠有一副楹联:“文章与伊训说命相表里;经济自清心寡欲中得来。”其下联就是朱熹评论的表达。

笔者多次去成都武侯祠,总在思考这一联的内涵,深感其深刻的哲理。我们看一看古今的贪官污吏,哪个不是贪财、贪色,欲望永远填不满的?难道他们能经邦济世吗?诸葛亮一生淡泊,全力扑在治理国家、北伐强敌上,对家庭、个人从没有什么要求。这在他给后主上的《自表后主》中,写得明明白白,感人至深。正因为他清心寡欲,才能有智慧,才能把智慧用在经邦济世之上。无清心寡欲的品德,不可能有经济之才和经济之效。朱夫子可谓知人。

“先生风范光千古,亦励英雄亦励民。”历代英雄与无数黎民学子,他们以诸葛亮的道德功绩,激励自己建功立业和修身治学。其中,我们不能不提到岳飞和文天祥,这两位是中国历史上民族英雄的代表人物。

在全国好几处名胜古迹之地,都有岳飞挥泪书写《出师表》的木雕或石刻。岳飞的事迹家喻户晓,他能打仗,会带兵,也像诸葛亮一样,指挥军队“止如山,进退如风”,使金兵都感到“撼山易,撼岳家军难”。他面对金兵占领下的中原父老,想到被掳北去的徽、钦二帝,觉得自己收复失地的志愿不能实现,能力不能发挥,在南阳武侯祠,书写了《出师表》,以抒发胸中抑郁与激忿之心情。他在书后题跋:“绍兴戊午秋八月望前,过南阳,谒武侯祠,遇雨,遂宿于祠内。更深秉烛,细观壁间昔贤所赞先生文词诗赋及祠前石刻二表,不觉泪下如雨。是夜,竟不成眠,坐以待旦。道士献茶毕,书纸索字,挥涕走笔,不计工拙,稍舒胸中抑郁耳。”

孔明谥忠武;岳飞去世后先谥武穆,后改谥忠武。先后两位“忠武”都是人们崇敬的英雄与伟人,是中华民族历史上的优秀人物。岳飞素有儒将之誉，得其墨宝，能不为广大士人所珍视和喜爱吗？在清代，人们都以保有一份其书写的拓印件为荣。

但是，据有人考证，这不是岳飞亲笔书写的，而是明代士人白麟所为。如果是这样的话，那么定是白麟深刻体会岳飞的心情，假托岳飞所书。既非岳飞亲书，在不无遗憾的情况下，我们还是感激白麟的，其书法也极佳，在崇敬两位忠武公之外，也记住白麟这位士人吧！

成都武侯祠有楹联曰："勤王事大好儿孙，三世忠贞，史笔犹褒陈庶子；出师表惊人文字，千秋涕泪，墨痕同溅岳将军。"本章第二节，已评述过上联。通过刚刚的叙述，我们可知其下联的来源。

文天祥的诗句"人生自古谁无死，留取丹心照汗青"，千百年来鼓舞了无数英雄烈士。他在《怀孔明》诗中吟诵：

斜谷事不济，将星陨营中。
至今出师表，读之泪沾胸。
汉贼明大义，赤心贯苍穹。
世以成败论，操懿真英雄。

文天祥为诸葛亮的《出师表》所感动，向孔明仗义出征、鞠躬尽瘁的伟大精神深致敬意。他明确提出，世人如按成败来论，曹操和司马懿也成英雄了。同样，文天祥勤王抗元，历尽艰险，也做到了鞠躬尽瘁，死而后已。他没有能够力挽狂澜，可又有谁能说他不是英雄呢？

明、清两代歌颂诸葛亮的诗文，数不胜数，可以清代思想家王夫之的评论为代表。他说诸葛亮治国，"军不治而惟公治之，民不理而惟公理之，政不平而惟公平之，财不足而惟公足之"。从政治、军事和经济等方面的业绩，颂赞诸葛亮的智慧和德操。

由于《诸葛亮文集》失传，明清的士人从各种书籍里，再摘抄诸葛亮的语录，编纂成集。大家公认，清人张澍所辑《诸葛忠武侯文集》最为可靠，该书遂成为古代名著之一。

历代朝廷和地方各级政府包括各阶层人士，对诸葛亮怀念和尊崇的重要举措，就是为他建祠庙，按时祭祀。自从陕西勉县武侯祠建立以后，除原益州之地外，在山东、江苏、湖南等地均有祠庙建立，明清时代尤盛，多的时候全国有武侯祠庙数以百计。此外，历代朝廷为表达对诸葛亮的推崇和纪念之意，不断对他加以封号，如晋朝封诸葛亮为武兴王，唐朝封他为武宁王，宋朝封他为忠惠仁济显应王，元朝时封他为威烈忠武显应仁济王，明清时代，特别是清朝，封号的名称愈来愈长，加以《三国演义》的影响，诸葛亮已被神化了。

现在，全国各地的武侯祠仍保存下来的有九座①，都是省级或国家级的重点文物。笔者曾参观过其中数处，多次谒成都武侯祠。以下抄录第九次谒祠时写下的诗一首，藉以表达对这位伟大先贤的深厚崇敬之意：

九度蓉城谒庙堂，青松修竹老樟香。
清心寡欲出经济，义胆忠肝自馥芳。
宰辅情褒千古相，将军泪洒两华章。
王侯走马消无迹，万世斯民颂武乡。

诸葛亮的影响并非仅限于中国范围内，他还受到了国外许多人士的喜爱和崇敬。早在17世纪，《三国演义》就被译成日文，广为流传，影响深远。诸葛亮被作为历史伟人写入了日本教科书。诸葛亮的不朽名篇《出师表》和《隆中对》等文章，曾被选在日本学校的汉文教材里。他的名言和警句更是被经常地摘抄和引用。不久前，有关部门在日本青年中作过一次调查，发现世界上古今人物最受青年崇拜者中，诸葛亮排在前十位里。

在东南亚各国，诸葛亮受尊崇和热爱的程度，似乎不在国人以下。这些国家的人民在武侯祠参观时，流露出对诸葛亮的敬仰之情，令人感动。缅甸人自称是孟获的后代，他们认为民族的开化与进步，是诸葛公的赐予。泰国人认为他们是刘备、关羽和张飞的后代，自然对诸葛亮是十分崇拜的。

西方许多国家已把《孙子兵法》、《三国演义》等中国古典著作列入必读书范围，诸葛亮的名字也已为国外人士所熟悉。国外学者在他们的著作中，常常引用与诸葛亮有关的事迹，或引用他的名言、语录。作为智慧化身的诸葛亮，甚至上了西方国家某公司的广告。随着中国影响的扩大，中国的文化和历史也将为世界人民所重视；诸葛亮的事迹和

① 谭良啸：《访古话孔明》。

大星陨落　英名长存

品德，也必然会为世界更多的人所了解，从而受到更多人的喜爱与崇敬。

诸葛亮誉满天下，他是一位伟大的历史人物，为各阶层人士所喜爱和敬仰。他是一位战略家，隆中一对，名垂青史；他是一位伟大的政治家，他以仁爱的儒家思想，推行严明的法制；他是一位成功的外交家，联吴抗曹，鼎足三国；他是一位著名的军事家，他治军有方，平定南中，北伐强敌；他是一位深谙经济的宰相，发展经济，丰屯足粮；他也是一位促进民族和睦的宰相，西和诸戎，南抚夷越。

千百年来，诸葛亮之所以为广大人民所爱戴，而且经久不衰，其原因除了他的上述功绩和超人的智慧外，还因为他集中体现了中华民族的传统美德：第一，忠贞效国、恪尽职守的高尚情操；第二，大公无私、任人惟贤的坦白襟怀；第三，虚心纳谏和严于律己的高尚风格；第四，宁静致远、淡泊明志和言行一致的高超品德；第五，百折不挠、勇于进取和鞠躬尽瘁的崇高精神；第六，学以致用、谆谆育人的伟大风范。总之，他的高风亮节垂范后世，一代伟人将永远受到人民的热爱。

附　录

蜀丞相诸葛武侯祠堂碑铭并序

蜀丞相诸葛武侯祠堂碑铭并序[①]

［唐］裴　度

度尝读旧史，详求往哲，或秉事君之节，无开国之才；得立身之道，无治人之术。四者备矣，兼而行之，则蜀丞相诸葛公其人也。公本系在简策，大名盖天地，不复以云。当汉祚衰陵，人心竞逐，取威定霸者，求贤如不及；藏器在身者，择主而后动。公是时也，躬耕南阳，自比管、乐，我未从虎，时称卧龙。《诗》曰："潜虽伏矣，亦孔之炤。"故州平心与，元直神交。洎乎三顾而许以驱驰，一言而定其机势。于是翼扶刘氏，缵承归服，结吴抗魏，拥蜀称汉，刑政达于荒外，道化行乎域中。谁谓阻深？殷为疆国；谁谓巠脆？厉为劲兵。则知地无常形，人无常性，自我而作，若金在镕。故九州之地，魏有其七，我无其一，由僻陋而启雄图，出封疆以延大敌；财用足而不曰浚我以生，干戈动而不曰残人以逞。其底定南方也，不以力制，而取其心服；震叠诸夏也，不敢角其胜负，而止候其存亡；法加于人也，虽死徙而无怨；德及于人也，虽奕叶而见思。此所谓精义入神，自诚而明者矣。若其人存，其政举，则四海可平，五服可倾。而陈寿之评，未极其能事，崔浩之说，又诘其成功，此皆以变诈之略，论节制之师，以进取之方，语化成之道，不其谬欤？夫委弃荆州，不能遂有三郡，此乃务增德以吞宇宙，不黩武以争寻常。及出斜谷，据武功，分兵屯田，为久驻之计；与敌对垒，待可胜之期；杂乎居人，如适虚邑；彼则丧气，我方养威。若天假之年，则继大汉之祀，成先主之志，不难矣。且权倾一国，声震八纮，上下无异词，始终无愧色，苟非运膺五百，道冠生知，曷以臻于此乎？故玄德知人之明者，倚杖曰鱼之有水；仲达奸人之雄者，嗟称曰天下奇才。度每迹其行事，度其远心，愿奋短札，以排群议，而文字蚩鄙，志愿未果。元和二年冬十月，圣上以西南奥区，寇乱余孽，

① 见成都武侯祠内现存唐碑上的碑文，或见张澍辑，方家常译注：《诸葛亮文集全译》。

罢吪未息，污俗未清，辍我股肱，为之父母，乃诏相国临淮公，由秉钧之重，承推毂之寄，戎轩乃降，藩服乃理，将明帝道，陬落绥怀，溥畅仁风，闾阎滋殖，府中无留事，宇下无弃才，人知何方，我有余地，则诸葛公在昔之治，与相国当今之政，异代而同尘矣。度谬以庸薄，获参管记，随旌旆而爰止，望祠宇而修谒，有仪可象，以赫厥灵，虽徽烈不忘，而碑表未立。古者或拳拳一善，或师长一城，尚留斯文，以示来裔，况如仁之叹，终古不纪，其可阙乎？乃刻贞石，庶此都之人，存必拜之感云尔。铭曰：

昔在先主，思启疆宇，扰攘靡依，英雄无辅，爰得武侯，先定蜀土。道德城池，礼义干橹。煦物如春，化人如神。劳而不怨，用之有伦。柔服蛮落，铺敦渭滨，摄迹畏威，杂居怀仁。中原旰食，不测不克，以待可胜，允臻其极。天未悔祸，公命不果，汉祚其亡，将星中堕。反旗鸣鼓，犹走司马，死而可作，当小天下。尚父作周，阿衡佐商，兼齐管、晏，揔汉萧、张，易代而生，易地而理，遭遇丰约，亦皆然矣。呜呼！奇谋奋发，美志夭遏。吁嗟严、立，咸受谪罚，闻之痛之，或泣或绝。甘棠勿翦，骈邑斯夺，由是而言，殊途共辙。本于忠恕，孰不感悦；苟非诚慤，徒云固结。古柏森森，遗庙沉沉，不殄禋祀，以迄于今，靡不骏奔，若有照临。蜀国之风，蜀人之心，锦江清波，玉垒峻岑，人海际天，知公德音。

元和四年，岁在己丑，二月二十九日建。